不倫と結婚

エスター・ペレル

高月園子［訳］

晶文社

The State of Affairs

Rethinking Infidelity

by Esther Perel

Published by arrangement with Harper, an imprint of HarperCollins Publishers through Japan UNI Agency, Inc., Tokyo

Photograph by Adalis Martinez

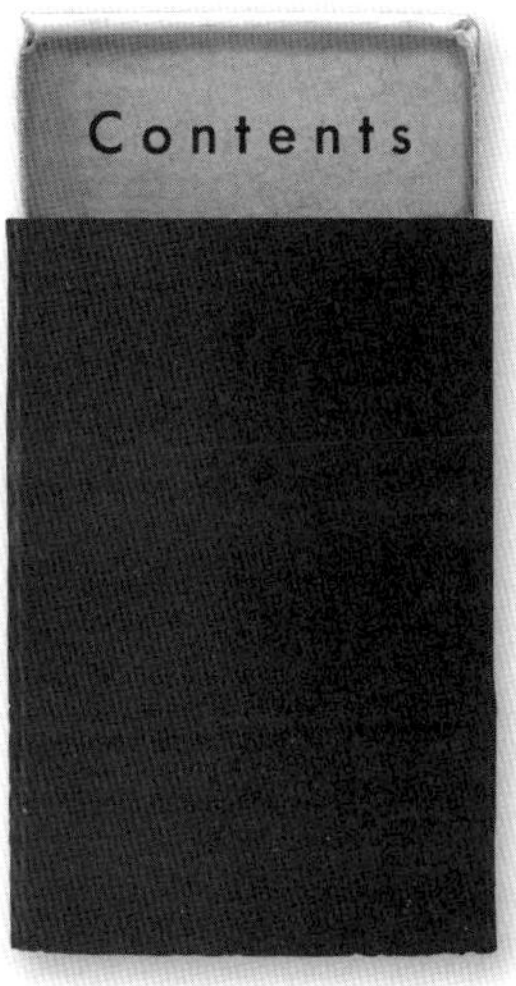
Contents

I　不倫の舞台

II　不倫の発覚、その後

各章の巻頭にある引用は、すべて本書の翻訳者が訳している。
日本語訳があるものは、日本語版のタイトルをいれている。
［］は訳注をあらわしている。

ブックデザイン
アルビレオ

I

不倫の舞台

1

結婚と不倫についての巷《ちまた》の会話

愛さえときに裏切りを含んでしまう人間性の矛盾の数々について
納得できる説明をするには時間がかかる。

——ジョゼフ・コンラッド『Some Reminiscences』

今この瞬間にも世界のあらゆる片隅で、誰かが不倫をしているか、不倫されているか、不倫をしようと思っているか、不倫で悩んでいる人にアドバイスを与えているか、秘密の愛人となって不倫の三角関係を成立させようとしている。カップルの人生において、不倫ほど大きな恐怖を引き起こし、噂話や強烈な関心の的にはなるものはないだろう。結婚というものが発明されて以来、不倫と、不倫に対するタブーは存在し続けている。それは歴史を通して法により規制され、議論され、政治に利用され、悪者扱いされてきた。それでいて、あらゆる場所での糾弾にもかかわらず、不倫はけっしてなくならない——結婚がうらやむほどに。そのせいか、それは聖書で唯一、二つの戒律——姦淫すること、姦淫についてただ考えること——を獲得している。

あらゆる社会で、すべての大陸で、時代を超えて、どんな罰則や抑止力にもめげず、男と女は

1

結婚と不倫についての巷の会話

婚姻の監禁からこっそり抜け出してきた。人が結婚をするほぼすべての場所でモノガミー〔一夫一婦制、主義〕こそが公式な規範であり、不倫は人目を忍ぶ規範外だった。だったら、この普遍的に存在しながらも普遍的に破られてきた歴史あるタブーを、私たちはどう理解すればいいのだろう?

過去六年間、私はそんな会話をしてきた。私の診療室の閉ざされた壁の内側だけでなく、機内で、ディナーパーティで、会議で、ネイルサロンで、同僚と、テレビの修理屋と、そしてもちろんソーシャルメディア上でも。ピッツバーグ、ブエノスアイレス、デリー、パリ、……あらゆる土地で今日の不倫について独自に自由回答式の調査を続けてきた。

世界津々浦々で私が「不倫」という言葉を発したときの反応は、厳しい非難から諦めきった受け入れ、そのストレートな情熱に対する慎重な同情にいたるまで、実にさまざまだった。ブルガリアのある女性グループは、夫たちの女遊びを残念ではあるが避けられないものだと見なしていた。パリではその話題は即座にディナーパーティの会話に戦慄を巻き起こしたので、どんなに多くの人が不倫の両サイドを経験してきたかに気づかされた。メキシコでは、女性たちが昨今の女性側の浮気の増加を、それまで延々と夫たちに「二つの家」《La casa grande y la casa chica》――家族のための家と愛人のための家――をもつことを許してきた男性優位の文化に対する一種の社会的反乱であると見なし、誇らしくさえ感じていた。不倫はいつどこにでもあるものかもしれない。でも、私たちがその中に見出す意味――不倫の定義、苦しみ方、反応――は、究極的にはその不倫ドラマが展開する時代と場所に深く左右されている。

質問「不倫と言われて、あなたの頭にまず浮かぶ言葉や、連想されるものやイメージは何ですか？　もし私が不倫の代わりに情事やロマンスという言葉を使ったらそれは変わりますか？　逢引きや浮気、セックスやファックという言葉ならどうですか？　あなたの反応は非難または理解へと傾いていくでしょうか？　あなたの同情心はどこに向かいますか？　不倫された側ですか？　不倫をしている当人ですか？　愛人ですか？　それとも子どもたちですか？　最後に、あなた自身の人生に起きた出来事により、あなたの不倫に対する反応は変わりましたか？」

婚外性交に対する有罪性は私たちの文化的心理と根深く結びついている。私が暮らすアメリカ合衆国では、不倫についての会話は理屈抜きに感情的で、両極端などちらかになりがちだ。

「不倫？　一発でアウトね。一度浮気する者は何度でもするわ」

「おいおい。モノガミーがそもそも不自然なんだよ」

「ばかばかしい！　私たちは盛りのついた猫じゃないわ、人間よ。いい加減、大人になったら？」

アメリカ市場では、不倫は糾弾とくすぐるような刺激を取り混ぜて売られている。雑誌の表紙は聖人らしく振る舞うよう説教しながらも、汚らわしい行為を小出しにしている。文化的には決壊寸前といえるほど性的にはオープンになったにもかかわらず、こと貞操に関しては最もリベラルな人たちさえ妥協しない。不思議なことに、この執拗な非難は、不倫が実際どのくらい広く行われているかには目をつむったまま、不倫を牽制している。不倫が起きるという事実は止められ

1

結婚と不倫についての巷の会話

ないけれども、起きるべきではないという点では全員が一致しているのだ。議員の詳細な不倫記事を読みふけった有権者たちは、公式に謝罪しろと騒ぎ立てる。政界や軍のエリート上層部であろうと、近所のアンジーであろうと、不倫が意味するのは自己愛と二枚舌と不道徳と裏切り。要するに不倫はけっして単純な逸脱や、意味のない情事や、純粋な愛ではありえないのだ。

不倫をテーマとした今どきの会話はおおむねこんな感じ――「不倫は破綻した夫婦関係の一症状にすぎない」、「もし家庭に求めているもののすべてがあれば、よそ見する理由なんてないはずだ」、「男は退屈と親密さに対する恐怖から浮気する」、「浮気しない人は成熟した誠実かつ現実的な人間で、浮気者は利己的で未熟で抑制のきかない人間」、「浮気は例外なく有害で、結婚に悪影響を与えるどころか修復は不可能になる」、「浮気した側が信頼を回復し親密さを取り戻すには、真実を話して悔い改め、許しを得るしかない」、最後にもう一つ大事なこと、「伴侶に不倫された人は、自尊心のためには相手を許すより離婚したほうがいい」

昨今のこのような道徳的口調は、不倫という現象がもたらす大きな問題を避けて、ただ不完全なカップルや個人のせいにしがちだ。不倫は結婚について多くを語る――単に個々の結婚についてだけでなく、制度としての結婚についても。それはまた、誰もが自身のもつ特権を当たり前だとする今日の権利文化をも直視させる。私たちはほんとうに、この不倫の蔓延をいくつかの腐った林檎の問題だとして片づけられると思っているのだろうか？ 当然ながら、何百万人もの裏切り者の全員が病的な人間であるはずがない。

賛成？　それとも反対？

不倫を表す言葉に中立的なものはまずない。「道徳上、恥ずかしい」は長い間、私たちの中にある御しがたい衝動を抑え込む一番のツールだったので、それを抜きにして不倫を語る言葉を私たちは持ち合わせていない。私たちに与えられている言葉には、不倫が代表するタブーと恥が深部までねじ込まれている。詩人は恋人や冒険といった言葉を使うが、ほとんどの人は裏切り者、嘘つき、卑怯者、セックス中毒、好色、淫乱、女たらし、尻軽といった言葉のほうを好む。不倫を意味する語彙集は悪事を軸として形作られ、ただ人々の批判を反映するだけでなく、それを助長している。「Adultery」（姦通）という語自体、語源は「堕落」を意味するラテン語だ。私自身、いくらこのテーマにもっとバランスのいい視野を持ち込もうともがいても、しばしばこういった偏《かたよ》った言葉を使わざるを得ないでいることに気づいている。

セラピーでもバランスのとれた偏らない対話は稀だ。不倫は引き起こされた被害という形で語られることが圧倒的に多く、したがって、その防止または回復に焦点が当てられる。臨床医学者は刑事用語から拝借してしばしば貞節な側を「被害者」、不倫した側を「加害者」と呼んでいる。一般的にも裏切りを受けた側に対する配慮が大きく、彼らがトラウマを克服するのを助けるために、浮気者に関係修復のための細かいアドバイスが授けられる。

不倫の発覚はあまりにも破壊力が大きいため、まわりの誰もがどちらか片方の側につくのも無

1

結婚と不倫についての巷の会話

理はない。私が不倫についての本を書いていると言うと、必ずと言っていいほど返ってくる反応は、まるで選択肢が二つしかないかのような「あなたは賛成？　それとも反対？」という質問だった。私はただ「はい」と答える。この意味不明な返事の裏には、不倫とそれに伴うジレンマについてもっと微妙で断定的でない会話を引き出したいという私の心からの願いがある。愛と性欲の複雑さは、善と悪――被害者と加害者――のシンプルなカテゴリーには収まりきれない。責めないことと許すことは同じではないし、理解することと正当化することの間には天と地ほどの隔りがある。けれども、私たちが会話を単なる軽い判決に帰してしまったなら、そこで会話は終わりだ。

さらに、それだと、このベンジャミンのような人たちを理解する余地は残らない。彼は、マナーがおだやかな七〇代の紳士で、ロサンゼルスでのトークのあとで私に「妻が私の名前すら思い出せない状態にあっても、やはりこれは不倫と言われるのでしょうか？」と質問してきた。「妻はアルツハイマーなんです。過去三年間、介護施設にいます。私は週に二度は見舞っています。一年二カ月前から私はある女性と付き合っています。彼女の夫も介護施設の同じ階にいて、私たちはお互いの中に大きな慰めを見出しています」彼は私がこれまでに出会った中でも最も感じのいい浮気者の一人だが、彼のような人はもちろん例外ではない。彼のように、たとえ嘘をつきながらでも伴侶の幸福を心から願っている人は大勢いるし、自分を裏切った浮気者の伴侶をなおも愛し続け、なんとか別れないですむ方法を見つけたがっている人も大勢いる。

こういった人たちのためにも、私は不倫に対しより同情的で効果的なアプローチを見つけようと決意している。不倫はしばしば修復不能なトラウマだと見なされることが多く、実際、夫婦関係に致命的な打撃を与える。でも、夫婦が痛ましいまでに必要としていた変化を引き起こす契機となる不倫もある。裏切りは骨まで断つが、その傷は癒える。不倫はカップルにとって新しい何かを生み出すチャンスにもなりえるのだ。

私は不倫の危機からもポジティブな何かが生まれるかもしれないと信じているせいか、「だったら、うまくいっていないカップルに不倫を勧めますか?」という質問をよく受ける。私の答えは? 不治の病になったことで人生がポジティブな方向へ一変するような経験をする人も多くいる。とはいえ私は癌になることを人に勧めないのと同じくらい、不倫することも勧めない。

不倫と関わったことはありますか?

不倫というテーマに興味を抱いてまだ間もないころ、私はよく聴衆に「不倫を経験した人はいますか?」と尋ねていた。想像したとおり、手は一つも上がらなかった。公衆の面前で、自分が遊び回っていたことや、既婚者にまんまと騙されていたことを認めたがる人は多くはいないだろう。

そう考えた私は「この中に、自分の人生で不倫と関わりをもった人はどのくらいいますか?」と質問を変えた。すると圧倒されるほど多くの手が上がった。しかも、どんな集まりでも、この質問に対しては例外なく多くの手が上がった。ある女性は、友人の夫が電車の中で見知らぬ美人

1

結婚と不倫についての巷の会話

とキスしているところを目撃したが、はたして友人にそのことを話すべきかどうかが友情に重くのしかかっていると打ち明けた。ある一〇代の少女は、自分が生まれたころから父親の二重生活が続いていることを発見していた。ある母親は息子が「あの尻軽女」とどうしてまだ別れないでいるのかがまったく理解できないと言った。もう彼女のことは日曜のディナーにも呼ばないそうだ。秘密と嘘の衝撃は世代を超えて残響し、報われない恋と粉々に砕けた心をその航跡に残していく。不倫は単に二人や三人の物語ではない。まわりのすべてを巻き込んでいく。

道を逸れた当人たちは人前で進んで手を挙げなくとも、私と二人きりになったときには自らのストーリーを語り出す。彼らはパーティで私を脇に呼んだり、私の診療室を訪れたりして、自身の秘密や疑いや逸脱した性欲や禁じられた恋を吐露する。

こういったストーリーの大半は新聞や雑誌の見出しを飾る類よりはずっと平凡だ。赤ん坊も生まれなければ、性病もない。恐喝する元恋人のストーカーもいない(きっとこういったケースでは、セラピストではなく弁護士に相談するのだろう)。もちろん、私もそれなりの数のナルシストや、色情狂や、浮ついた利己的な人間や、復讐に燃える人物に会ってきた。疑いもしなかった伴侶が、第二の家族の存在や、秘密の銀行口座や、みだらな乱交や、手のこんだ嘘の積み重ねを発見して不意打ちを食らうといった極度な欺瞞のケースも目撃してきた。ずうずうしくもセラピーの期間を通してずっと面と向かって私に嘘をつき続けた男や女たちもいた。けれども、もっと頻繁に出会ったのは、長年の歴史と価値観(しばしばモノガミーに対する価値観も含む)を夫婦で共有し、結婚生活を大切にしてきた真面目な男女が地味な人生航路上で繰り広げた物語だった。孤独、長年にわたるセックスレス、恨み、後悔、互いに対する怠慢、失われた若さ、気遣いへの渇望、偶然の出会い、過度の飲酒——これらがありふれた不貞の土台だ。こういった人々の多くは自身の行動と心の軋轢に苦しみ、私のもとに助けを求めてやって来る。

道をはずれる動機は実にさまざまだ。不倫が何かへの抵抗を示している場合もある。単なる浮気心で軽く一線を超える人もいれば、別の生活への移行を求めている人もいる。倦怠感や新しいものほしさが火付け役になるケースもあれば、単に自分にもまだ性的魅力があることを証明したくて行う不倫もある。反対に、生まれて初めて知った抗しがたい圧倒的な愛を打ち明ける人たちもいる。矛盾するようだが、結婚生活を維持するために浮気をする人も多い。夫婦が互いに虐待的になると、不倫は建設的なパワーになりうるのだ。不倫は結婚生活を至急見直せよとの警報にもなれば、散々あがいた末の弔鐘《ちょうしょう》にもなりえる。不倫は裏切りの行為だが、同時に切望と喪失感の表出でもあるのだ。

だから私は不倫に対し、複数の見地からのアプローチを試みている。夫婦両サイドの考えを理解し——不倫が片方に与えた影響と、もう片方に意味したものは何だったのか——、共感しようと努めている。さらに、別の利害関係者である愛人や子どもや友人たちについても考えをめぐらせ、時には彼らからも話を聞いている。不倫は二人（時にはそれ以上）の人間がまったく異なる経験をする一つの物語だ。したがって、それは数多くの物語になり、私たちにはこれらのバラバラになった激しく対立する説明を受け入れる大きなフレームが必要になる。either/or（どちらか片方）式アプローチからは理解や和解は生まれない。浮気を破壊行為という観点からのみ見たなら、過度な単純化であるだけでなく、なんの助けにもならない。反対に、被害を無視して私たち人間の探検心を称賛したなら、劣らず過度な単純化であるだけでなく、やはり何の助けにもならないだろう。大多数のケースで、both/and（両方、どちらも）式アプローチのほうがはるかに適切だ。必要なのは、普通の人が不倫の多面的な経験——動機、その意味、影響——を舵取りしていくのを助け、橋渡しとなる対話だ。きっと、こんなふうに不倫を理解しようとすることすら、受けるに値しない尊厳を不倫に与えていると反発する人たちがいるだろう。でも、それこそがセラピストの仕事なのだ。

私の典型的な一日は、妻を追ってイギリスからニューヨークにやってきた三六歳のルパートという相談者から始まる。妻が不倫していることは知っているが、面と向かって問い質すことはすまいと決意している。彼はこんなことを言う。「結婚生活を建て直したいし、守りたい家族もある」「ぼくたち二人のことにだけ集中したい。妻が誰かと恋に落ちたことはわかっていますが、考えているんです……もう一度ぼくに恋してくれないかって」

次はデライアとラッセルだ。大学時代の恋人がいったん別れ、それぞれ別の家族をもったあとに長い年月を経てLinkedIn〔SNS〕でふたたびつながった。デライアは「（あのとき別れなかったら）どうなっていたかしらって思いながら残りの人生を過ごすことなんてできなかった」と言う。今、二人はその答えを見つけたものの、道徳的ジレンマがついてきた。「二人で何度かセラピーを受けた結果、不倫関係はめったに維持できないとわかりました」とラッセル。「でも、デライアとぼくは違う。これは一時的なのぼせ上がりなんかじゃない。これは中断された〝一生続くラブストーリー〟なんです。ぼくは自分の心に背いてでも、運命の女性といっしょになれるチャンスを放り捨てるべきなんでしょうか？　一度もすごくよかったことなどない今の結婚生活を守るために？」

続くファラとジュードはともに三〇代のレズビアンカップルで、恋人になって六年になる。ジュードはファラがなぜ性的にオープンな関係でいようと約束しているにもかかわらず秘密の関係をもったかが理解できないでいる。「私たち、互いに正直に話す限り、他の女性と寝てもかまわないという取り決めをしているのよ。オープンでいることが私たちの関係を守ってくれると思ってたわ。それでもファラは嘘をついた。じゃあ、いったいどうすればいいの？」オープンな関係すら、確実に欺瞞を防いではくれないのだ。

昼休みにはメールを読む。まず最近夫を亡くした、ミネソタ州在住、六八歳のバーバラのメールから。「夫の死を嘆いている最中に、彼が長年にわたって不倫をしていた証拠を発見しました。今、私は思いもしなかった問題を扱っています。つまり、そのことを娘に話すべきかどうか。さらに困ったことに、夫は生前、地域社会で尊敬された人物だったので、私は今なお慰霊の催しに招かれ続けています。そこには私の友人も全員出席しています。私は心が二つに引き裂かれる思いです。夫の名誉を傷つけたくはない。でも一方で、友達には真実を打ち明けたくてたまらないのです」彼女とはやり取りの中で、たった一つの発見にその人の全人生に対する見方を一変させるパワーがあることについて話し合った。夫の死と裏切りいう二つの喪失のあとで、人はどうやって自分の人生とアイデンティティを建て直せるのだろう？

一方で、彼女の娘スージーのメールには、母に代わる正当な怒りが満ちていた。「父の長期にわたる不倫にもかかわらず、父が亡くなるまで添い遂げた母は聖女です」と。だが、別の立場からこの物語を語ることを、彼女は考えたことがあっただろうか？　彼女の父がもう一人の女性を心から愛していたにもかかわらず、家族のために自身を犠牲にして離婚しなかったのだとしたら？

若いセラピストのアダムは私の講習会に参加したあと、Facebook にこんなメッセージを送ってきた。「浮気者はいつでも人間のクズだと考えていました。結婚相手に対しては、少なくとも陰で卑劣な振る舞いをしないくらいの尊敬の念と真摯さがあってもいいのではないかと。でも、あのディスカッションへの参加中に、私は突然、不快な現実に打たれたのです。私たちのいた部屋は安全で心地よかった。それでいて、私はクッションの中に熱い炭でもあって、それが私を真実に目覚めさせようとしているかのごとく椅子の上で体をよじり続けていました。私の両親が出会ったときにはどちらも既婚者であったという事実を、それまで私はずっと無視しようとしてきました。事実、父はDV夫と別れようとしていた母のセラピストだったのです。彼らの不倫が私をこの世に生み出しました。三四年前、姦通という行為により、両親は生涯を共にしたい相手を発見したのです」アダムの不倫に対するそれまでの白黒はっきりした考えは、個人的にも、また職業的にもぐらついたのだった。

その日の最後の相談者は三七歳の広告会社勤務リリーだ。既婚者の恋人が妻と離婚するのを待ち続けたこの一〇年間、最後通告を先送りし続けてきた。不倫関係が始まって以来、彼の妻にはさらに二人の子どもが生まれたのに、リリーは自身の受胎能力が日ごとに失われていると感じている。「先月、卵子凍結をしました。でも、そのことは彼には言いません……あらゆるプレッシャーを使う必要があるから」セラピーでは毎回、その相反する感情を吐露する。ある週には、自分はただ騙されて待たされているだけだと確信するものの、翌週には、自分こそが彼の最愛の人なのだという希望のかけらにしがみつく。

その後も夕食の途中に「非常事態」というタイトルの携帯メールを受信。気もふれんばかりに動揺したジャクソンが、緊急に話す必要があると言っている。たった今、バイアグラの瓶から多くの錠剤がなくなっていることを妻に発見され、家から追い出されたのだとか。「正直、妻に嘘をつくのはいやでしたが、私が自分のニーズを満たそうとするたびに妻の顔に浮かぶ嫌悪の表情に耐えられなくて……」ジャクソンの倒錯気味の性的ニーズは妻にとっては興ざめ以外の何ものでもなく、彼女はくりかえし、そう口に出して言っていた。何年も拒絶されたあと、彼はついに自身の性的嗜好をよそで満たし始めたのだった。「正直に話すべきでした。でも、失うものが多すぎた。性的な欲求を満たすことは重要ですが、毎日、朝食の席で子どもたちの顔を見られるほうがもっと重要だった」

こういった人たちの話を聞きながら、私はショックを受け、批判的になり、同情し、守りたくなり、好奇心を掻き立てられ、性的興奮を覚えたり失ったりし、時にはそれらすべてを一時間のうちに体験する。彼らとともに泣いたこともあれば、希望をもち、絶望し、関係するすべての人に自分を重ね合わせたこともある。なぜなら、毎日のようにこの不倫という行動が引き起こす徹底的な破壊を目撃しつつ、同時にこのトピックについて現在交わされている会話のほとんどがいかに不適切であるかがわかるからだ。

心の覗き窓

不倫は人と人との関係について多くを教えてくれる。価値観や人間性やエロスのパワーに関するより深い分析にドアを開いてくれる。それは最も心揺るがす質問のいくつかに私たちを立ち向かわせる。何が人々を大変な努力の末に手に入れたもの――結婚生活――の外に引っぱり出すのか？　なぜ性的な裏切りに合うとこんなにもつらいのか？　不倫は常に利己的で心が弱いから起きるのか？　それとも理解可能なケースや、容認できるケースや、大胆さと勇気がもたらした行動だといえるケースすらあるのか？　そして、私たちに不倫の経験があろうがなかろうが、私たちの夫婦関係を活性化させるために不倫につきものの興奮から何かを学べないだろうか？

さらに、秘密の恋は常に暴かれるべきだろうか？　情熱には賞味期限があるのだろうか？　結婚が(いい結婚さえもが)けっして与えられないものがあるのだろうか？　心のニーズとエロチックな欲求の微妙なバランスはどう取ればいいのか？　モノガミーはもはや古くて無益な制度なのだろうか？　そもそも貞節とは何か？　複数の人を同時に愛することははたして可能なのだろうか？

私からすれば、これらはすべての大人にとっての、またすべての恋人や夫婦関係にとっての本質的な質問なのだが、残念なことにほとんどのカップルがこれらのうち一つでも話し合うのは不倫が起きたあとなのだ。大惨事は私たちを物事の中枢に引き込む術を知っている。どうか嵐を待たずに、おだやかな状況のもとでこのようなテーマを扱ってほしい。何が私たちをフェンスの向こうに引っぱり出すのか、それにより失うものの大きさ、またその恐怖について、信頼ある雰囲気の中で話し合えば、事実、親密さも互いへの誠実さも増す。性欲はその最も逸脱したものさえ、人間性の一つの特質なのだから。

不倫をセックスと嘘に片付けてしまうのは簡単だが、私はむしろそれを、夫婦関係の複雑なありさまと、それを縛るために人々が設ける境界への入り口として使いたい。不倫が私たちに直面させるのは、情熱のもつ一触即発のパワーだ——魅惑、色欲、切迫感、道ならぬ恋、安堵、罠、罪悪感、傷心、罪深さ、監視、疑惑の狂気、殺したいほどの報復への衝動、悲劇的な結末。あらかじめ警告しておくが、こういった問題を扱うには、理不尽なエネルギーの迷路に自ら進んで降りていかなくてはならない。愛は厄介だが、不倫はさらに厄介だ。でも、それは他の何にも増して、人の心の裂け目への覗き窓なのだ。

新種の恥辱

離婚——不倫についてのオンライン／オフライン両方でのあらゆる熱い議論の中に、その言葉は何度も何度も飛び出してくる。「不倫したいなら離婚しなさい」「不倫したくなるほど惨めなら離婚するに足りるほど不幸なはず」「もしあなたの夫（妻）が不倫したなら、すぐ離婚専門の弁護士に電話しなさい」などと。

ブルックリン在住三〇代前半のジェシカには二歳の息子がいる。結婚四年目になる夫が同僚と不倫していることを発見した一週間後に、私に連絡してきた。「Facebookに秘密のアカウントを発見したんです。その女へのメッセージがいっぱい……」デジタル世代にふさわしく、彼女は問題をオンラインの人生相談に持ち込んだ。「読んでるうちに気分が悪くなりました」「女性雑誌にあるような役にも立たないアドバイスばかり。別れなさい、そして過去を振り返らないで。一度浮気した男は必ずまたする！　彼を道端に蹴り出すべき！」そんな助言ばかりだった。

「私が相談したサイトのどれ一つ、私がまだ夫を愛しているという事実に耳を傾けてくれません」「私たちには共に計画した残りのすべての人生があるし、彼は息子の父親です。私は彼の家族に愛着があるし、今日までの一週間にも彼らはずっと私を支えてくれました。ああいった記事やあいうのを書いたライターたちはみんな、私の両親もだけど、彼は人間のクズで、彼に対する私の気持ちは惑わされたものだって言うんです。父なんて私がストックホルム症候群〔被害者が犯人と連帯感を抱くようになる〕にかかってるんじゃないかとまで言ったんですよ！　まるで私が夫に好き放題に浮気をさせる〝あの種の女たち〟の一人だとでも言わんばかりに」

経済的に独立しているジェシカには、夫の家長的特権に直面したときに諦めて受け入れるしかない他の多くの女性たちと違い、別れるという選択肢もある。そして、まさしく彼女が多様な権利規定とともに生きているからこそ、私たちの文化はそれを行使せよと迫るのだ。彼女の話を聞いていると、モロッコのある村からやって来た女性たちを相手に最近行った講習会の一場面がフラッシュバックした。昨今のアメリカでは夫に浮気された女性は毅然とした態度で夫を捨てるようアドバイスされると話すと、一人の若い女性が笑い出した。「でも、マダム、私たちがスカートを追っかけ回す夫といちいち別れてたら、モロッコでは一人残らず離婚することになりますよ！」

かつて離婚にはあらゆる汚名が着せられた。今日では、別れられるのに別れないでいることが新種の恥だ。その代表がヒラリー・クリントンで、他の面では彼女を称賛する多くの女性たちが、離婚できるパワーをもちながらも別れなかった彼女の決断とどうしても折り合いを付けられないでいる。「自尊心はないの？」と。

確かに離婚が避けられないケースもあれば、それが賢い選択である場合も、単に関係するすべての人にとって一番いい結果をもたらす場合もある。でも、果たしてそれが唯一の正しい選択なのだろうか？　心の激痛と屈辱の只中にあって、人は軽率にも不倫に対する反応と自分たちの関係に対するほんとうの気持ちを融合させてしまう。結果、二人の歴史は書き換えられ、ウエディングの写真とともに架け橋は燃やされ、子どもたちの生活は二つの家に分断されてしまう。

ジェシカはまだ夫を路上に蹴り出す気にはなれないでいる。「人間誰でも間違いを犯すわ。私だって聖女じゃない。浮気し回ったりはしないけど、物事への対処能力に優れているとは言いがたいの。何かがうまくいかなかったり、ストレスがたまったりすると、黙りこくってついお酒を飲み過ぎてしまう。もし伴侶がつまずくのをいっさい許さなかったら、私たちみんな、惨めで一人ぼっちになってしまうわ」彼女は夫にもう一度チャンスを与えようとしている。

離婚の即断は人間のあやまちや弱さをまったく酌量しない。それはまた、二人の関係を修復することでより強い関係を作って立ち直る余地をまったく残さない。そして、起きてしまったことから学んで成長しようとするジェシカやジャクソンのような人々を許さない。「私たちはどちらもやり直したいのです。あれ以来、私たちは信じられないほど深い話し合いを幾度もしました。ほんとうに心からの、かつ建設的な、何年もしてこなかった類の話し合いです」そして、彼らは質問する。「こんなふうに互いに対して真に正直になるためには、不倫を経験するしかなかったのでしょうか?」私はこの台詞を頻繁に耳にし、そして彼らの後悔を共有する。しかし、恋人／夫婦関係についての語られない真実がここにある——すなわち、多くのカップルにとっては、パートナーの注意を喚起し、淀んだシステムを揺さぶるパワーは、不倫くらい極端なものにしかないのだ。

結局、不倫についての批判的で感情的かつ抑圧的な会話が問題なのは、別れようが別れまいが、より深い理解や、ひいては希望と回復の芽を摘み取ってしまうことにある。相手を責め続ければ夫婦関係はさらにもろくなる。無論、ジェシカからすれば、家で子どものオムツを替えている間に夫が不倫をしていたのだから、当然の反応である怒りを発散させることは助けになる。けれども、不倫に巻き込まれた人々——不倫した側とされた側、愛人、子どもたち——と話せば話すほど、私は誰かを責めるのを避けて人生と愛について考えることの必要性をより強く感じるのだ。亀裂をより大きくする辛辣で復讐心に燃えた感傷を膨らませても何も得られない。そのいい例が私の出会ったこの女性だ。彼女は怒りのあまりの大きさに、夫の何年にもわたる性的非行を、あろうことか五歳の子どもに言いつけた。「ママがなぜ泣いているのかを息子は知るべきだわ」と。

不倫は主な離婚理由の一つになったが、一方で多くの夫婦が不倫後も別れずにいる。でも、そんな夫婦は結局どのくらい続くのか？　またどんな状態で？　彼らは不倫を経た結果、より堅固なカップルとして生まれ変わるのだろうか？　それとも不倫という出来事を山のような恥辱と不信感の下に埋めてしまうのだろうか？　不倫をどう代謝するかが、二人の関係と人生の未来を形作ることになる。

今日、西欧ではほとんどの人が人生のうちに意味ある長期の恋愛や結婚生活を二、三度は体験する。中にはそれを同じ相手と行う人もいる。不倫直後に私のもとを訪れたカップルに、私はよくこんなことを言う。「あなたたちの最初の結婚は終わりました。さて、これから二度目の結婚生活をともに築きたいと思いますか？」

2

不倫の定義

「あの女とは性的関係をもっていません」

――ビル・クリントン元大統領

チャットは裏切りに入るか？

誰もが知りたがる――「既婚者の何パーセントが不倫するのか？」。これは答えるのがとてもむずかしい質問だ。なぜなら、その前にまず「不倫とは何か？」の質問に答えなくてはならないからだ。不倫の定義はまったく定まっていない。その上、デジタル時代が将来的に不倫に発展する可能性ある出会いを絶え間なく提供し続けている。チャットは裏切りに入るのだろうか？　セクスティング〔性的なメッセージや写真を携帯電話で送り合うこと〕は？　ポルノ鑑賞は？　フェチ系のグループに入ることは？　マッチングアプリの頻繁な使用は？　買春は？　ラップダンス〔欧米ではストリップショーを指す〕の鑑賞は？　性交付きマッサージは？　レズビアンの買春は？　別れた恋人と連絡を取り続けることは？

そもそも何をもって不倫とするかについての普遍的に一致した定義がないので、アメリカ人カップルの間にそれがどのくらい蔓延しているかについての推測もまた、女性の二六〜七〇パーセント、男性の三三〜七五パーセントと相当な幅がある。正確な数字はさておき、それが増え続けていることは誰もが認めるところだ。しかも、多くの人がそれを女性のせいだと考えている。なぜなら、女性たちが急激に「不倫の男女差」を縮めているからだ（ある調査結果によれば、一九九〇年以降、男性の不倫率は変わっていないのに、女性のそれは四〇パーセントも増加している）。事実、不倫行為の定義がただ「性交した関係」ではなく、プラトニックな関係や、キスその他の性的な身体接触を含む場合には、女子学生の不倫率は男子学生のそれをはるかにしのいでいる。

しかも、こういったデータの収集は「ことセックスに関しては、人は嘘をつく」という一つの事実により妨げられている。とりわけ〝許されないセックス〟については、これが顕著だ。匿名という隠れ蓑の中にもジェンダーのステレオタイプは存在し続ける。男たちは集まると自身の性体験を自慢し、誇張し、過大報告し、女たちはそれを最小限にし、否定し、過小報告する（今なお姦通した女性が死刑に処せられる国がイランやパキスタンなど何カ国もあることを思えば、不思議ではない）。性に関する正直さは性に関する政策と切り離せない。

その上、私たちは歩く矛盾だ。ほとんどの人が自らの不倫についてパートナーに嘘をつくのはひどく間違っていると言いながら、その同じ人が、もし自分が不倫したならパートナーに嘘をつ

2

不倫の定義

くだろうと答えている。そして、この黄金の質問「もし絶対にばれないなら、不倫しますか?」に対しては、「はい」と答える人の数は飛躍的に上昇するのだ。結局、どんなに多くの統計も、たとえそれらがどんなに正確であっても、今日の不倫の複雑なリアリティについて真の洞察を提供してはくれない。したがって、私は話の焦点を数字ではなく個々のケースに絞ろうと思う。なぜなら、個々のストーリーこそが、私たちを切望、幻滅、誠実さ、性的自由といった人間のより深い関心事に導いてくれるからだ。共通するのは「片方がもう片方に裏切られたと感じている」というテーマだが、こういったドラマを強烈な関心を引きつけるものにするのは、他のすべての部分なのだ。レッテルを張る必要性に迫られて、私たちはあまりに多くの体験を「不倫」というたった一つの言葉で片付けている。

そんなに単純ならどんなにいいか

「過去一年間に、パートナー以外の人とセックスをしたことはありますか?」――もし不倫の定義がこの質問にイエスかノーで答えられるくらいシンプルなら、私の仕事はどんなに楽だろう。でも実際には、内々に知ることになる悲痛な口論の数々に、ある種の不倫は実に単純でも、その世界はセクシュアリティ(性的特質)の世界と同じくらい不透明であることを、私は日々思い知らされている。

たとえば、イライアスが妻リンダに専門家への相談を提案したのは、浮気についての解釈が二人の間でひどく異なっていたからだ。ストリップクラブに通うことについて、彼は弁明を開始する。「見てしゃべって金は払うけど、触りはしない。それのどこが浮気なんだ?」彼からすると、彼は妻に対し完全に誠実だ。リンダはそうは思わない。それで、彼をソファに寝せている。

アシュリーはレズビアンの恋人リサが元彼のトムと時々セックスしていることを発見した。「そんなの不倫とは呼べないって、リサは言うの。彼はゲイだからって! でも、私からしたら、そのほうが余計にたちが悪い。陰でこそこそやってるだけでなく、私が与えられないものを彼に与えてもらってるんだから。私はただリサが一時的にレズビアンになっているときの相手っていうわけ?」

シャノンはパートナーのコービンがコンドームを一箱買ったことを発見して裏切られたと感じている。自分たちは妊活中なのだから、それは必要ないはずだ。コービンは抗議する。「ぼくは何もしていない! あれはふと思いついただけ! きみはぼくのケータイだけでなく、ぼくの心まで盗み見したいのかい?」これにシャノンは言い返す。「ふとした思いつきでコンドームを買うなんて、私にはとても信じられない!」確かに、単なる思いつきではなかっただろう。でも、それが浮気と言えるだろうか?

ポルノについてはどうだろう? ほとんどの人がマットレスの下の古いプレイボーイ誌を裏切りだとは見なさないだろう。でも、印刷物がスクリーンに変わると、その境界はぼやけかねない。多くの男性がポルノ鑑賞をマスターベーションと同じカテゴリーに入れている。それは不倫を防いでくれていると、誇らしげに言いつのる男たちさえいる。女性はまずそんな見方はしない。ヴァイオレットはポルノに関してはかなり心が広いと自負していた。ある日ジャレッドの書斎に入り、彼が画面の上であえいでいるブロンド女性を見ているのを発見すると、ただ呆れ返って、彼には別の趣味が必要だと冗談を言った。ところが、そのブロンド女性が「どこに行くの、ジャレッド？もう終わったの？」と言った瞬間に、彼がスカイプしていたことを知った。「最悪なのは、彼がそれは浮気じゃないって、私を納得させようとしたことなの。それは〝カスタマイズされたポルノ〟だって言い張るんです」

私たちの暮らす〝つながった時代〟には、軽い戯れの可能性が無限に転がっている。今日、アメリカ人の六八パーセントがスマホを所有している。ということは、コメディアンのアジズ・アンサリが皮肉るように「誰もが一日二四時間、週七日、ポケットに独身者専用のバーを入れている」ようなものなのだ。しかも、独身者に限らない。悪名高いAshleyMadison.comのような既婚者専用のサイトもある。インターネットは偉大な民主主義者なので、人々の禁じられた性欲に平等にアクセスを提供している。

もはや浮気をするのに自宅を出る必要すらない。実際、ベッドでパートナーの傍らに横たわった状態ででもそれは可能だ。キットはソファで恋人ジョディの隣りに座ってテレビを見ていたときに、彼女がiPhoneにTinder〔人気マッチングアプリ。相手を気に入ったかどうかを画面上の左右へのスワイピングで表せる〕特有のスワイプをしているのを発見した。「ジョディは、ただ興味があっただけ、ゲームみたいなもの、実際には何もしないと言ったけど……」とキット。「話し合った結果、互いに対する誠実さを誓う一種の儀式として、Tinderをアンインストールしました」

インターネットは研究者の故アル・クーパー博士が指摘したように、セックスを「Accessible, Affordable, Anonymous（アクセスが簡単、手ごろな値段、匿名）」にした。これらすべてが不倫にも当てはまるものの、私はもう一つ、Ambiguous（どちらにでもとれる）を付け加えたい。もはやキスはしなくても性器の写真は交換し、モーテルで過ごす時間は深夜のSnapchatに変わり、人目を忍ぶランチがFacebookの秘密のアカウントになったとき、私たちは何をもって不倫だとすればいいのだろう？　うさんくさい行動が急激に拡大しているこのフィールドで、デジタル時代の不倫をどう理論的に定義すべきかを、私たちはじっくり考える必要がある。

その線引きをするのは誰？

不倫の定義はすこぶるシンプルであると同時に非常に複雑だ。今日の欧米では、恋人／夫婦関係についての倫理はもはや宗教的権威が決定するものではない。不倫の定義はローマ教皇のもとではなく、人々の手中にある。これはそれがより不透明であると同時に、より自由であることを意味する。カップルは自分たちで独自の線引きをしなくてはならない。

誰かが自ら進んで「私は不倫をしました」と認めたなら、その解釈について言い争う人はいないだろう。パートナーが誰かとベッドにいるところを捕まえたなら、もしくは何年にもおよぶ二重生活を示すメールを発見したなら、これもかなり明白だ。でも、もしカップルの片方が相手の行為を裏切りだと確信しているのに、相手の反応が「それはきみの思い過ごしだ」とか「あれは

2

不倫の定義

なんの意味もない」とか「あんなの浮気とは呼べない」だったとしたら、私たちはより不明瞭なテリトリーに突入する。一般的に、あやまちの境界線を引き、その重大さを決定するのは裏切られたと感じている側だ。ということは、気持ちを傷つけられたなら、不倫の定義をする権利を手にして当然なのだろうか？

はっきりしているのは、現代の不倫が、二個人の間で交わされた契約に対する違反であるという考えを基本としている点だ。もはやそれは神に背いた罪でもなければ、家族の結合を壊すものでもない。血統を乱す行いでもないし、財産や遺産を分散させる行為でもない。裏切りの中心にあるのは、信頼に対する違反だ。私たちはパートナーが二人の間で認め合った数々の条件にしたがって行動してくれるものと思い込んでいるし、自分自身もまた、それをベースとして行動している。裏切りにあたるものは、必ずしも特定の性行為または心理的な振る舞いではない。むしろ、その行動がカップルの取り決めに違反しているという事実にある。これは納得がいく。でも困ったことに、大半の人にとって、この取り決めは長時間を費やしてしっかり練り上げられたものではない。事実、それらを「取り決め」と呼ぶこと自体におそらく無理があるだろう。

中にはきちんと向き合って互いへの忠誠について取り決めをするカップルもあるが、ほとんどのカップルは試行錯誤でそれを行っている。恋愛関係は無言のルールや役割のパッチワークで、私たちは一回目のデートにすでに最初のステッチを始めている。つまり、何がセーフで何がアウトかの境界線を引き始める。私についての、あなたについての、二人についての境界線——たとえば、一人で出かけるのはかまわないか？　すべてを二人いっしょに行うことにするか？　二人の財布は合わせるか？　実家の集まりにはもう片方も必ず出席すべきか？

さらに友達関係をあらためて洗い出し、恋人／伴侶ができた今、それぞれとの関係をどのくらい大切に扱うかを決定する。そして、元恋人を整理する——恋人／伴侶は元彼（女）の存在を知っているか？　彼らについて話すべきか？　ケータイに写真を保存しておいて大丈夫か？　Facebookで友達のままにしておくべきか？　特にこういった二人の関係の外側に属している人たちについては、どの程度までなら互いの感情を損ねないですむかを模索する。「大学時代のあの子とまだ連絡を取り合ってたなんて、一度も言わなかったじゃない！」「私たちもう一〇回も寝たのに、まだHinge〔恋活アプリ〕にプロフィールを載せたままにしてるの？」「やつがきみの親友だってことも、幼稚園来の付き合いだってことも知ってるけど、だからって、おれたちのことをすべて話さなきゃならないのか？」

こんなふうに、カップルは分離と一体の領域を仕分けしながら、暗黙の取り決めのアウトラインを引いていく。ところが、たいていの場合、片方が心の内にまとめ上げる取り決めは、もう片方のそれと同じではない。

ゲイのカップルには、しばしばこういったルールは当てはまらない。あまりに長い間、標準的な社会規範の外で生きてきて、性的な自己決定権をめぐって果敢に戦ってきたので、性的に閉じこめられることの代償にはっきり気づいているからだ。したがって、彼らは自身に手枷足枷《てかせあしかせ》をかけることにさほど乗り気でない。彼らは浮気について暗黙の了解にまかせるよりも、オープンに譲歩する傾向にある。同じように、ゲイでない人たちの間にも、今はまだごく少数派だが、実験的に互いの浮気を認め合うカップルは増えている。そこでは境界線はより明確で、より楽に超えられる。だからといって裏切りの苦しみから逃れられるわけではないのだが、少なくとも裏切りの解釈については、多くのケースで一致している。

しかし、現代の愛についての理想主義者たちからすれば、不倫についてはっきり話し合うこと自体がロマンチックな夢の中心にある〝自分は特別〟という前提に疑問を呼び込む行為となる。ひとたび「運命の人」を見つけたなら、他の人など必要ないはずだし、ほしくないはずだし、魅かれないはずだからだ。したがって、多くのカップルの話し合いはこの一言で終わる――「浮気したら許さない」

新しい定義

私の考えでは、あらゆる不倫に三つの構成要素「秘密」「性の魔力」「精神的関わり」のうち一つ、またはいくつかが含まれている。詳しい説明に入る前に、はっきりさせておこう。これらは三つの確固とした特徴ではなく、むしろあなたの経験と思い込みを覗き見るプリズムの三つの面だといえる。不倫の定義を拡大することは、必ずしも道徳的な相対主義〔人間の認識や評価はすべて相対的なものであるとする立場〕に陥ることを意味しない。すべての不倫が同じ作りなのではなく、最終的にこの問題は個人的で、個人の価値観によるところが大きい。私の目的は、読者に自身の置かれた状況の意味を理解させ、愛する人とより深いコミュニケーションをとるためのフレームワークを与えることにある。

「秘密」は不倫を不倫たらしめる筆頭の原則だ。不倫は常に主な関係の陰に生き、永遠に見つからないことを望んでいる。秘密であることが、まさしく性欲を掻き立てているのである。ジャーナリストのジュリア・ケラーの言葉を借りれば、「セックスと口実が美味しいカクテルを作る」のだ。私たちの誰もが子どものころから隠れることや秘密をもつことの喜びを知っている。それは私たち自身をパワフルで、外からの攻撃に強い、より自由な存在だと感じさせてくれる。けれども大人になると、このダークな喜びは眉をひそめられる。

「私はいつも見たままの人間でした」堅苦しいアイルランド系アメリカ人のアンジェラは振り返る。パラリーガルの彼女はクライアントとの不倫を通して、こそこそする喜びを発見した。「私にも長年抱いてきた価値観を完全に突き破る行動ができるという発見には、当惑させられると同時にゾクゾクさせられました。一度、浮気者の悪行について妹がまくしたてたとき、その間ずっと私は自分自身の秘密を思って内心ほくそえんでいました。まさにそんな〝悪党〟が目の前にいるなんて、妹は露ほども知らないんですもの」

この罪悪感と喜びの一触即発のミックス。これを描写して「一瞬、自分のことを最低のクズだと思う。でも次の瞬間には、もう一度感じることを死ぬほどほっしていた何かに触れていると確信していた」と認めたのはマックスだった。四七歳、脳性小児麻痺の子どもを含む三人の子の献身的な父親だ。過去の不倫について、妻には無言を通す覚悟でいる。「かつて他の女性に命綱を見出していたなんてことは、妻には絶対言いませんよ。でも、そのこと自体はけっして後悔しません。あれは沈黙の中に存在するしかなかったんです。他の方法はなかった！　関係は終わったけれど、秘密はしっかり生き続けています」

2
不倫の定義

秘密のパワフルな特性の一つは、それが自主性とコントロールを手にする手段になりえることにある——これは私が女性たちから頻繁に耳にする言葉だが、何らかの理由で力を奪われたと感じている男性からも聞くことがある。「白人中心の学者の世界では、黒人の私はいつもルールに厳格に従って行動しています。私のような人間には、そこから逸れる余地はほとんどありません」ティレルは説明する。不倫は自分自身がルールを設けられるスペースなのだと彼が言ったとき、私は驚かなかった。「私を思いどおりにしようとしても、そうはさせませんよ」という台詞は、いつも彼の情事について回っていた。

不倫はリスク、危険、逸脱したいという反抗的なエネルギーへの経路となる。次のデートがあるかどうかわからない場合、私たちには期待という刺激が約束される。不倫愛は他のすべての世界から隔絶された自己完結の世界に属している。不倫は人生の余白部分で花開き、白昼の陽光にさらされない限り、その魔法は保たれる。

秘密は、それを抱えている人にとって、必ずしもスリル満点のお楽しみではない。不倫の十字架として、彼らは嘘、否定、ごまかし、手のこんだ計略を増幅させていく。二重生活にはまり込むと孤立しがちで、時間の経過とともに、しだいに恥辱と自己嫌悪にむしばまれていく。なぜ六年も続いた不倫をやめる決意をしたのかと尋ねると、メラニーは「罪悪感に苛まれている限りは、まだ自分のことを悪いことをしている善良な人間だと思うことができました。でも、ある日、罪の意識を覚えなくなったとき、私は自分を誇れなくなった。ただの悪い人間になってしまっていたのです」

嘘をつかれていた側は、暴かれた秘密に打ちのめされる。だが多くの人にとって、特にアメリカでは、より深い傷を残すのは秘密そのものよりむしろ果てしない隠蔽工作のほうだ。「ただ彼が浮気をしたってことじゃないんです。そのことで彼が嘘をついたことなんです」こんな言葉を何百回聞いただろう。それでいて、地球のある地で顰蹙《ひんしゅく》を買うこの〝隠蔽〟が、他の地では〝思慮深さ〟に変わるのだ。そういった場所で私が聞くのは、不倫に嘘や隠蔽が付きものなのは既定事実だという話。ばれないよう上手く隠さなかったというほうが不面目で、それがまた伴侶を余計に傷つける。

不倫についてのどんな議論も秘密があることが前提だが、同時に「では、プライバシーはどうなるのか?」と自問することも要求される——どこでプライバシーが終わり、秘密が始まるのか? 詮索することは合法的な予防策なのだろうか? 親密さには絶対的な透明性が必要なのだろうか?

「性の魔力」は私が「セックス」の代わりに使う言葉だ。なぜなら、私はセクシュアリティの定義を、ビル・クリントンによるそれより広げて、性行為の狭いレパートリーにとどまらない、エロチックな精神や肉体やエネルギーについての幅広い理解を含むものに変えたいからだ。性の魔力を説明するに当たってはっきりさせておきたいのは、不倫にはセックスを含むものも含まないものもあるが、どちらも必ずエロチックであるという点だ。マルセル・プルーストが言うように、

2

不倫の定義

愛を引き起こしているのは私たちのイマジネーションであって、相手ではない。エロチシズムはすこぶる強烈で、キスをすると単に想像することが、数時間におよぶ実際のセックスと同じくらいパワフルでエキサイティングにもなりうるのだ。そこで思い出すのはシャーメインという名の、こちらがつられて微笑んでしまうほど笑顔が魅力的な五一歳のジャマイカ人女性だ。年下のある同僚とのランチがつい長引いてしまうそうだが、その関係はけっして彼女の結婚の誓いを揺るがすものではないと言い張っていた。「はっきり言って、セックスはしていません。互いの身体に触れてさえいないわ。ただ話すだけ。これのどこが不貞なの?」と。でも、しないでいることが、するのと同じくらいエロチックになりうることは誰だって知っている——欲望は不在と憧れから生じるのだから。私が問いつめると、彼女は「こんなに欲情したのは初めてです。あたかも触れられることなく触れられている感じ」と白状した。彼女が描写しているもの、それが性の魔力なくして何だろう? 罪のないランチも、実際、十分エロチックなものになりえる。たとえシェリル・ストレイド〔映画「わたしに会うまでの1600キロ」の原作者〕言うところの「ドライ・デート」にすぎなくても。

「何も起きなかった」は、文字どおりの解釈を好む人たちがよく使うフレーズだ。ダスティンは同僚アビーのバースデーパーティで少し飲み過ぎたあと、泊まっていけばという誘いを受け入れた。翌日、恋人のリーに問いつめられた彼は、すぐさまこの言葉を繰り返した。「わかった。そんなに知りたいなら言うけど、ぼくたち同じベッドで寝たよ。でも、マジ、何も起きなかったんだ」それを聞きながら私は、でも、どの段階をもって何かが起きたことになるのだろうと思った。その間、リーは心に湧き上がる疑問の数々に苦しめられた。二人は裸になったのかしら？　アビーは彼の腕枕で寝たのかしら？　ダスティンは彼女の寝顔に鼻をこすりつけたりしなかった？　勃起した？　それって何も起きなかったことに入るの？

こういった話は決定的な事実を教えてくれる。それは、多くの不倫がセックスよりむしろ欲望に関係しているということだ。欲情されたい、自分を特別な人間だと感じたい、見つめられて気持ちを通い合わせたい、大事にされたい、……そんな欲望。これらすべてがエロチックなスリルを内包している。それは私たちに「生きている」「よみがえった」「新たに充電された」と感じさせてくれる。それは行為よりむしろエネルギーと、性交よりむしろ魔力と関係している。

性交に至ってもなお、不倫のもつ防御システムはさっさと抜け道を見つけ出す。人はセックスからセックスを取り除くためなら、どんなことでもしかねない。私の同僚のフランチェスカ・ジャンティーユは「あれはセックスではない。なぜなら――」に続く、すこぶる想像力豊かなフレーズを蒐集した。

「相手の女の名前も知らなかったから」
「どちらも達しなかったから」
「酔っ払っていたから／ヤクでハイになっていたから」
「よくなかったから」
「細かいことを思い出せないから」

2

不倫の定義

「普段とは違う性別の相手だったから」
「どちらもあれがセックスだとは思わなかったから」
「服を着たままだったから」
「完全には脱いでいなかったから」
「片足が床についていたから」

事実のこういったねじ曲げは、すべて物理的な世界に関連している。そこにさらなる曲解を付け加えるのがサイバースペースだ。バーチャルセックスはセックスだと言えるだろうか？　画面上に女性器を見ている人は個人のイマジネーションという避難場所をただ気軽にうろついているだけなのだろうか？　それとも裏切りという危険ゾーンに足を踏み入れているのだろうか？　多くの人の考えでは、ルビコン川を渡るのは相互関係が成立したときだ。つまり、ウェブ画像上の女性がポルノスターではなく現実の女性になったときや、男性ヌード写真がTumblr〔メディアミックス・ブログ〕の匿名アカウント上のものではなく、実際の男性から女性の携帯電話に送られたときだ。だったらバーチャルリアリティは？　それはリアル？　それとも空想？　これらは私たちが文化として決定的な答えを見いだせないまま問い続けているきわめて重要な疑問だ。くしくも哲学者のアーロン・ベンゼヴは「受動的な想像上のリアリティから、サイバースペースでの双方向のバーチャルリアリティへの移行は、写真から動画への移行よりはるかに過激だ」と述べている。何がリアルで何が想像かでは人々の意見は分かれるかもしれないが、そこにエロチックな魔力が存在しているという点には疑う余地がない。

私たちはたとえ多様な性的表現を含めるべく視野を拡大することには賛成したとしても、それのもつ意味や、それがどこに属するかについてはまだ同意に至っていないのかもしれない。こういった議論のすべてが、最終的には私たちの性愛の自由の本質に迫る厄介な問題をもち出す。私たちはパートナーの〝エロチックな自己〟さえも完全に自分に属していると思っているのだろうか？　私がここで言っているのは、考え、空想、夢、思い出、さらには性的興奮を引き起こすもの、魅惑されるもの、個人的快楽といったものだ。セクシュアリティのこういった側面は、個人的な侵されざるべき自我の一部で、個々の秘密の園に存在しているともいえる。けれども、性的なものもすべて二人の間で分かち合うべきだと考える人もいる。こういった人たちにとっては、パートナーがマスターベーションをしたり、元恋人にまだ気持ちを残したりしていることは裏切りに等しい。このような見方のもとでは、セクシュアリティのどんな個人的表現も――リアルであろうと空想であろうと――違反となる。反対に相手のエロチックな自己にいくらかの自由なスペースを与えることはプライバシーと自主の尊重の表れであり、親密さのしるしにもなる。私は過去何十年もカップルの相談に乗ってきた結果、エロチックな火花を燃やし続けることに最も成功しているカップルは、互いの中心に謎の部分があることを難なく受け入れている人たちだという結論に達している。彼らはたとえ行動においては互いに貞節であっても、相手のセクシュアリティまでが自分のものだとは考えていない。互いの中に繰り返し発見を引き起こしているのは、まさしく相手のこの捕えどころのなさなのだ。

2

不倫の定義

すべてのカップルが個人と二人の領域についての幅広い会話の一部として、互いのエロチックな独立性についても話し合うべきだろう。裏切りから自分を守ろうとするがあまり、私たちは相手にアクセスとコントロールと透明性を要求しがちだ。そして、知らないうちに互いへの性欲を燃やし続けるために必要なスペースを消滅させている――火が燃えるには空気が必要なのに。

「精神的関わり」は不倫に一役を買う三番目の要素だ。ほとんどの不倫に程度の差こそあれ、精神的な関わりがある。このスペクトルの最も深いところにあるのが〝道ならぬ恋〟で、そこには必ず情熱的な愛の開花がある。「愛がどんなものかは知っているつもりでした。でも、こんな気持ちは生まれて初めてなんです」という言葉を何度聞いただろう。こういった状態にある人々は、愛、超越、覚醒、運命、神の干渉について語る。「あまりにピュアな感情なので見過ごすことはできませんでした。なぜなら、その気持ちを否定すれば、自分を裏切ることになるからです」と。このような比類ない大恋愛の渦中にいる人々にとっては、不倫という言葉は不適切だ。なぜなら、それは彼らの経験の精神的な深さを少しも描写していないからだ。相談者のある男性は「これを不倫と呼んだら、何か俗悪なものに成り下がってしまう。彼女も子ども時代によく似た体験をしていたので、ぼくは初めて父から受けた虐待を誰かに打ち明けることができました。ええ、セックスはしましたよ。でも、ぼくたちの関係はそれだけじゃない」と言う。

さらに「精神的関わり」のスペクトルを見渡すと、そこにはあらゆる度合の、実にさまざまな出会いがある。最も浅いところには、気晴らし的なもの、匿名のもの、バーチャルなものや、金の支払われるものがある。こういったケースでは当事者はたいていい、精神的関わりはなかったと言い張り、さらにそれを理由に「あれは不倫とはいえない」と主張する。「女に帰っていただくために、おれは金を払ってるんだ！　売春婦のいいところは恋に落ちないことだよ。だから、結婚は脅かされない」とガイは言う。そして、ここでお定まりの台詞「あれには何の意味もない！」が登場する。だが、セックスはほんとうにただのセックスになりうるのだろうか？　手当たりしだいのファックには精神的な関わりはないかもしれない。でも、それが起きたという事実には多くの意味がある。

ガイのように自分の犯した違反を軽くするために精神的な関わりを最小限に見せようとする人もいれば、一方で前出のシャーメインのように、まったく同じ目的で、絆の精神的な部分を強調する人もいるのは実に皮肉だ。

盗まれた愛と禁断のセックス――どちらの罪が重いかについては、これまでも多くのインクが費やされてきた。私たち個個人の感受性はそれぞれだ。肉体的な交渉さえなければ、気持ちの部分はそれほど気にならないという人もいる一方で、セックスはそれほど重大ではないと、互いに遊ぶ自由を与えている人たち――ただし情が移らない限り――もいる。彼らはそれを「精神のモノガミー」と呼んでいる。でも、多くの人にとって、セックスと気持ちはほどけないほどしっかり絡み合っている。セックスと気持ちの両方がマックスの場合もあれば、どちらかの比重がより大きい場合もある。だが、不倫の砂場では、たいてい両方が何らかの役割を果たしている。

一線さえ超えなければ

近年、不倫に新しいカテゴリーとして「精神的不倫」が出現している。これは今日の不倫関連用語集の中では最先端をいく言葉だ。一般的にはセックスを含まない不倫を意味するが、むしろ第三の人物との度を越えた精神的な親密さゆえに、夫婦関係が悪化してしまうような関係をさす。

これは慎重な解釈を必要とするコンセプトだ。あまりに多くの「精神的不倫」が、性器の接触のあるなしにかかわらず実は性的なテンションで脈動しているのに、そのような新しいレッテルを与えることは、私には性愛の意味の単純化を推し進めているようにしか思えない。明らかに不倫はペニスがワギナに入らずとも性的なものになりうるので、そういったケースでは、むしろ露骨な物言いのほうがすっきりする。

また「精神的不倫」という言葉は、真にプラトニックだが「仲が良すぎる」と周りに見られる種類の関係に使われることもある。これは現代のカップル王国における私たちの理念と深く絡み合っている。なぜなら、今日の多くの人にとって、結婚の理念は精神的親密さとともに完全なる正直さと強く結びついているので、パートナー以外の人に自分の心の内を明かしたなら、一種の裏切りに感じられるのだ。ロマンチックな愛の理想では、私たちのパートナーは唯一無二の精神的な連れ合い――心の一番奥深くにある夢、後悔、不安をただ一人打ち明けられる相手――であるはずだからだ。

私たちは今、地図のない世界にいる。不倫で「精神的」という部分を強調することは、前世代の人たちには思いつきもしなかっただろう。なぜなら、彼らの結婚のコンセプトは精神的な排他性を中心にはしていなかったからだ。世界の多くの場所で、今なおそれは馴染みのない考え方だ。それは今日のカップルにとって、はたして有益なコンセプトなのだろうか？　結婚生活ではそれぞれが他の人に愚痴ることができたり、感情の捌け口をよそに見出せたりする方が、夫婦の精神的つながりは強固になる。すべての親密なニーズを一人の人間で満たそうとすることで、私たちは事実、二人の関係を壊れやすくしている。

精神的裏切りの巧妙さをはっきりさせようとすれば、明らかに問題は急に複雑になる。精神の結びつきを言い立てることは、しばしばエロチックな密会のカバーアップに使われる。夫が新しい友達に完全に夢中になっている——延々とSnapchatやメールで通信したり、彼女のためにプレイリストを作ったりしている——と不満を訴える女性に対し、私は彼女のイライラに同情はしつつも、彼女を狼狽させているものがただ精神的なものではなくセクシュアルなものであることをはっきりさせようとする。一方、他の人との深い精神的なつながりが、結婚生活では満たすことのできないニーズやフィーリングの正当な捌け口となっている場合もある。私は日々のセラピーで、この微妙な線上を綱渡りしている。不倫というテリトリーの危険さを考えると、多くの人が不倫について最も狭い解釈にしがみつくのも無理はない。その結果が「禁じられたセックス」なのだ。

これを機会に、私は不倫があなたにとって何を意味し、それについてどう感じるかを自問し、またパートナーにもそれが何を意味するのかをオープンに問いかけることを勧めたい。

立場変われば、話も変わる

時に私たちは不倫を定義する。反対に不倫のほうが私たちを定義することもある。私たちは不倫の三角関係における役割を、不貞の張本人、愛人、裏切られた伴侶といった、かなり固定したものに見がちだ。でも現実には私たちの多くが一生のうちにはいくつかのポジションに立つことになり、その時々の状況により、不倫のもつ意味に対する視野もまた変わることになる。

ニューヨークで専門職に就いているヘザーは、まさに受胎能力のピークが過ぎようとしている今なお、おとぎ話のような幸せな結婚を望んでいる。数年前にフィアンセのフレッドと別れたのは、彼のPCフォルダーに、ある風俗嬢宛てのさまざまな倒錯したリクエストや待ち合わせに関するメールを大量に発見したからだった。この性的補充にヘザーは裏切られたと感じたが、さらに傷ついたのは、彼のほうが彼女をふったからだった。ヘザーは活力に満ちたセックスのあるモノガミーをほっしていたのに、彼のほうは男性ホルモンの要求は外で発散させ、家には無気力で情熱のない自身を持ち帰っていた。当時受けたセラピーでは「フレッドはまだ大人になっていないだけ。四、五年後には素晴らしいパートナーになる」と言われたそうだが、「費用対効果の分析なんて意味ない」とヘザーは考えた。「三七歳から四〇歳までの間に私は何をしたいかって考えたら、フレッドが大人になるのを見届けることじゃなかったんです」

昨夏、彼女はボストンからニューヨークに戻る電車の中でライアンという新しい男性に出会った。目と目が合った瞬間に二人はそれが何を意味するかを知った。彼は自分の立場について正直だった——「結婚して一三年。子どもは二人いるが、今、離婚しようとしている」ライアンと妻ブレアはともに結婚生活が終わったことは認めていたものの、慎重に事を進めていた。離婚の決断を子どもたちに告げるのは、サマーキャンプ中の家族で過ごす週末がいいか、それとも秋に学校に戻ったあとのほうがいいか。二人はじっくり考えた上で答えを出そうとしていた。

私はふと思った——ヘザー自身が裏切られたと感じたのはつい最近のことだ。今度は自分が既婚者の不倫相手という立場にあることが、彼女にはわかっているのだろうか？「こんなこと、絶対にしたくはなかったわ」ヘザーは言った。「でも、私たちの関係は不倫とはいえません。ライアンの結婚は法的には終わってないかもしれないけど、他のすべての面で終わっているから」

私は少し突っ込みを入れてみた。「でも、彼の妻はあなたの存在は知らないんでしょ？　あなたも彼に、家に帰って離婚のけりをつけてから私の元に戻ってきてって言ったわけじゃないのよね」

彼女は大急ぎで弁明する。「だったら結婚が終わるのはいつですか？　夫婦が別の寝室で寝始めたとき？　家族や友達に別れたことをはっきり告げたとき？　それとも離婚手続きを始めたとき？　それってとっても長いプロセスで、どれが私にとって好都合なタイミングかはわからないわ」ヘザーの顔に恋する女性特有の輝きがあるのを見るのはうれしい。だが同時に、前回とは反対の側に立った今、彼女の不倫についての概念が都合よく柔軟になったことにも私は気づいていた。

数週間後、輝きは消えていた。二カ月間、用心深く逢瀬を重ねたのちに、彼女とライアンはついに週末を丸々いっしょに過ごしたそうだ。それは彼女にとって、それまでの人生で最高に幸せなひとときだった。だが突然、エデンの園から引き戻される。数日後にライアンから電話があった。ナイトテーブルにiPadを置きっぱなしにしていたせいで、ブレアにすべてが——ヘザーの名前さえも——知れてしまったのだ。

ブレアは時間をかけてゆっくり離婚することへの興味をなくした。ライアンが両親と友人たちに状況の説明をせざるをえなくなるよう、子どもを連れて家を出たまま、その週は帰って来なかった。このたった一つの行動で、二人の人間の間に芽生えたロマンスに過ぎなかったものが、一家族の解体に変わってしまった。すべての人が巻き込まれ、すべての人の運命が新しい局面へと展開していった。

ブレアからすれば、不倫がどんな時期に起きたかは関係ない。「私たちの気持ちは徐々に離れていきました」は「ライアンは私を裏切った」になった。ライアンからすれば「誰も傷つけないように、うまく事を運ぼうとしていた」が「こんなこと、子どもたちや両親にどう説明すればいいんだ?」になった。そしてヘザーは一家に壊滅を引き起こした張本人になったのだ。フレッドに裏切られたあと、彼女はまさか自分が〝もう一人の女〟になるなどとは夢にも思っていなかった。常々、浮気をする人間に対しては非常に辛辣で、その愛人たちに対してはよりいっそう批判的だったのだ。彼女は人の夫を盗むような人間ではない。互いに助け合う女性連帯の誇らしいメンバーであると自負していた。今、彼女はかつてあんなに軽蔑していた女たちとまさしく同じ立場にいる。ライアンとの間で交わしたのどかなメッセージを、一つまた一つとブレアが読んでいる場面を想像すると、血の気も失せる思いがするのだった。

このように立場が逆転したせいで批判が正当化に変わった話を聞くのは、これが初めてではない。こと不倫に関しては、人生の他のほとんどのことと同じく、人間は社会心理学者が「行為者・観察者バイアス」と呼ぶ誤りを犯す。もし自分以外の誰かが浮気をすれば、それはその人が利己的で意志の弱い、信用するに足りない人物だからだと考える。でも、自分が浮気をした場合には、たまたまそういう状況に陥ってしまったからだと思う。自分の場合は情状酌量の理由に焦点を合わせ、他の人のことなら悪い性格のせいにする。

不倫の定義はその人が自分に言い聞かせる話と切り離せないし、それはまた時間とともに進化する。恋愛初期の恋人の耳は、危ない橋をうまく渡って障害物を回避できるよう、相手の話を捻じ曲げて聞きたがる。ライアンがヘザーに妻とはもう同じベッドで寝ていないと言ったとき、ヘザーは苦もなく彼のことを妻帯者よりはむしろ離婚者として、したがって自分自身は罪のない存在だと見なした。一方、コケにされた妻の耳は情け容赦なく、すべての行動に悪意を汲み取る。彼女はライアンには妻の気持ちを傷つけないでいようとする思いやりなどまったくなく、ただずっと不倫を続けていたかったのだと確信している。

ヘザーの夢のような恋は大打撃を受けた。ついこの間まで、彼女はライアンの子どもを身ごもり、愛らしい（彼の）連れ子の手を引いて、みんなでライアンの両親の家に向かっている場面を夢見ていたのだ。ところが今、彼女は愛人という屈辱的な立場で彼ら全員に対面しなくてはならない。子どもたちからすれば、永遠に彼女は父が母を裏切って不倫をした相手の女だ。愛する気持ちは純粋だったにもかかわらず、ヘザーには汚点が付いた。

「これは長い道のりかもしれない。でも、私はこの挑戦を受けて立つわ」彼女は言った。彼女の頑張りは報われる。現在、彼女はライアンと結婚し、彼の両親や子どもたちとも良好な関係にある。来年の夏には初めての子どもも誕生するそうだ。彼女は今、不倫をどう定義しているだろう？

3 不倫は変わった

恋愛は理想、結婚は現実。
理想と現実を混同すれば、必ず罰せられる。

——ヨハン・ヴォルフガング・フォン・ゲーテ

マリアは夫ケニスの礼服のポケットにラブレターを発見したとき、ただそれを捨て、夫には何も言わなかった。それは一九六四年のことだ。「私にいったい何ができるの？　どこに行けっていうの？　四人も子どもを連れた私をもらってくれる人なんていない」マリアのこの考えの正しさには、母親も太鼓判を押した。「子どもたちはまだ小さいわ。結婚生活は長いのよ。プライドに負けてすべてを失ったりしちゃダメ」母と娘は、これは男ならみんなやることだと納得した。

時を早送りして一九八四年、今度はマリアの長女シルヴィアが夫の二重生活に直面する番だ。発覚のきっかけは、夫クラークのアメックスカードの明細にあった花屋へのいくつかの支払いだった。明らかにシルヴィアのもとには届けられなかった花たち。シルヴィアから話を聞いたマリアは、娘に同情はしたものの、娘が自分の耐えた運命をたどらなくてすむことを喜んだ。「男は変わらないわ。あなたにはまだ子どももいないし、仕事もある。さっさと荷物をまとめて出て行きなさい」

二年後、シルヴィアはふたたび恋に落ち、再婚し、最終的にちょうどよいタイミングで双子のミシェールとザックを出産した。彼女が経験した自由――一流のキャリアをもつ自由、子どもをもつかどうかと生む時期を選択できる自由、一種の烙印を押されることなく離婚できる自由、再婚する自由――は母親の世代にはとうてい考えられなかったし、世界の多くの場所では未だ想像すらできない。でも、少なくとも西側諸国では過去半世紀に結婚は極端なほど姿を変え、今なお、私たちの目の前で変容し続けている。シルヴィアの息子ザックが成年に達したときには、ボーイフレンドと合法的に結婚することが認められていた。そして、彼もまた愛する人の裏切りを発見することになるのだが、その証拠はGrindr〔ゲイ専用マッチングアプリ〕上の秘密のアカウントという形を取った。

3

不倫は変わった

私は「今日、なぜ不倫はこんなにも大問題なのか?」「なぜ裏切られるとこんなにも心が傷つくのか?」「どうして不倫は離婚の主な原因の一つになったのか?」といった質問をよく受ける。ほんの少し時間をさかのぼってここ数世紀に恋愛、セックス、結婚に起きた変化に目を向ければ、現代の不倫についてもっと情報に基づいた会話ができると思う。歴史と文化はいつも人々の家庭内のドラマに舞台を設定してきた。個人主義の台頭、消費文化の出現、幸福になる権利は、とりわけ結婚生活とその影となる不倫の形を変えてきた。結婚はもはやかつての結婚ではなく、不倫もまた、かつての不倫ではなくなっている。

今どきの不倫

過去数千年間、結婚は二人の個人の結合というよりむしろ、経済的な生き残りを確保し、社会の結合をより堅固にするための、二つの家族の戦略的なパートナーシップだった。それは実利的な取り決めで、そこでは子どもは感傷の対象ではなく、夫婦は多産を実現させる相性のよさを理想としていた。彼らは必要な安心感と帰属感を得る代わりに、婚姻の責任を果たしていた。愛は生まれたかもしれないが、絶対不可欠ではなかった。いずれにしろ、それほどまでに重い制度を支えるには、それはあまりにももろい感情だ。愛は常に人々の心の中で燃えてはいたが、あくまで婚姻の結束の外で立ちのぼっていた。事実、歴史家のステファニー・クーンツは「結婚が主に経済的な縁組だったとき、不倫は時に愛のためのスペースだった」と興味深いことを言っている。「ほぼすべての社会にロマンチックな恋はあった。だが、この性的な情熱とのぼせ上がりと相手の美化のコンビネーションは、たいていの場合、結婚に結びつけられるには不適切だと思われた。結婚は政治的で経済的で計算ずくのものなので、穢《けが》れのない真実の愛は結婚のない場所にしか存在できないと多くの人が信じていたからだ」と。

伝統的な婚姻には境界のはっきりした男女の役割と、分業に基づいた明確な指令があった。夫婦それぞれがすべきことをきちんとしている限り、それはいい組み合わせだったのだ。「夫は働き者で、酒は飲まないし、家族を養ってくれる」「妻は料理上手で、子どもをたくさん産んで、

3

不倫は変わった

家の中をきれいに保ってくれる」――それは男女の不平等が法に明文化され、文化的DNAにコード化されている社会システムだった。女性は結婚すると個人の権利も所有物も放棄して、事実、自身が所有物になっていた。

つい最近まで夫婦の貞節と一夫一婦制が愛とはまったく関係ないものだったことは、憶えておくに値するだろう。それは血統と世襲財産――誰の子が自分のもので、自分が死んだら誰が牛（山羊、らくだ）を受け継ぐか――をはっきりさせるために女性たちに押しつけられた家父長制社会の大黒柱だった。妊娠は母親を確定するが、父親は確定しない。もし一族に一人も明るい髪色の者がいないのに、生まれた後継ぎ息子がブロンドだったら、DNA鑑定でもしない限り父親は一生苦しむことになる。花嫁が処女であることと妻の貞節は、夫のプライドと血筋を守るためには決定的に重要だったのだ。

女たちにとっては、夫婦のベッドの外に出ることはきわめて危険な冒険だった。妊娠し、世間に恥をさらし、あげく死ぬことになるかもしれない。逆に男たちはほとんどの文化において、いろいろ味見したがるという〝男らしい〟習性を正当化する幾多のセオリーに守られて、たいした罰も受けずにさまよえる暗黙の自由を手にしていた。ダブルスタンダードは不倫そのものと同じくらい古くからあったのだ。

「愛している」と「結婚しよう」――歴史の大部分において、この二つの言葉はけっしてつながってはいなかった。これを一変させたのがロマン主義だった。一八世紀末から一九世紀初頭にかけて、産業革命のもたらした社会の大変化の只中で、結婚もまた定義し直され、少しずつ経済的な企てから友愛的なものへと――義務と責任ではなく、愛と情をベースとした二人の人間の自由に選択した約束へと――変わっていった。村落から都市への移動は人々をより自由にすると同時に、より孤独にもした。個人主義による西欧文明の無慈悲な征服が始まったのだ。現代生活の深まりゆく孤独に打ち勝ってくれそうなロマンスへの願望が、結婚相手の選択に吹き込まれるようになる。

しかし、このような変化にもかかわらず、いくつかの社会的現実はまったく損なわれぬまま二〇世紀の半ばまで居座り続けた。その一つ、結婚はまだ一生続くよう意図されていた。女性は経済的にも、法的にも、夫に依存していた。宗教が道徳を定義し、行動規範を定めていた――離婚はまれで、最大級の羞恥と村八分の原因だった。そして何よりも、貞節が絶対的条件として残った。少なくともヒトという種の女には。

一九五〇年代の女性として、マリアは自身が手にしている選択肢の少なさに十分気づいていた。朝食のシリアルは四種類から選ばねばならず、テレビのチャンネルは三つしかなく、結婚相手としてふさわしそうな男性は二人しか知らない世界で育ったのだ。彼女が伴侶を選ぶにあたり少しでも口出ししたという事実は、当時としてはかなりモダンな展開だった。今日でさえ、世界的には五〇パーセント以上が見合い結婚なのだから。

マリアは夫ケニスを愛してはいたものの、セックスは主に子作りのためだった。「六年間に四人の子どもを生んだあとは、正直、私はもう、そっちのほうは終わってたわ」たまに妻の務めを果たしたときも快感はなかった。そして、彼女が「真摯で寛大」と描写するケニスは、女体構造のミステリーについて手ほどきを受けたことも、受けるべきだと誰かに言われたこともなかった。とはいえ、彼らのパッとしない性生活も、その代償として起きたケニスのよそでの征服も、離婚の理由にはならなかった。

ケニスの世代の夫たちは、夫婦生活の不満は婚外交渉で埋め合わせていいという暗黙の許可証を手にしていたが、妻たちはあくまで結婚の中で喜びを見つけるしかなかった。マリアとケニスにとって、いや、彼らの世代の人たちにとっては、結婚は出口のほとんどない生涯の契約だった。彼らは良いときも悪いときも、死が二人を別つまで続ける覚悟で結婚した。不幸だった人たちにとっては、幸運なことに、死は今日よりは早くやって来た。

一人ずつならよし

娘世代のシルヴィアは死がやって来るまで待ったりはしない。今日、結婚は愛が死んだときに終わる。サンフランシスコで育ったベビーブーマーとして、彼女はカップルの生活が原形をとどめないほどに変化した文化の大転換期に成人した。フェミニズム、避妊、堕胎の権利――これらすべてが、女性たちを自分自身の恋愛も人生も意のままにできるほど強くした。一九六九年にまずカリフォルニア州で、続いて他の多くの州で通過した無過失離婚法のおかげで、今では不幸な結婚から去ることは女性の選択肢の一つだ。去ることが可能なら、留まるにはそれ相応の理由が必要となる。かくして、結婚生活のクオリティの合格ラインは大幅に引き上げられた。

離婚のあと、シルヴィアはキャリアを最優先し、未だ男性優位の銀行業界で奮闘し昇進していった。その間、「最初の夫と同じような、退屈な銀行員や投資銀行の営業担当たち何人か」と付き合ったものの、ついにキューピッドにもう一度お願いしようという気になったのは、ヴァイオリンの制作者で音楽教師のジェイソンに出会ったときだった。

一度シルヴィアと話していて、モノガマス（一夫一婦主義の）かどうかを尋ねると、彼女は驚いた顔で私を見た。「もちろんです。すべての恋人との間でも、二度の結婚生活でも、私は常にモノガマスでした」彼女がいとも気楽に発したその言葉に文化の大変化が潜在していることに、彼女は気づいていただろうか？

かつてモノガミーは一生一人を意味した。今、それは一度に一人を意味する。シルヴィアは二番目の夫となったジェイソンにキッチンと寝室での平等を要求した。そもそもシルヴィアが彼に夢中になったのは、彼が床掃除を得意とし、彼女の性的ニーズを見事に察知してくれたからだ。彼らの愛情は独自の男女別役割に固められる代わりに、労働のフレキシブルな分担、個人の充足感、互いの性的魅力、親密さの中で育まれた。

まず人々は結婚に愛を持ち込んだ。次に愛にセックスを持ち込んだ。次に、結婚生活の幸福とセックスでの満足感を結合させた。生殖目的のセックスはリクリエーション目的のセックスに取って替わられた。婚前交渉が当たり前になっていった間に、夫婦間のセックスにも独自の小さな革命が起きた。かつて女性にとっては結婚生活上の義務だったものが、快楽と絆を求める共同作業へと変わっていったのだ。

3

不倫は変わった

今どきの愛

今日、私たちは膨大な実験を行っている。人類史上初めて私たちは、畑で働いてくれる六人の子ども(このためには八人が必要。二人は無事育たないかもしれないから)が必要だからでもなく、また、それが自分に割り当てられた仕事だからでもなく、伴侶とのセックスを求める。そう、私たちはただセックスをしたいから、セックスをするのだ。私たちのするセックスは、性欲と、まぎれもない自由選択と、そして事実、自己表現のためのセックスである。今日、私たちは「その気になったから」「したい気分だから」セックスをする――望むべくは伴侶と、できれば同時にやる気になって、理想を言えば何十年も衰えることのない情熱でもって。

アンソニー・ギデンズは著書『親密性の変容』(而立書房)の中で、セックスが生殖と切り離されたとき、それは私たちの生体のただの一特性ではなくなり、私たちのアイデンティティのマーカーになったと説明した。私たちのセクシュアリティは自然界から離れて社会化し、一生を通じて定義や再定義を行う「自身の所有物」になったのだ。それはもはや私たちが単に「行う」ことではなく、私たちが「誰であるか」の表現になった。世界の私たちが暮らすエリアでは、セックスは私たちの「個性」や「個人の自由」や「自己実現」と結びついた人権だ。性の喜びは当然手に入るべきもので、それは親密さの新しい概念の支柱になった。

現代の結婚の中心に親密さがあることは、疑う余地がない。精神的な近しさは長年の関係より生じる副産物から、誰もが手にすべきものへとシフトした。伝統的な世界では、親密さは日々の試練をともにすること——畑で働き、子どもを育て、損失や病気や困窮を乗り越える——から生じる親愛の情や仲間意識だった。男も女も愚痴を聞いてくれる相手や友情は、同性との付き合いの中に求めていた。男たちは仕事やビールを通して、女たちは育児や小麦粉の貸し借りを通して仲良くなった。

現代世界は絶え間なく動き、その回転スピードはますます上がっている。多くの場合、家族は離れ離れになり、兄弟姉妹は大陸中に散らばり、私たちは植物を別の鉢に植え替えるより簡単に新しい仕事を求めて移住する。私たちにはバーチャルの「友達」が何百人もいるが、飼い猫の餌やりを頼める人はいない。私たちは祖父母よりはるかに自由だが、同時に孤立している。安全な港を必死で探すものの、どこに停泊すればいいのかがわからない。そんな中、結婚内の親密さはますます核化する人生への最上の対抗手段になったのだ。

親密さ《Intimacy》は「into-me-see」（私の奥深くを見て）と訳せる。つまり、こんな感じ——「私の愛する人、私はあなたに話しかけ、そして私の最も大切な所有物をあなたとシェアします。それはもはや私の持参金や、私の子宮に宿る子どもではありません。それは私の希望、野心、恐怖、憧れ、感情——つまり私の内面です。私の愛する人、私の目をじっと見て。私が心をむき出しにしている間、うんざりして上目使いになったりしてはいけません。私には共感され、正しさを認めてもらっていると実感する必要があるのです。私の重要性はひたすらあなたにかかっています」

一つの指輪がすべてを支配

結婚に対する期待がこれほどまで膨れ上がったことはかつてない。私たちは安心感、子ども、財産、世間体など、伝統的な家族が与えてくれることになっていたものすべてを今なおほっし、かつ伴侶に愛され、欲情され、興味をもってもらいたがっている。夫婦は親友であり、悩みを打ち明け合う相手であり、おまけに情熱的な恋人であるべきだと信じている。人間の想像力は「一人の相手との間に、無条件の愛、うっとりするほどの親密さ、めくるめくセックスが長期にわたり続くであろう」という新しいオリュンポス山を創り上げた。しかも、その長期というのがますます長くなっている。

結婚指輪の小さな輪の中に互いを閉じこめる——それはとんでもなく矛盾する理想だ。私たちは自分の選んだ相手に持続性と安心感と予測可能性、すなわち地に足を付けるために必要なすべてを提供してもらいたがりながら、同時にその同じ相手から、畏敬、謎、冒険、リスクを与えてもらおうとしている。安らぎをください。でも危なっかしさもください。慣れ親しんだ心地よさをください。でも目新しさもください。持続性をください。でも驚きもください。今日の夫婦は永遠に引き裂かれた恋人同士の性欲を一つ屋根の下に持ち込もうとしているのだ。

私たちの非宗教的な社会では、ユング派の精神分析家ロバート・ジョンソンも書いているように、ロマンチックな愛が「西欧の心理における唯一最大のエネルギーシステムになった。私たちの文化でそれは宗教に取って替わり、男女が存在意義と超越と完全と恍惚を探し求めるアリーナになった」。私たちは〝ソウルメイト〔心がぴったり合う唯一無二の相手〕〟を追い求めるうちに、スピリチュアルなものと相対的なものを、あたかもそれらが同じ一つのものであるかのように合成した。恋愛初期に経験したいと切望する〝完全〟は、かつては神のおわす聖域でのみ求められていた。私たちがパートナーに神聖さを吹き込み、彼らが私たちを日常から聖なる域に引き上げてくれることを期待すれば、私たちは、ジョンソンも言っているように、失望せざるをえない「二つの神聖な愛の神聖でない混乱状態」を引き起こすことになるだろう。

私たちは際限なく要求するだけなく、その上まだ幸福にもなりたがる。かつてそれは死後に取っておいたものだった。天国は誰もが手の届く地上に引き下ろされ、今や幸福は単に追い求めるものではなく、使命になった。かつては村全体から供給されていたものが一人の人間により与えられることを期待し、しかも人生は二倍の長さになったのだ。それは二人の人間にとって、とうてい無理な指令だろう。

あまりに多くの結婚式で目に星を宿した夢見人たちは、自分たちは互いにとってのソウルメイトから恋人、教師、セラピストに至るすべてになると誓いのリストを復唱する。「あなたの最大のファンであると同時に最強の敵にも共犯者にも、そしてあなたが失意にあるときには慰めにもなることを約束します」と花婿が震える声で宣誓すれば、花嫁は涙ぐみながら「私はあなたへの忠実と尊敬、そして自己改善を誓います。あなたの勝利を祝うだけでなく、あなたが失敗したときには、それゆえにより一層あなたを愛します」と応じる。そして微笑み、「それから二度とハイヒールを履かないことを約束します。あなたに背が低いと感じさせないために」と付け加えるのだ。彼らの宣誓は献身的な愛の心からのマントラだ。でも、それはなんと大変な初期設定だろう。彼らの約束がどんどん積み上がっていくにつれ、いったいあの約束の一つも破らずにハネムーンを終えることができるのだろうかと不安になる（無論、今日の花嫁花婿は結婚の壊れやすさについても十分に警告されていて、詩的な誓いの前に現実的な婚前同意書が交わされる）。

かつては結婚の外に求めていたもの――ロマンチックな恋人のいとしげなまなざし、互いに身を任せる奔放なセックス、自由と誠実さのパーフェクトなバランス――がすべて結婚の概念の中に持ち込まれたのだ。こんなにも幸福なパートナーシップなのだから、そこから逸れるなんてことがあるだろうか？　誠実なパートナーシップは進化し、不倫など起きようがないと信じられる聖域になった。それが起きる理由はすべて取り除かれた。

それでいて、それは起きている。どうしようもないほどロマンチストの私たちがどんなに認めたくなくても、魅惑と愛をベースにした結婚は、しばしば物質的な動機をベースとした結婚よりもろい（昔の安定した結婚のほうが幸せだったとは言わないけれど）。それは私たちを人の心の多様性と裏切りという影の攻撃に対し、より弱い存在にしてしまったのだ。

昨今の男女は愛や幸福にかつてないほど大きな力を注いできた。その結果、どういう皮肉な運命か、それにより生じた「だからこそ私には当然受けるべきものがある」という感覚が不倫と離婚の数が急上昇する原因となっている。人々はかつて、結婚が愛と情熱を与えてくれるものではないから不倫した。今日、私たちは結婚が愛と情熱だけでなく、さらに脇目もふらず相手が自分だけに関心を注がないからと不倫する。

毎日、私は診療室で「現代の結婚のイデオロギー」という商品を購入した人たちに出会っている。彼らは製品を買い、家に持ち帰り、部品がいくつか欠けていることを発見する。そこで彼らは箱の上の写真どおりになるよう直してもらおうと、修理店に持ち込む。彼らは結婚についての自分の数々の願いを当然だと考えている——ほしいものであると同時に、与えられて当然のものだと。そして彼らのロマンチックな理想がロマンチックでない現実と合致しないと動揺するのだ。こんなにもユートピア的なビジョンなのだから、目覚めたときに大量の幻滅が積み上がるのも驚きではない。

ロマンチックな消費者主義

「ぼくのニーズは満たされていない」「この結婚はもう私の役には立っていません」「これは私がサインした契約じゃないわ」——これらは私がセラピーで繰り返し耳にする嘆き節だ。心理学者で作家のウィリアム・ドハティによると、こういった言葉は「個人的利益、低コスト、受給の権利、賭けに対するリスクヘッジ」といった消費者主義の価値観をロマンチックな関係に当てはめている。さらに彼は「私たちはまだ互いに誠実でいられる関係を信じてはいる」としながらも「内外からのパワフルな声が、結婚から当然得るべきものと必要なものを十分に得られていないのに我慢するのはバカだと語りかける」と書いている。

私たちの暮らす消費社会では何より目新しさがキーとなる。商品は旧式になれば新しいものと交換したくなるよう前もってプログラムされている。カップルもまた、事実、この例外ではない。私たちは「よりよいもの、より若いもの、より楽しいものが手に入る」という約束に絶え間なく誘惑される文化の中に生きている。したがって、私たちはもはや不幸せだから離婚するのではない。もっと幸せになれるかもしれないから離婚する。

私たちは即座に得られる喜びと無限の多様性を得ることは自分の権利だと考えるようになった。前の世代の人たちは、人生には犠牲がつきものだと教えられた。「いつでもほしいものが手に入ると思ったら大間違い」は半世紀前にはもっともな論理だったが、今、三五歳以下の誰がこんな説教にうなずくだろう？　彼らには欲求不満に耐える気など毛頭ないのだ。これでは彼らがモノガミーの息苦しさにパニックを起こすのも無理はない。無限の選択肢がある今の世の中で、ミレニアル世代〔アメリカで二〇〇〇年代の初頭に青年期を迎えた世代〕がＦＯＭＯ（fear of missing out――逃すことの恐怖）と呼ぶ感情に、誰もが苦しんでいる。ＦＯＭＯは、より大きな快楽を永遠に探し続ける性向――いわゆる「快楽のトレッドミル」――をいっそう駆り立てる。ほしかったものを手に入れたとたんに期待や欲求はより高まり、結果的にけっして以前より幸せには感じられない。スワイプ操作の文化は無限の可能性で私たちを魅惑するものの、同時にそれは巧妙な暴君でもある。私たちにすぐに手に入る別のものに常時気づかせることで、好ましくない比較を招き入れ、パートナー間の絆を弱め、今この瞬間を楽しめなくする。

西欧社会全体の変化を反映して、恋人や夫婦の関係もまた生産経済から経験経済にシフトした。

結婚は哲学者のアラン・ド・ボトンが書いているように「制度からフィーリングへの献呈に、外的に認められた通過儀礼から内的に突き動かされた心理状態に対する反応に」なった。多くの人にとって愛はもはや動詞ではなく、情熱とのぼせ上がりと性欲の持続的な状態を示す名詞になった。今では、二人の関係のクオリティは経験のクオリティと同義語である。もし私たちが退屈だったら、安定した家庭も、それ相当の収入も、行儀のいい子どもたちにも何の意味があるだろう？二人の関係は私たちに刺激を与え、私たちを変えるものであってほしい。二人の関係の価値とその長さは、その経験が私たちの渇望をどれだけ満足させ続けるかにかかっている。

現代の不倫の原動力となっているのが、こういった新規の特権意識である。以前と違っているのは私たちの欲望ではなく、私たちが「欲望を追求するに値する――追求しなければならない――存在である」と感じているという事実なのだ。私たちの第一の義務は、たとえ愛する人を犠牲にしてでも自分自身に果たすべきだ。パメラ・ドラッカーマンの言葉を借りれば「個人の幸せに対する私たちの高い期待は、私たちをより不倫に駆り立てるかもしれない。結局、不倫しなくては満足できないなら、私たちにはそれをする権利があるのではないか？」かくして自分自身とその気持ちをなによりも優先させた結果、昔ながらの不倫噺に新しい正当化が加わる。

新しい世代

そこで思い出すのが、前出のシルヴィアの双子の子どもたち、ザックとミシェールだ。二〇代

3

不倫は変わった

も後半になった彼らは典型的なミレニアル世代。彼らを取り巻く文化的景観は、両親の世代が敷いた個人主義、自己実現、平等主義といった価値観により形作られている。そこに彼らは新しく真正性と透明性の追求を付け加えた。性的多様性を含む彼らのすべての営みの中心にテクノロジーがある。彼らの性的探求はTinder、Grindr、Hinge、Snapchat、Instagramといったアプリの上で行われる。

ザックもミシェールも結婚していない。彼らも彼らのすべての友達同様、二〇代は教育を終え、旅をし、働き、遊んで過ごしてきた。彼らは前のどの世代も経験したことがないほど性的に大きく解放された土壌で成長した。そこでは機会は増えたものの不明瞭さも増大し、制限は減少したもののガイドラインも減っていた。若き同性愛者のザックは、女性と結婚している男たちばかりの秘密のゲイクラブに人目を忍んで通うのがどんな感じかを味わったことがない。彼にはカミングアウトする必要はない。なぜなら、ある意味、一度もインだったことがないからだ。エイズが引き起こした大騒動については映画で知ってはいるものの、彼自身は予防薬のピルをポケットに入れているので安全だ。結婚制度が進化した最終形として同性間の婚姻が認められたので、彼はボーイフレンドのセオに、二人が共に所属している法律事務所のスタッフ全員の前で片膝をついてプロポーズした。彼らはいつの日か、自分たちの子どもをもちたいと考えている。

一方、小規模ながらバーチャルリアリティの会社を経営しているミシェールは、家でおとなしく電話が鳴るのを待ったりはしない。誰かといっしょにいたければ、スマホを一度スワイプすればいいだけだ。いつかは誰かと結婚したいとぼんやり考えてはいるものの、急いではいない。事実、すでに卵子をいくつか凍結したので体内時計の時間切れを気にしてイライラする必要はないし、生涯誰の世話にもならなくてすむだけの貯蓄もある。「もし運命の人と明日出会ったとしても、少なくとも五年はまだ子どもはほしくないわ。親になるのはカップルの生活を十分楽しんでからでいい」この種の同棲を〝βテスト〟〔製品を市場に出す前にソフトウエアのベータ版で行う最終テスト〕と呼ぶ人たちもいる。「でも、たとえ誰とも出会わなくても、母親になるのに男はいらないのよ」ミシェールは付け加える。セックス、結婚、親になることの三つはかつてセット販売されていた。今は違う。ベビーブーマーはかつてセックスを結婚と生殖から切り離した。彼らの子どもたちは生殖をセックスと切り離した。Knot Yet〔晩婚化が個人や社会に与える影響を研究するバージニア大学のプロジェクト〕の調査者たちは「文化として、若年成人層は結婚を礎石ではなく、最後の冠石《かむりいし》としてとらえつつある」と言っている。「要するに、それは大人ひいては親になるために必要な土台ではなく、やるべきことを順番にすべてやり終えたあとに付け加える何かなのだ」と。

ミシェールにとってバージンロードを歩くことはあくまで心理的に成熟し、キャリアも安定し、経済的な保証ができ、シングル時代のお楽しみを味わい尽くしたと感じられて初めてしてもいい何かだ。当面、彼女は自分を補って完成させてくれ、しかも、彼女が用心深く創り上げた自身のアイデンティティがきちんと承認されるという深い体験を授けてくれる誰かを探し続けることになる。対照的に祖母マリアにとって結婚は成長期の体験であり、大人に向かって夫とともに自分たちのアイデンティティを確立していくための礎石だった。

結婚を計画的に遅らせたことで、ミシェールは祖母が体験した夫の裏切りによる苦しみを味わわずにすむのだろうか？ それとも、そのリスクは余計に増すのだろうか？ ヒューゴ・シュビッツアーは「ザ・アトランティック」誌に「礎石のパラダイム（理論的枠組み）には苦難が見込まれているが、冠石にはそれがない」と論じている。若くして結婚したカップルは、自分たちはきっと苦労はするだろうが、それゆえに夫婦の絆はより堅固になるだろうと考える。したがって、礎石型カップルは「不倫を大目に見るというよりむしろ、ほぼ避けられないものとして譲歩」する。対照的に「冠石型カップルは性的な裏切りに対し、それほど寛容にはなれない。なぜなら、ついに結婚するに至った人間なら、自己管理し、相手にも完全に正直でいられるくらい大人になっているはずだからだ。しかし、もし結婚前の豊かな経験の数々が不倫に対する予防接種になると想像しているなら、彼らの考えは甘いと言わざるをえない証拠がある」

粉砕された愛という野望

今は夫ケニスもすでになく、齢八〇近くになったマリアは、来月、孫息子のウエディングに出席する予定だ。そこで彼女はおそらく自身の結婚に思いを馳せることになるだろう。今ザックとセオが足を踏み入れようとしている制度は、半世紀以上前にマリアとケニスが厳粛に足を踏み入れたそれとは似ても似つかぬものになっている。

現代生活に追いつくために、結婚制度は身を投げうって自由・平等・フレキシビリティを人々に与え続けてきた。それでもなお、ある問題がほとんどひるむことなく居座った——それが不倫だった。
社会が性的にアクティブになればなるほど、性的裏切りに対する社会の態度は頑なになっていった。事実、夫婦間の貞節がまったく新しい暗黙の了解になったのは、私たちが結婚前にセックスを多く経験できるようになったからに他ならない。近ごろでは、大半の人が何年にもおよぶ性的放浪生活のあとに婚姻の祭壇に到着する。結婚するころには誰もが誰かと付き合い、デートし、同棲し、別れている。かつて人々は結婚して初めてセックスをした。今、私たちは結婚して初めて他の人とセックスするのをやめる。

性的自由を手放すという意識的な決断は、互いに対する真剣さの証しだ。貞節は今では選択肢であり、相手の首位性と相手への忠誠の表明に他ならない。他のすべての人に背を向けることにより、私たちは〝大切な他者《significant other》〟の唯一性を確認する。「私はついに〝運命の人〟を見つけた。だから目移りするのをやめられる」というわけだ。この単独の魅力のパワーにより、奇跡的にも私たちの他の人に対する性欲は消えてなくなることになっている。いとも簡単に自分はちっぽけな存在だと感じさせられるこの世の中で——リストラされ、使い捨てされ、クリック一つで削除され、味方もいない——誰かに「選ばれる」ことはかつてないほどの重みをもった。モノガミーは自分が特別な人間であることを確認してくれるので、ロマンチックな理念の防壁となる。反対に不貞は「結局、あなたはそれほど特別な人間ではなかった」と告げるので、愛の野望は粉々に打ち砕かれる。

ジャニス・エイブラムズ・スプリングは著書『もう一度ベストカップルを始めよう』（パンロー

リング）で、この実存主義的苦悩について雄弁に考えを述べている。「結婚……それは、あなたとあなたのパートナーが互いに運命の人であることとの、他の誰もあなたのパートナーをあなた以上には幸せにはできないことの、二人で他の誰も入りこめないし断ち切ることもできない最も重要で堅固な結合を成せることの、あなたなりの確信です。不倫は『私の結婚は他とは違う』『私は特別な人、または大切な人』という二つの無邪気な幻想の終わりを告げます」

かつて結婚が経済的な協定だったとき、不倫は私たちの経済的安定を脅かした。結婚がロマンチックな協定になった今、不倫は私たちの心理的安定を脅かす。

昨今の個人主義社会は不思議な矛盾を生み出している。貞節へのニーズが激しく高まっているのに、不倫の引力もまた強くなっているのだ。人々が心理的にパートナーに大きく依存している今ほど、不倫が強い破壊力をもったことはない。しかし同時に、自己の充足を命じられ、もっと幸せになれるという約束に誘惑される文化の中にいる今ほど、人々が不倫したい気持ちにさせられたこともないのだ。きっとこれが、人々がかつてないほど不倫に走りながらも、かつてないほど不倫を糾弾する理由なのだろう。

II

不倫の発覚、その後

4

なぜこんなにも傷つくのか

かつて私は自分が誰で彼が誰であるかを知っていると思っていたのに、
突然、わからなくなった、私のことも、彼のことも。その瞬間に至る
私の人生のすべてが崩れ落ちた——あたかも地面そのものが次々と崩落し、
逃げようとする人々の足元で消えてしまう大地震のように。
取り返しがつかない。

——シモーヌ・ド・ボーヴォワール『危機の女』

「私の全人生が消し去られたかのようでした。まさにそんな感じ。あまりのショックに職場には病気だって言って、その週の終わりまでずっと休みを取りました。立っていることもやっとで、食べることすら忘れてた……私にとって食べることはいつだってすごく大事なことだったのに」ジリアンはそれまでの五十数年の人生で、その種の痛みは経験したことがなかったという。「どうしてあんなにもひどく傷つくんでしょう？　誰かが死んだわけでもないのに」

不倫の発見はそれこそ五臓をえぐられるほどの苦しみをもたらす。もしあなたがパートナーとの関係を壊したいなら、それも内側から完全に破壊したいなら、不倫は最も確実な方法だ。それ

はあまりに多くのレベルでの裏切り――欺き、放棄、拒絶、屈辱など、愛が私たちをそんな目には遭わせないと約束してくれたすべて――だからだ。あなたが最も頼りにしていたまさにその人が、あなたに面と向かって嘘をついていた。そしてあなたを最低限の思いやりすら値しない人間として扱っていたと知ったとき、あなたが信じていた世界は転覆する。あなたの人生物語は木端微塵になり、もはやつなぎ合わせることはかなわない。「もう一度言って」あなたは問い正す。「どのくらい前からなの？」と。

八年。ジリアンのケースではこの数字がダイナマイトのように衝撃だった。「それって、結婚生活の三分の一じゃない！」愕然とし、声を荒げる。結婚して二四年、成人した息子が二人。ジリアンは大手楽譜出版社の法務部門に属する弁護士で、今まさにキャリアの頂点にある。夫のコスタはギリシャのパロス島出身。経営するサイバーセキュリティの会社は幾度か不況の波を乗り越えなくてはならなかった。ジリアンはつい最近、夫とその部下であるマーケティング・マネージャー、アマンダとの長年にわたる不倫関係の証拠をつかんだ。

「あやしいとは思ってたわ」「だから何度か彼を問いつめました。でも、そのたびにきっぱりと説得力をもって否定され、そして私は彼を信じたのです」

ところがある日、何年も前までさかのぼるメールやテキストの数々、スカイプのアカウント、自撮り写真、クレジットカードの明細などを発見した。

「自分に呆れました。自分のバカさ加減がすごく恥ずかしかった。私があんまり簡単に騙されるもんだから、事実、彼も一度は私がほんとうは知っているに違いないって思ったそうです。だって、ほら、そこまでトロい人なんている？　すさまじいほどの衝撃と激怒と嫉妬に襲われました。怒りがしずまると、純粋な痛みだけが残ったわ。最初は信じられなかったけど、次にはほんとうなんだと思うと心が粉々に砕けました。私はこんなことが起きたときのためのガイドなんて持ち合わせていない」

不貞はいつの世にも人を傷つけてきた。でも、現代の愛の信奉者たちの傷つき方は、昔のそれとは比べものにならない。実際、不倫が発覚したあとに解き放たれる感情の嵐があまりにも壮絶なため、現代の多くの心理学者たちがその症状を説明するのに、強迫性反芻症、過覚醒、無感覚と解離、不可解な逆上、制御不能なパニックなど、トラウマの分野に使われる言葉を借りているほどだ。不倫は私自身を含むメンタルヘルスの専門家のオハコになったが、その理由の一つは不倫の破壊力が大きすぎて当人たちだけではとても感情をコントロールできないため、カップルがそれを乗り越えようとすれば介入が必要になるからだ。発覚直後の感情は、まず一貫性あるフローチャートどおりには進んでいかない。実際、私の相談者の多くが、相反する感情の間を目まぐるしく揺れ動いたと報告している。愛してる！　憎い！　抱いて！　触れないで！　今すぐ出て行って！　捨てないで！　卑怯者！　私のこと、まだ愛してる？　死んで！　死にたい！　おそらくはこんなリアクションの集中攻撃が起き、しかもそれはかなり長期間続く。

カップルはしばしばこのような阿鼻叫喚のさなかに助けを求めて私のもとにやって来る。「私たち夫婦は深刻な危機に直面しています」それがジリアンの最初のメールだった。「夫もひどく苦しんでいます。私を慰めようとしながらも、罪悪感に苛まれてしまっている。彼も私もできれば別れないでいる方向で努力したいのです」続いて、ことの成り行きについての詳細な説明があり、最後は「あなたの助けで、どうか私たちがこの最悪の経験を生かして以前よりましな場所に到達できますように」という熱い願いで締めくくられていた。私も彼らが前に進めるよう、できるだけのことをするつもりだ。でも、まず彼らが今の場所に留まるよう手を貸さなくてはならない。

緊急対応

発覚は不倫と結婚の両方にとっての決定的な瞬間である。発見のショックは爬虫類脳（脳幹、反射脳）を刺激し、戦意、恐怖、またはフリーズといった本能的な反応にスイッチを入れる。茫然とただその場に立ちつくす人もいれば、大喧嘩を避け、生活にふたたびある種のコントロールを取り戻すことを願って、その場から一目散に逃げ出そうとする人もいる。次に哺乳類脳（大脳辺縁系、情動脳）が始動すると、短期間のサバイバル衝動が熟考の末の決断に打ち勝ってしまう。こういった時期には、それがどんなに困難であろうとも、ひとまず不倫に対する互いの感情を今後についての決断から切り離すよう私は助言する。自分を守ろうとする衝動的な反応が、長年築き上げたポジティブな結婚生活を一瞬のうちに破壊してしまうケースがあまりにも多いからだ。セラピストとして、私もまた自身の反応には慎重を心がけている。不倫は第三者に同情、羨望、好奇心、哀れみはもとより、非難、怒り、嫌悪を含むあらゆる種類の感情を引き出すからだ。気持ちが揺り動かされるのは自然だが、感情の投影は役に立たない。

私は不倫発覚からの回復を「危機」「意味づけ」「展望」の三段階に分けている。ジリアンとコスタは今「危機」の段階にいる。この段階では、彼らが〝しない〟ことは〝する〟ことと同じくらい決定的に重要だ。これは、二人の間とそれぞれの内面で荒れ狂う感情の嵐を、審判を下すことなく安全に受け入れる容器が必要となるきわめてデリケートな時期だ。この段階では、彼らに必要なのは安心や希望はもちろんだが、冷静さや明確さやシステムだ。続く「意味づけ」の段階では、なぜ不倫が起きたのか、またその中で各人がどんな役割を演じたのかを徹底的に掘り下げる。そして、最後の「展望」の段階では、彼らにどんな前途が待ち受けているかをそれぞれが、または二人いっしょに問うことになる。だが、ジリアンとコスタのケースでは、私たちはまだ緊急処置室で治療の優先順位を決める段階にある。最も緊急に手当てしなくてはならないのはどの傷か？　危険な状態にある人はいるか？　評判、精神の健康、安全、子ども、生計など、すべてを考慮しなくてはならない。

最初に対応する人間として、時に私は毎日二人にぴったり寄り添うことになる。この初動段階ではしばしばセラピストがカップルの崩壊を支える安定基盤として、何が起きているかを知る唯一の人物となるが、それは現代のカップルの孤立ぶりと不倫の汚名の大きさの両方を物語っている。

まず二人は自分たちがそれまで別々の現実の中で暮らしていて、しかも一人だけがそのことを知っていたという事実と取り組まなくてはならない。カップルの人生で、おそらく死と病気以外にこれほどの破壊力をもつ出来事はないだろう。カップルセラピストのミシェール・シェインクマンは、カップルの分離した経験を包みこむ二元的な視野をもつことの重要さを強調する。この時期のカップルにとって、自分たちだけではそれは不可能だからだ。

私はメールや電話だけでなく、実際のセラピーの場でも以下のようなことを行っている。まず感情の捌け口として日記をつけることを勧める——私に宛てたものでも、互いに宛てたものでもいい。日記は制限なく相手を粛清する場を与えてくれる。同時に互いに宛てたメールを書くことも勧めるが、それは日記より意図的な、注意深い編集のたまものとなる。二人はしばしば自分の気持ちにぴったりの言葉を見つけるために別々のコーチングが必要となる。セラピーの最中にそれを読み上げさせることもあるが、たいていはCCに私を加えて互いへ送信させる。傷ついた二つの魂の間で交わされる書簡の目撃者となることには、非常に親密な何かがある。それは診療室のカウチに座っているだけでは手に入らない、二人の関係へのまったく違った覗き窓を与えてくれる。

ある意味、私の予測どおり、ジリアンとコスタはすべてが明るみに出て以来、最も深くて最も正直な会話をしたと報告してきた。それは夜中まで続いたとか。その結果、二人の歴史がむき出しにされた——満たされなかった期待、怒り、愛、その間のすべて。二人は互いの話に耳を傾けた。この危機的な岐路で彼らは泣き、口論し、体を重ねた——何度も（失うことへの恐怖がどんなに性欲を再燃させるかは説明しがたい）。彼らは今一度、私の同僚のテレンス・リアルの言葉を借りれば、真正面から向かい合ったのだ。日常的な横並びの配置に落ち着く以前の形。二人が互いに恋に落ちたときのように。

すべての裏切りがかつては大恋愛

不倫の発覚はあまりにも破壊的だ。そのせいで私たちは、それが長い物語のたった一つの章にすぎないことを忘れてしまう。どんなに時間はかかろうとも、強烈な痛みはやがて回復へのプロセスに道を譲ることになる。ショックにはちょうどみぞおちへのパンチのように瞬時に息を止める作用がある。私の仕事はカップルに息を整えさせ、目の前の試練の彼方にある、二人の関係のより大きな図面に自分たちを置き直させることにある。私は手始めにまず（時には初回に）彼らのなれそめを尋ねる。

ジリアンとコスタが恋に落ちたのは、ジリアンがロースクールの最終学年に在籍していたときだ。コスタは図書館の外にバイクを止め、彼女に乗るよう誘った。ジリアンは彼の厚かましさ、勇気、そして温かさに魅了された。それらすべてがエキゾチックなアクセントとともに届けられたのだ。彼女は自分でも驚いたことに後部席に飛び乗っていた。

ジリアンは愛情をこめて彼のことを「火山みたいな人」と描写する。争いも対立も恐れず、人生に対し物怖じしない情熱があると。一方、彼女は自分のことを実用主義に傾きすぎる、どちらかというと調停者だと見なしている。「コスタは私にとっていい相手でした。ニューイングランドの優等生ぶりを振り払ってもっとのびのびするよう、けしかけてくれたのです」

4

なぜこんなにも傷つくのか

コスタに出会う前、ジリアンはクレイグという男性と婚約していた。一族の事業を継ぐべく、ペンシルベニア大学の名門ウォートンスクールでＭＢＡを取得したエリートだった。でも彼女は長い間、気持ちにふん切りをつけられないでいた。「クレイグは私を愛している以上に、私に愛されていることが自慢だったの」最終的にジリアンは婚約を破棄した。「もっと私に夢中になってほしかった」という理由で。

地中海出身のコスタは彼女に夢中で、それをどうすれば伝えられるかも知っていた。パワフルかつエレガントで独立心旺盛なこの女性に、彼は首ったけだった。「アメリカに移ってきたばかりのぼくの目に、彼女はすごくアメリカっぽく映ったんだ」ジリアンは彼が子どものころから知っている、女たらしの夫の不品行に長年にわたり禁欲的に耐えることで強さが計られる女たちとは真逆のタイプだった。

ジリアンは自己愛の強い元婚約者のクレイグにはいつかきっと浮気されるだろうと思っていた。彼が自分以外の人のニーズを自分自身のそれより優先するとは考えられなかったからだ。コスタを選んだことの中心には、反対に彼はけっしてそれほど利己的にはなれないだろうという確信があった。彼女にはそれがわかったのだそうだ。彼の無私の愛を信じ切っていた。でも、どんなにそれが間違っていたか！

結婚式はパロス島のコスタの実家で行われた。白い壁、ブルーの日よけ、ブーゲンビリアのピンクの花々に彩られた赤い瓦屋根。完璧に髪をセットした母が幸せそうによろけつつシルタキダンスに加わっているのを眺めながら、花嫁のジリアンは文句のつけようのない学歴と血統をもつ男を捨てて、永遠に自分を愛しんでくれる男を選んだ選択の正しさを心の奥深いところで確信していた。時代の価値観を映し出し、両親の不安を無視して、ジリアンは両親にとっての結婚の定型の代わりに、自分自身の理想を選んだのだった。

それだけにコスタの秘密が明るみに出たときの彼女の幻滅は膨大で焼けつくような痛みをもたらした。それは彼女に対する攻撃のみならず、彼女の信念の全システムに対する攻撃でもあった。今日のカップル王国で最も大切にされている大前提の一つが破られたのだ。近年、結婚は私たちが欲するすべてをかなえてくれるお伽噺の城になった。不倫はそれを崩落させ、しがみつくものは何もないと感じさせる。おそらくそれが、現代の不倫がただ苦痛を与えるだけでは終わらない一つの理由なのだろう。それは精神的トラウマになる。

デジタル時代のばれ方

不意打ちを食らおうが、長期間にわたって証拠を集めた末の結論であろうが、実際の発覚はいつでも衝撃的だ。何年も真実を求めて悶々としたのちに、ある日、ジリアンはコスタがPCを家に置き忘れていることに気づいた。「ついに見る決心がついたの。その後はもう、見るのをやめられなくなったわ」

彼女が言うところのその「Dデイ」に、彼女は何時間も座りっぱなしでデジタルの証拠を漁った。画面に打ちのめされた。何百もの写真、交わされたメール、欲情の表出。コスタの八年におよぶ

4

なぜこんなにも傷つくのか

不倫の生き生きとした詳細が、彼女の目の前に繰り広げられていった。ほんの数十年前なら、彼女が見つけたものはスーツのポケットにある電話番号のメモや、襟についた口紅や、手紙の入った埃っぽい箱だったかもしれない。もしくは詮索好きな隣人からの告げ口だったかもしれない。つかまったコスタはと言えば、妻と自分自身を守るために、都合の悪い事実は省いて、好きなように話を作り上げただろう。今日、テクノロジーの素晴らしい記憶力のおかげで、ジリアンは夫の二重生活の詳細を、耐えがたいほど詳しくほじくり出すことになる。それだけではない。彼女は心痛をもたらすデジタルの証拠を何ページ分も記憶することにより、自分自身の恥をも学ぶことになる。

デジタル時代の裏切りは凌遅刑《りょうちけい》〔千回の切りつけによる死刑〕に値する。ジリアンは二人がタオス〔ニューメキシコ州の町〕で笑いながらオイスターをすすっているのを目にする。アマンダがそそるようにポーズをとるショットも。これはアマンダがコスタのヘルメットをかぶり、二人でヤマハに乗っている場面。こちらはギリシャでのロマンチックな旅程についてのメール。加えてアマンダが自分の生活を分刻みで詳細に報告する無数の携帯メール。

ジリアンの目に映るすべてのものが、さらなるイメージを掻き立てる。コスタがアマンダにキスしている。その指には結婚指輪、その手はアマンダの胸に。去年のクリスマスパーティでアマンダがどんな目つきでコスタを見ていたかを思い出す。でも、ジリアンはそれを思いすごしだと払いのけていた――「バッカじゃないの?」コスタが自宅のパーティにアマンダを招待した夜、アマンダがジリアンの作ったチョコレートムースをどんなに称賛したかも思い出す。そして、ジリアンがどんなに完璧なホステスぶりを発揮したかも――「なんというお人好し！」。そして今、あらためて頭をよぎるのは「私たちのダイニングテーブルの下で、コスタがアマンダの膝に手を置いてたってことはないでしょうね？　翌日、職場でそのことをタネに二人で笑ってたりして？」そんなシーンが繰り返し、繰り返し、執拗に頭の中で再生され、一つのシーンを追い払うとまた別のシーンが取って替わる。

今日の不倫の大多数がデジタル機器経由で発覚すると言ってさしつかえない。それは時にリアルタイムの、しかもグラフィックなものへとハンドルを切る。ジリアンがコスタのPCを探索したのは故意だったが、テクノロジーが頼まれてもいないのに第一報を伝えることも実は多い。家に置き忘れたiPadが、疑ってもいなかった夫に、妻が今から会おうとしている恋人と交わしているメールの会話を目撃させてしまったり、週末に妻が出先から予定より早く帰宅すると、赤ん坊は自分の手に抱いているのに、どういうわけかベビーモニター〔別室にいる赤ん坊の様子を音や映像で確認できる機器〕から女性のあえぎ声が流れてきたり、愛するペットの無事を確認するはずのキティキャムが、代わりに恋人と見知らぬ男との間の酔った末の情事を映し出していたりと。

ニュー・イヤーズ・デイの未明、クーパーがベルリンのナイトクラブのフロアにいると、携帯電話の画面がパッと明るくなった。そこに映し出されたのはニューヨークにいる恋人がやはりどこかのダンスフロアで見知らぬ男と腰を押しつけ合って踊っている写真だった。「やあ、ご参考までに、エイミーがそこらへんのヤツとよろしくやってるのを目撃」という友人からのメッセージが添えられていた。

4
なぜこんなにも傷つくのか

今は誰でもハッカーになれる。過去十年間、ロンはポルノを見続けていたが、恋人のシドニーは「私がとやかく言うことじゃないわ」と思っていた。でも、ロンが彼女とのセックスに完全に興味を失ったとき、それは「とやかく言うべきこと」になった。友達が彼のオンライン活動を追跡するスパイウェアを教えてくれた。「自分のデスクに向かい、彼が見ながらマスターベーションしているに違いない動画を同時に見ました……何時間もぶっ続けで。それで私、頭がおかしくなったんです。彼を取り戻したい一心で、私もあいったポルノ女優が着ているようなものを身に着けて、彼女たちのまねをしたりして……でも、そのうち裏切られていると感じたんです。彼だけでなく、むしろ自分自身に」

私立探偵はもう必要ない。それはあなたのポケットの中にある。「どうしてパパは私に自分の裸の写真なんて送ってきたの?」――送信ボタンの押し間違え。「背後に聞こえるあの荒い息遣いは何?」――携帯電話が間違ってかかってしまったケース。「私はモントリオールなんて行ったこともないわ!」――ビザカードの不正行為監視部門からの、不審アクティビティの警告。

そして、こういった居並ぶテクノロジーの密告者たちの中でも、忘れてはならないのが驚異のGPSだ。ゲイの恋人アンディのジムで過ごす時間がやたら長くなると、セザールはあんなに長時間をほんとうに彼はずっとウェイトルームで過ごしているのだろうかと訝《いぶか》り始めた。「もしそうなら、もっと筋肉隆々になっているはずだよ! ヤツがサウナに入っていることも知ってるけど、あんなに長くあそこに座っていたら、体が溶け出しちまう」気づかれることなくアンディのあとをつけるのは不可能なので、代わりに彼の携帯電話のあとをつけると、画面地図上のブルーの点がたった三〇分後にはジムを離れ、ダウンタウンへと向かっていった。

私は愛を二つの側面から見た

私たちの小さな機器は不倫を暴露するだけでなく、デジタルで記録を保存してくれる。「完全にとりつかれたわ、病的なくらい」ジリアンは打ち明ける。「すべてをきちんと組み立てて明らかにしようと、メールを読み続けたわ。朝の七時から夜中まで日に何百ものメールが交わされていた。私たちの人生のど真ん中にずっと不倫があったのよ。彼がこれを書いたとき、私は何をしてたのかしら？　二〇〇九年八月五日九時一二分、私たち、私の五一歳の誕生日を祝ってたじゃないの。彼がバスルームに駆け込んでこのメールを送ったのはハッピーバースデイを歌った前？　それともあと？」

不倫は私たちの精神構造の最重要部分の一つである「過去の思い出」に直接攻撃を仕掛けてくる。不倫はただカップルの希望や未来の計画を強奪するだけでなく、二人の歴史にもクエスチョンマークをつける。私たちは確信をもって過去を振り返ることができなければ、明日に起きることにも確信はもてない。すると、どうなるだろう？　心理学者のピーター・フランケルは裏切られた側が「執拗に頭に浮かんでくる不倫にまつわる事実にどんなに圧倒され、容赦ない攻撃を受けるか」を強調する。

人は未来が予測不可能であることは甘んじて受け入れるが、過去は信頼できるものであることを期待する。ところが、愛する人に裏切られると「一貫性のあるストーリー」の喪失に苦しむことになる。一貫性のあるストーリー、それは精神分析医アナ・フェルズの定義によると、「安定した自我を形作り、未来の行動や感情を予測し調整するのを助ける内部構造」である。人間関係におけるあらゆる種類の裏切りの腐食作用に関する記事の中で、彼女は「おそらく、彼（彼女）のストーリーの中の誰かを奪うことが、最大の裏切りだ」と述べている。

不倫のすべてを掘り起こそうとする強迫観念的な欲動の根底には、自身の人生のタペストリーを織り直そうとする実存主義的ニーズがある。意味を作ろうとする生き物である私たちは一貫性に依存している。詰問、フラッシュバック、堂々巡りする思考、過剰な監視といったものはすべて、バラバラになった物語の断片をなんとかつなぎ合わせようとする試みの表れなのだ。

「完全に壊れている感じ」とジリアンは言う。「ふたたび現実と折り合いをつけるために、タイムラインの中を猛スピードで行ったり来たりして記憶をアジャストし、新しいものをすべて所定の位置に納めようとしているんです」

アナ・フェルズはこれを人々が二つの画面を使って二つのバージョン――自分の記憶にある人生と新しくあらわになった人生――を絶え間なく比較し、見直しているシーンにたとえている。すると疎外感が内側からこみ上げてくる。疎外されていると感じるのは嘘をついたパートナーからだけでない。自分自身からもだ。

この真実の危機は、映画「ラブ・アクチュアリー」の中に痛ましく描き出されている。エマ・トンプソン演じるカレンは、夫からのクリスマスプレゼントの箱の中身が、少し前に夫が買うところを偶然見かけたゴールドのネックレスではなかったという事実を消化するため、ベッドルームにとじこもる。カレンへのプレゼントはジョニ・ミッチェルのCDだった。その曲「青春の光と影」がバックに流れる中、場面はセクシーなランジェリーを着た若い秘書がそのネックレスをつける場面から、涙ぐんだカレンがドレッサーの上の家族写真に詰まった自分の人生を懐かしそうに見つめる場面に移っていく。ジョニが歌う——私が思い出すのは愛のイリュージョン／ほんとうは愛なんて全然わからない。

ジリアンのケースでは、二画面の多くが〝成人向け〟だった。「私たちのセックスｖｓ彼らのセックス。私の体vsアマンダの体。私の大好きなあの手が彼女の手をなで、あの唇が彼女にキスをする。そして彼女の中に入ったまま、彼はあのたまらなく魅力的な声でささやく……どんなに彼女がセクシーかって。お気に入りの体位は？　私たちのセックスよりいい？　私と彼女を一日おきに抱いたの？」

彼女の結婚と彼女の記憶は汚染されてしまった。一度は安らぎと安全の源だったものが、今では彼女を消えない不安でいっぱいにする。幸せだった時期さえも、もう懐かしく思い出すことはできない——すべてが汚されてしまった。コスタは妻や家族といたときには身も心も完全に彼らとともにいたと言い張る。家族との生活は偽りのものではなかったと。でもジリアンには、それは「ゆがんで見える鏡」のように感じられるのだ。

コスタは根気よくジリアンの質問に答え、その会話はジリアンが二人の人生を時系列で構築し直すのを助けている。彼はジリアンを慰める。数えきれないほど何度も詫びる。彼はこの先、永遠に浄罪の日々を送るのだろうか？　死ぬまで有罪なのだろうか？　彼の立場からすれば物事はシンプルだ。「ぼくがほしいのはきみとやり直すこと。同じことを何度も何度も蒸し返すのではなく」だが、繰り返すことは一貫性を取り戻す助けになり、それは回復の本質的な一部なのだと、私は説明した。それでも日がたつにつれ、彼はしだいに苛立ってきた。そして、それはジリアンも同じだった。

「お願いだから過去のことは水に流して未来を見ようって彼は言うけど……でも、それって、私の心の痛みを軽視しているとしか感じられない。こっちはまるで、ずっと水責めの刑でも受けている気分なの。空気を吸おうと上がって未来がチラッと見えたかと思うと、水中に引き戻され、このままだと死んじゃうって思うんです」

悔い改めている浮気者にとっては残念なことに、心の傷が癒えるのには時間がかかる。「責任を取って、謝って、天使祝詞を一〇回唱えたら、それで自分の役目は終わったって思ってるんでしょ！　あなたにはそれで十分かもしれないけど、私にはとうてい足りない。もっと言ってもらわないと！」とジリアン。これが多くのカップルが陥る状態であり、危機の段階にはこれが普通なのだと私はコスタに説明する。ジリアンは別にコスタを苛立たせるためにこれをやっているわけではないのだ。「あなたはこの歴史を八年前から知っていたけれど、彼女はたった今知ったのですよ。だから追いつくのは大変なんです」もしジリアンが三年後にもまだ絶え間なく尋問していたら、それは問題だけれども。

不倫、それはアイデンティティ泥棒

ジリアンにとって、そして数えきれないくらい多くの同じ立場にいる人々にとって、不倫は単なる愛の喪失に収まらない。それは自己の喪失でもある。「私、今では夫を寝取られた妻の一人なのよ」ジリアンはコスタに言う。「これは変えられないし、一生涯、私につきまとうの。あなたが私をそんな人間にしたの。私はもう自分が誰だかわからない」

愛が複数形になったとき、同一性の魔法は解ける。この崩壊をもちこたえられない結婚ももちろんある。コスタとジリアンの場合はなんとか別れないですむ方法を見つけたがってはいるが、それぞれが別の意味で、たとえ二人の愛がこれを生き延びたとしても永遠に汚染されたものになるのではないかと恐れている。

「愛してる。いつだって愛してるのはきみだった」コスタは言いきる。「アマンダのことはなぜか起きてしまったんだ。一年たったころ、やめようとした。でも、すると彼女の娘が病気になったので別れるのをうしろめたく感じたんだ。信じてもらえないだろうけど、きみはぼくの生涯の恋人だし、それは今も少しも変わらない」実際、どうして信じることなどできるだろう？　八年もの間、毎晩、彼はジリアンのそばで眠りながらも、目覚めるなり「おはよう、愛しい人」とアマンダにメールしていたのに？　それでもジリアンは信じたがっている。

ジリアンの描写する〝自身を消し去られた〟という感覚を、私は現代の欧米のカップルから絶え間なく耳にする。だが、それは世界共通のものではない。私たちは「こういった心痛は誰でもどこでも同じだ」と考えたがる。だが実際には、文化的な構造が人々の失恋の意味づけを左右している。セネガルの女性グループと話したときには、何人かが夫に裏切られていたが、アイデンティティの喪失を語った人は一人もいなかった。彼女たちも不眠、嫉妬、泣き止まなかった経験、怒りの爆発については語っていた。だが、彼女たちの考えでは夫が浮気したのは「それが男のすることだから」であって、自分たちに何か落ち度があったからではない。皮肉なことに、男性に対する彼女たちのこういった思い込みが今なお存在する抑圧の下敷きとなっているのだが、同時に彼女たちのアイデンティティを守ってもいる。ジリアンは社会的にはより解放されているかもしれない。でも、彼女のアイデンティティと自尊心はロマンチックな愛に依存している。そして、愛はその借りを取り立てようとした際には、冷酷無慈悲な債権者になる。

　私のセネガル人の友人たちは自身のアイデンティティと帰属意識の大半をコミュニティから引き出している。歴史的にはほとんどの人々が自尊心を一族のヒエラルキーと宗教からくる期待と価値観に適合させ、揺るぎないものにしてきた。けれども、こういった古い制度がなくなり、自身のアイデンティティを確立して維持することが私たち自身に委ねられると、自我の重荷は過去にないほど重くなった。その結果、私たちは休みなく自尊心と折り合いをつける作業をしている。社会学者のエヴァ・イルーズは「唯一この評価活動をやめられそうな場所が恋愛だ。愛の中であなたはコンテストの最初にしてただ一人の優勝者になる」と鋭く指摘している。どうりで、不倫が私たちを自信喪失と実存主義的混乱の暗い穴に投げ込むわけだ。

男も女もこの点では変わりない。無論、両者が強調する部分にはかすかな違いがあるが、それは不倫についての会話には常に男女差別が潜在しているからなのだ。昔から男たちには女を追いかけて征服すれば自慢してもよいとされ、その代わり、彼らの涙は抑え込まれてきた。妻を寝取られた夫は悲しみよりも怒りや羞恥を表しがちだ。彼らは自己の喪失ではなく、面子の喪失を嘆くことが許されている。私たちは浮気者の夫と傷ついた妻のケースを、その逆のケースよりはるかによく耳にする。だが、妻が不倫の当事者になるケースが追いついてきて、男性が感情を表すことが文化的にも受け入れられるようになるにつれ、妻の裏切りにより不意打ちを食らった夫がアイデンティティの喪失を嘆く声を聞く機会が増えてきた。

「私の知っていた世界は終わりました」とビジャは書いてきた。四七歳のインド系イギリス人、デリカテッセンのマネージャーで子どもが二人いる。彼は妻パティが〝親友〟と交わした多数のメールを発見したばかりだ。「真っ暗な真空のスペースを落ちていくような感覚がありました。必死で何かつかめるものを見つけようとしました。でも、ほぼ直後から妻は変わってしまった。私もです。妻は冷たくなり、引きこもりがちになった。泣いていたけれど、私たちのために泣いているようには思えなかった」

私に恋人の裏切りについて打ち明けるミランの声はかすれていた。「ぼくはステファノに首ったけでした。彼との未来を心から信じ、それに全力投球していました。でもそのうち、彼はぼくとのセックスを完全に拒絶するようになりました。ヤクにはまり、ある少年に恋をした。ある日、帰宅するとぼくたちのベッドでその子とセックスをしていました。それからは、ぼくをただ無視して、ルームメイトであるかのように振る舞っています。それが何カ月も続いています。ひどい侮辱ですが、出ていくことはできない。ゲイの男として、ぼくは嫉妬したらいけないんです。つまるところ単なるセックスですからね。ぼくには彼が必要だ。自分にあんなひどい扱いをすることを彼に許している自分自身を、ぼくは心底軽蔑してますよ。もはや、自分が自分じゃないみたいだ」

ぼくはあいつとは違う！

アイデンティティの危機は裏切られた側だけの問題にとどまらない。秘密を覆うヴェールが上げられたとき、ショックを受けるのは不倫を発見した側だけじゃない。不倫をしていた当人もまたショックを受けるのだ。嘆き悲しむ伴侶の新しく見開かれた目を通して自分自身のやってきたことを振り返れば、とても自分だとは思えないセルフイメージと直面することになる。

コスタも彼なりの挫折を味わっている。ジリアンの耐えがたいほどの苦しみを目の当たりに、自分の行ったことと、自分が妻に行ったことの真実に目が覚まされたのだ。彼の表向きの人生と秘密の人生を仕切っていた壁は崩れ落ちた。

彼との単独セラピーで明らかになったのは、彼が自身の中の異質の部分と折り合いをつけられずに苦しんでいるという事実だった。彼はそれまで一度もセラピーを受けたことがなく、いわゆる専門家というものに懐疑的で、まして彼の側に立って共感してもらえることは期待していなかったそうだ。私は風紀を取り締まる警官ではないことを彼にわかってもらおうとした。「あなたが不倫をしたからといって、しかもそれが長期間にわたっていたからといって、私はあなたのことをわかったというふりはしません。私はあなたを裁くためではなく、助けるためにここにいるのです」と。

彼がまず扱わなくてはならないのは、セルフイメージと自分の行いの乖離だ。彼は女たらしで横暴で母を小バカにしていた父親のようには絶対ならないと、子どものころから自分自身に誓っていた。彼は常に自分自身を筋の通った、主義のある男だと思っていた——道徳観が強く、純粋な愛を穢された女性の苦しみを深く理解できる男だと。

「ぼくはあいつとは違う」という柱のまわりに彼は自我のすべてを築いてきた（それによりジリアンのハートを射止めた）。それはまた、過去何年もの間、ジリアンの疑いを払拭するために使われた言葉でもあった。この「父親よりましな人間」というアイデンティティを支えるために、コスタは融通のきかない、性急に判断を下す人間になっていた。無意識のうちに彼はそんな頑なさが、自分の受け継いだ男性優位性を寄せつけないでいるのに役立つと信じていたのだが、どういう運命のいたずらか、それがまさしく彼が常に避けようとしていた行動へと駆り立てたのだった。「当時のぼくは、自分の人生は終わっていると感じていました。ロボットになりつつあった。きつく縛られて、身動きが取れず、どうしようもない堅物になっていた」事業がうまくいかなくなり、ジリアンとの収入格差が広がっていくにつれ、どんなにすべてが虚しく感じられ始めたか。ジリアンのほうは彼以外の人々との付き合いに忙しかった。「そのうち、彼女がリタイヤしたあとのプランや高齢者医療の話なんかを始めたんです。ぼくを生きたまま葬ろうとしている！　そんなふうに感じました」そこにアマンダが登場し、彼の前に「リラックスして、ふたたび情熱を取り戻す」道が開かれたのだった。

「コスタは常に妻を愛していたし、別れる気はないと断言する。アマンダとの関係は何度も断ち切ろうとしたが、そのたびに彼女が次々と人生の危機に直面したので、彼女に対しても責任を感じたのだとか。母親の屈辱を目撃した感受性の強い少年は、窮地にある乙女を放りだすことができない男になっていた。それはまた、彼の愛人が早々に嗅ぎつけ、たくみに利用した弱さでもあったのだ。その上、コスタは自分が不倫のせいで鬱状態から抜け出し、ふさぎこまなくなったおかげで、夫婦関係も改善したと感じている（私の見たところ、ジリアンもこれを認めてはいるが、無論、そんな正当化ははねつけている）。コスタは、自分は父親と違って愛人と公道を堂々と歩いたわけではないから、自身の主義は揺らいでいないと考えていたようだ。でも、彼のそんなアイデンティティ操作は盲点を作り出していた。大量の証拠という白日のもとで、今やっと彼は自身の正当化が行きすぎていたことを理解する。ジリアンの心痛と屈辱は彼の母親の感じたそれとそんなに違っているだろうか？　私は彼に問う。

余計な何かが加わったことで、彼には自身の人格を再調整する必要が生まれていた。それに気づいた私は、「彼にとって不倫は何を意味したのか？」「彼の人生というより大きな文脈の中で、それは何を表しているのか？」といった分析をする手助けを始めた。このプロセスが進むにつれ、悔悛したロメオはその新しい洞察をしきりに妻と分かち合いたがるようになった。だが、それはまだ早すぎる。彼の恐怖が冷静な判断を妨げていた。彼らはまだ危機の局面にあり、この段階では私の同情は彼女に向かう。裏切られた側は自分の感情的ニーズが満たされたと感じて初めて、相手側の説明を正当化だと決めつけることなく聞けるようになる。ジリアンにコスタ側の視点を理解してもらおうとするのは時期尚早に過ぎるし、まして彼女が不倫をする原因のひとつだったかもしれないなどということを理解させようとするのはもってのほかなのだ。

さしあたり、彼はひたすら聞く役に回らなくてはならない。これはなかなか困難なことだ。なぜなら、彼はそれまで大変な努力でもって「ゲス」（彼の言葉を借りると）とは違うセルフイメージを保ってきたので、自分自身と自分の行動をまず正当化しなくてはならないのだが、どんなに彼女が傷ついているかを見れば、彼は自分が恥ずかしくなる。そして正当化は彼女に対する罪悪感をさまたげる。

自分を恥じる気持ちから罪悪感への移行は決定的に重要だ。恥が自己陶酔であるのに対し、罪悪感は他者に引き起こした痛みに刺激された共感的反応だからだ。傷の回復は加害者が自分の罪を認めたときから始まる。裏切りの後の関係修復には、いずれは悔悛につながる真の罪悪感が絶対不可欠なのだ。心からの謝罪は、これからの二人の関係を大切に思っていることの、また苦しみの重荷を分かち合ってパワーバランスを修復する気持ちがあることのシグナルとなる。

しかし、これがコスタには簡単ではない。誰かを裏切ったなら、自分が相手に引き起こした苦しみを見るのも、相手に悲しむ時間と空間を十分に与えるのもつらい。でも、それこそがジリアンに必要なものなのだ。「ジリアンの苦しみが和らぐのを助けたいなら、まず彼女に思いきり嘆かせる必要があります」私はコスタに言った。彼女の痛みを包み込むことは重要だが、物理的に彼女を抱きしめることも同じくらい必要だ。コスタはこれをしっかりやっている。明らかにコスタにとっては、妻が口撃に出ているときよりは悲しんでいるときのほうが、相手の気持ちを汲んだ反応をしやすいのだ。とは言っても、少なくともしばらくの間は激しい言葉による攻撃は避けられない。いつかは彼女に少し落ち着くようにと言える時期が来るだろう。だが当面、彼女の怒りを徐々に鎮めるものは、彼の揺るぎない親身のスタンスしかない。

　コスタはジリアンの苦しみを受けとめる努力を惜しまない。彼女に愛していると何度も何度も言っている。するとジリアンはしばらく落ち着く。たいていは一時間ほどだが、ときには二、三時間、たまに丸一日。ジリアンは彼を信じる。もちろん信じる……彼は夫なのだから。でも、すると突然ドカーン！　思い出すのだ。「いつだって彼を信じてたわ。で、その結果がこれ？」

　疑いがふたたび募る。今回、彼女は目を閉じて何も起きていないふりをしたりはしない。それどころか、情報をもっともっとと漁る。コスタはプライバシーを完全に没収された。「Instagramで彼がいい写真だと言っているこの女は何者？」「この歯科医、三時間もいったい何をしていたの？」「そもそもほんとうに予約してたの？」歯科医院に電話して確かめる。恐怖と怒りが溶け合い、爆発する。何一つ見逃すまいと、彼の家族、彼の文化、彼の遺伝子、そしてもちろんアマンダについて調べ上げる。今は何をしても許される。

「浮気者！　嘘つき！」彼女はコスタをぎりぎりまで追いつめる。コスタは自らの行いの責任は甘んじて取るものの、それを彼のアイデンティティの最終判決として受け入れる気はさらさらない。「ぼくは一度だけきみを裏切った。その一つのために何度も嘘をついた。でも、ぼくは浮気者でも嘘つきでもない」彼は言い募る。ジリアンの苦しみが彼にとっては耐えられないセルフイメージを映し出し、彼は怒り狂う。彼女の苦しみが続く限り、彼が悪い人間であることが確認され続ける。ふたたび緊張が高まる。「ぼくはあいつとは違う！　ぼくはジリアンにも、この不倫にも、ほかの何にも、ぼくという人間を決めつけさせはしない！」

私は彼を引き受ける決意をした。「あなたの中の矛盾もあなたの良心も理解できます。でも、あなたが来る日も来る日もその二重性について考え続ければ、心ならずも〝あいつ〟に近づいていくだけですよ」

修復のために

発覚後まだ間もないころのセラピーは、控え目に言っても、一触即発の空気をはらんでいる。何週間もかけて用心深く行ってきた再建工事が、たった一言で無に帰してしまうこともある。極限状態にある二人はチラチラと互いを窺い、ふたたび感情の爆発が起きないかとピリピリしている。マリア・ポポヴァが書いているように「扱いにくい信頼というリズムに合わせて踊る怒りと赦しのダンスは、おそらく人類にとって最も古いものであると同時に、最も困難なもの」なのだ。

この危機的な段階では、修復作業の責任はおもに不倫をした側が負うことになる。悔恨の気持ちを伝え、パートナーの痛みをしっかり受け止め、ほかにもできる重要なことがいくつかある。

ジャニス・エイブラムズ・スプリングはこのステップの一つを「警戒の譲渡」だと言っている。要するに、不倫を行っていた側がそのことを常に思い出してけっして忘れないでいる役目を担うこと。普通、相手を問いつめ、そのことに取りつかれ、その忌まわしい出来事がうやむやにならないよう気を張っているのは裏切られた側だ。浮気者はたいてい、その気まずいエピソードをさっさと過去のものにしようと必死になる。

この立場を逆転させることにより、パワーバランスを変えるのが目的だ。監視の中からは信頼はまず生まれない。もしコスタが不倫の記憶を保ち続ければ、ジリアンはそれが忘れ去られないよう監視する必要から解放される。もし彼が二人の会話に自分からその話題をもち出せば、彼が自分の行ったことを隠したり軽視したりしようとはしていないことが伝えられる。もし彼が自ら情報を提供すれば、彼女は絶え間なく蒸し返さなくてすむ。一度、アマンダが彼に電話をしてきたときも、新たな疑惑を生まないよう、コスタはすぐにそのことをジリアンに話した。また、二人であるレストランにいたとき、コスタはアマンダともそこに来たことがあるのではないかと疑われているのを察知した。ジリアンから尋問されるのを待たなかった。彼女が心地よくそこにいられるよう、自ら真実を話した。こういったことをふんだんに行うことが、ジリアンに夫は自分の味方だと思わせ、信頼を取り戻す一助になる。

一方でジリアンのほうには怒りの爆発を抑え始める必要がある。怒りを爆発させることが不当だからではなく、それを続けている限り、彼女がほんとうに求めているものは手に入らないからだ。怒りは彼女を一時的にはパワフルに感じさせるかもしれない。でも、心理学者のスティーヴン・ストスニーはこう言っている。「もしパワーを失ったことが裏切りの原因ならば、怒りは解決法になるだろう。だが、恋人や夫婦間の裏切りがもたらす耐えがたい痛みは、パワーの喪失とはほとんど関係がない。自分の価値が失われた――自分には愛される価値がなくなった――という自覚こそが、痛みを引き起こしているのだから」

したがって、裏切りに遭ったあとにはまず、自尊心を修復する道を見つけなくてはならない。自己評価をパートナーの影響から切り離すのだ。あなたの人格のすべてが強奪され、あなたの自己定義があなたにそんなことをした人物の手中にあるとき、あなたという人間には他の部分もあることを覚えておくことは重要だ。

あなたの一部は捨てられたが、あなたは廃棄物ではない。あなたの一部はひどい扱いを受けたが、あなたは犠牲者ではない。今はそんなふうには感じられないかもしれない。でも、あなたは他の人たちに、いえ、不貞を冒した当人からさえも、愛され、称賛され、敬われ、大切に思われている。生活のすべてを恋人に捧げた結果、友人たちとは疎遠になっていたある女性は、恋人にふられたあとになってそのことに気づき、自分の人生に呼び戻したい友を五人リストアップした。彼女は二週間かけて車で旅をして回って友情を温め直し、友人たちが認める彼女のいい部分を取り戻し、そうすることによって心の傷を自身の本質と切り離したのだった。

ホロコーストの生き残りのヴィクトール・フランクルは深遠なる真実をこのように引き出している。「人からあらゆるものを奪うことができるが、ただ一つ奪えないものがある――それはどんな状況を与えられても最後に自分の態度を決める自由であり、自身のあり方を選ぶ自由である」

おしゃれをしなさい。たとえ、そんな気になれなくても。友達に素敵なディナーに呼んでもらいなさい。長い間ずっと気になっていた絵画教室に通い始めなさい。引きこもりたい気持ちと恥ずかしさに打ち勝って、いい気分にさせてくれることを自分のために行いなさい。愛する人に裏切られた人の多くが屈辱感のあまりそういったことをできないでいるけれども、これこそが私がみんなにしているアドバイスだ。

ジリアンにも自尊心を取り戻す彼女なりの方法を見つける必要がある。コスタの悔悛だけでは彼女の痛みを和らげることはできない。加害者が罪の意識を表明して相手の気持ちに寄り添うことは不可欠だが、被害者の傷ついた自尊心を回復させるにはそれだけでは不十分だ。コスタが彼女を助けようとすれば、自己に向きがちな関心を退けて、彼の人生にどんなに彼女が重要で中心的な存在であるかを何度も何度も訴えなくてはならない。彼が自分の悩みをそっちのけにして初めて、彼は何年も前に彼のバイクの後ろに飛び乗り、永遠の愛を誓った女性を取り戻し始める。彼女に寸分の迷いもなく「ぼくがいっしょにいたいのはきみだ。いつだってきみだった」と断言して初めて、彼女に自分自身の価値と、自分の存在の大切さを、ふたたび納得させるプロセスが始まる。そうなって初めて、彼が別れないでいるのは単なる道義的理由からだけではないと、彼女は信じ始める……自分を選んでくれているのだと。

二分後、彼の携帯電話が鳴った。彼女の目にパッと疑惑が浮かび、身じろぎするのを私は見逃さなかった。何かトリガーがあれば、すぐまた新たな疑念が浮かぶ。ほらまた二人は愛の回復という深い塹壕に落ち込む。そして、しばらくそこに留まることになる。

5

愛のホラーストーリー——不倫の悪質度

ほんとうに不思議だ、あの「二、三回」という言葉。ほんの数語に過ぎないし、離れたところで軽く放たれた言葉なのに、実際何かで突き刺したかのように人の心を引き裂くことができる。毒でも飲んだかのように人を病気にできる。

——マルセル・プルースト『失われた時を求めて』

不倫の悪質さに差はあるだろうか？　不倫の中に与える傷が小さくて、実際、回復も早いものはあるのだろうか？　長い間、行為と反応の間にある種のパターンを発見しようと努めてきたが、私はいまだに罪の重大さと反応の激しさの間にきちんとした相関関係を見出せないでいる。

私たちはつい不貞行為を違反度のヒエラルキーにより分類したくなる。たとえばポルノを見ながらマスターベーションするのはごく小さな違反であって、明らかに射精までいくマッサージ嬢を雇うよりは罪が軽い。それさえもロシア人の売春婦と実際に性交するよりはましだし、それもまた、恋人があなたの友達といっしょにベッドにいる場面に遭遇したり、三街区先に夫の隠し子の四歳になる息子がいることを発見するよりはましなはず。確かに、すべての逸脱が同じように

5
愛のホラーストーリー――不倫の悪質度

起きているわけではない。でも、裏切りの等級づけがどんなに興味深くても、違反の大きさによって反応の正当性を定めることはなんの助けにもならない。

それぞれの愛の苦しみを精査すれば、そこには無数の条件が働いていて、個人やカップルの物語があっちの方向へ、またこっちの方向へと舵取りされていることがわかる。発覚時のショックの大きさは実にさまざまだ。この仕事を何十年もしてきて今なお、私には不倫を発見したときの人々の反応を予測することはできない。事実、多くの人が自分の反応は自分自身にとっても思いもよらぬものだったと言っている。

その衝撃度は不倫の継続年月や真剣度とも必ずしも比例しない。ほんの一過性の情事で壊れてしまう関係もある。ある女性はつい気のゆるんだ親密な瞬間に、追憶に浸り、数十年も前のつかの間の浮気を夫に打ち明けてしまった。夫が即座に三〇年もの結婚生活に終止符を打ったとき、女性はただ呆気にとられた。反対に多数の背信行為にもめげない、驚くほど強固なキャパシティを見せるカップルもいる。人生を一変させるような発見にもほとんど何の反応もしない人もいれば、単なるよそ見程度に大騒ぎする人もいる。パートナーが他の人について空想にふけったり、ポルノを見ながらマスターベーションしたりしただけで完全に打ちのめされる人もいれば、出張や遠方でのちょっとした遊びは単なる遊びとして割り切って受け入れている人もいる。

不倫という複雑に絡み合ったストーリーではすべてのニュアンスが重要になる。セラピストとして、私には感情の仕分けが求められる。研究者のブレネー・ブラウンは、衝撃的または精神的なトラウマを残すような出来事の直後には「私たちの感情はその痛みを理解する最初のチャンスを得る」と説明している。ある事柄は心の痛みに火をつけ（何をしたの?・）、また別の事柄は安堵をもたらす（少なくともあれはしなかった）。ヘルスケアの企業家アレクサンドラ・ドレーンの言葉を借りれば、拡大鏡（苦しみを増幅させる要素）もあれば、緩衝材（痛みに対する防御シールド）もある。

不倫がある人にどのように着地し、それにどのように反応するかは、パートナーの行為の悪質度と同じくらい、その人自身の期待や感受性や歴史と関係している。性別、文化、階級、人種、セクシュアリティといったすべてが不倫に対する枠組みを作り、痛みを形作るのだ。

拡大鏡は状況とも言い換えられる。妊娠、経済的依存、失業、体調不良、その他、人生における無数の状況が裏切りの重圧に加わる。家族の歴史は最も強力な拡大鏡だ。育ってきた過程や、過去に経験した不倫その他の背信行為がその人の感受性をよりシャープにしている可能性がある。不倫は常に複雑な網状のつながりの中で起きるので、重い傷が発生するはるか以前に物語は始まっている。ある人にとって、それは心に深く根差した恐れの確認となる——「問題は彼が私を愛してないってことじゃない。私が愛される価値がないっていうことなの」と。また、ある人にとっては、パートナーに抱いていたイメージの粉砕になる——「そんな人間だと思わなかったから、あなたを選んだのに」と。

緩衝材には状況の複雑さに安全なスペースを与えてくれる辛抱強い家族や友人などの強力なネットワークが含まれる。成熟した自我や宗教も衝撃を軽くしてくれる。不倫が起きる前の二人の関係の質もまた非常に大きな役割を果たす。そしてもし裏切られた側に選択肢——不動産、貯金、就職の見通し、別の相手と付き合える可能性など――があると感じられれば、衝撃への抵抗力が高まるだけでなく、状況を徹底的に自分に有利なように操作する余裕すら生まれる。裏切りにより最も傷ついている部分を分析すれば、こういった緩衝材をパワーアップさせるチャンスの発見に役立つ。

発覚間もないセラピーでは相談者の心の傷をスキャンし、何が拡大鏡で何が緩衝材かを発見すべく、感情の特質の発見に努める。どこが一番痛いのか？　何が古傷に触れたのか？　それは見くびられたこと？　それとも相手の不誠実さ？　見捨てられたこと？　信頼の裏切り、それとも嘘？　屈辱、喪失、拒絶、幻滅？　どんな感情や感情群のまわりを堂々めぐりしている？

よりによって、なぜあいつと？

世の中には自分の感情をすぐに言葉にできる人がいる。彼らは持ち前の感情リテラシーでもって、自身の痛みの特徴を把握し、名付け、理解する。しかし、たいていの人は自分の心のどこに痛みがあるのかを突き止めようとせず、口を閉ざす。彼らは名前のないフィーリングに苛まれ続けるが、名前がついていないからと言って破壊力が弱いわけではない。「この話をしたのは、あなたのほかには一人しかいません」ケヴィンという名の若い男性はFacebookで接触してきたのちに、そう書いてきた。「かれこれ一〇年になります。たぶん、ついにすべてを書くことが、ぼくにとってのセラピーなのだと思います」

ケヴィンはシアトルに暮らす二六歳のプログラマーだ。彼がこの上なく傷ついたのは、初恋の彼女に浮気されたことではなく、その相手ゆえだった。「まったく疑いもしなかった」という屈辱を何年も抱え、深刻な人間不信に陥っていた。ケヴィンが美しい上級生のテイラーに出会ったのは一六歳のとき。彼の童貞を奪った彼女は、高校在学中を通して彼のハートをつかみ続けた。ケヴィンがテイラーを兄のハンターに紹介すると、三人は何をするのもいっしょの仲になった。

テイラーがケヴィンに別れを切り出したとき、ケヴィンはびっくりした。「傷ついたけど、胸が張り裂けはしなかった」不思議なことに、その後もテイラーとハンターはよくいっしょに出掛けていた。「母にさえ、二人のことが気にならないのかと尋ねられました。でも、ぼくは無条件に兄を信じていたので、テイラーとはいっしょに勉強しているだけだという兄の言葉を信じたのです。よりによって兄がぼくを裏切るなんて想像もできなかったから」

当時を振り返り、彼は自問する。「いったい、どうしてわからなかったんだろう?」と。でも、たとえ否定しようのない証拠が目の前にあっても、自分の現実感にしがみつき、破滅の可能性を受け入れまいとするのが人の常なのだ。私はそんな「鈍感さ」はけっして恥ずべきことではないと、彼を慰めた。この種の逃避は愚かさからきているのではなく、自己保存のためなのだと。事実、それは「トラウマの否認」として知られる高度な自己保存のメカニズムだ。あまりに大きなものがかかっているときや、失うものが大きすぎるときに、人が使用する一種の自己欺瞞。心は首尾一貫性を必要とするので、人生の構造を脅かす矛盾を排除する。これは私たちが最も近しいと感じ、最も頼りにしている人物から裏切られたときにより顕著に働き、どんなに困難でも相手との結びつきを守ろうとする。

ついにある日、学校の友達の一人が「きみの兄貴、テイラーと寝てるよ。知ってる?」と口走った。「意味がわからなかった」ケヴィンは振り返る。それでいて数分後には静かな場所に行って兄に電話し、ほんとうかどうかを確かめた。「兄は取り返しのつかないことをしたと気づいて、何度も謝りました。ブルーの枕に顔を埋めて何時間も泣いたことを覚えてます。以来、ぼくと兄の関係は永久に変わりました」

彼のメールの中に、私は一六歳の彼の声を聞いた。彼の体験は時間の中に鮮やかな詳細――その時刻、彼に恥ずかしい真実を告げた少年の名前、兄が電話に出るまでにかかった時間、顔を伏せて泣いた枕の色――とともに凍結された。心理学者はこれを「隠蔽記憶」と呼んでいる。経験の最も心が乱される部分を隠すためにいくつかの詳細な部分に固執し、心の傷を耐え易いものにしようとする作用のことだ。

ケヴィンの次のメールでは、なぜテイラーの顔よりも枕のほうをよりはっきり思い出せるのかを理解し始めるにつれ、ほっとしているのが読み取れた。裏切りの深さは執着の深さと密接に関係している。多くの人にとっては、友達からの裏切りはパートナーからの裏切りよりも深く心を傷つける。テイラーの二枚舌は心を傷つけたが、ハンターから受けた傷のほうが深かった。裏切った人物が仲間だったり、家族(世代を超えて)の一員だったり、信頼している人物(保母、先生、牧師、隣人、医師など)だったとき、裂け目は一挙に拡大する。そんなとき、誰を頼ればいいのか?　悩みを打ち明けていた友人が実は不倫の相手だったという話を私は何度も聞いた。切断された首尾一貫性のシナプスが多ければ多いほど、人は気がふれてしまいそうに感じ、回復にも長い時間がかかる。

その後何年も、ケヴィンは自身の「バカさ加減」に対する羞恥と屈辱感の中で身動きが取れない状態だった。そのせいで彼は自分の判断力が信頼できなかった。「女性とデートしたり付き合ったりするたびに、もう一人別の男がいるに違いないって思ってしまうんです」。結局、問題はケヴィンが裏切りの兆候を見逃したことではなく、むしろ兄がケヴィンの信頼に応え損なったことにあると理解することがケヴィンにとってのターニングポイントとなった。ケヴィンは今、兄との関係修復に努めている。そして、若かった自分自身に対する新たな同情心を発見し、その結果、今では気に入った女性との関係を即座に断つことなく進展させられるようになっている。

疑いから確信へ

確信は焼けつくような痛みをもたらすが、じくじくと続く疑いもまた特有の拷問になる。愛する人の二重生活を疑い始めると、私たちは衣服にうっかり残された性欲の痕跡や手がかりを嗅ぎまわる執拗なハイエナになる。または勘のいい調査員となって、彼の顔のかすかな変化や、彼女の声に含まれた素っ気なさや、彼のシャツのいつもと違うにおいや、彼女の気のないキスを探知する。そして、かすかな不可解を数え上げる。「仕事は一〇時始まりのはずなのにどうして早朝ミーティングがあんなに多いのか、ずっと不思議に思っていました」「彼女のInstagramにあることと、彼女がぼくに言っていたことが一致しなかった。日付は嘘をつきませんからね!」「ジョギングの前になぜシャワーを浴びてデオドラントを使うのかが謎だったわ」「突然、彼女がブラッドとジュディをディナーに呼びたがるようになった。長い間、彼らのことを好きでもなかったのに」「バスルームにケータイを持って入る必要なんてある?」

最初のうちは疑いを胸に秘めておくかもしれない。それは、もし自分が間違っていたら誤って相手を責めることになるし、もっと怖いのは、もし自分が正しければ事実と直面することになるからだ。だが最終的には真実を知りたいという気持ちが知る恐怖に打ち勝ち、詮索や質問をし始める。GPSのおかげですでにはっきり知っている事実について質問することもあれば、罠を仕掛けることもある。モーツァルトのオペラ「フィガロの結婚」の中で、策略に長けたフィガロは「すべての暗い秘密を、かまをかけてうまく暴き出すつもりだ」と歌う。単に恐れていることを、もう知っているというふりをする。アントンはジョシーに、いろんな男と寝ている証拠をつかんでいるので、もうこれ以上嘘をついても無駄だと言った。「全部白状しろよ。すべてわかってるんだから」と。だが、これはあくまではったりだった。観念したジョシーはアントンが予想していた以上のことを打ち明ける。そして今、そのイメージはアントンの頭から離れなくなった。よくある予想外の展開だが、ジョシーがのちに私に語ったところによると、当初アントンの疑いはまったくの的外れだった。だが、彼のこそこそした詮索がエスカレートするにつれ、彼女のイライラと紛らわしい態度もまたエスカレートしていった。最終的には、そんな監視下の生活に怒りを覚え、彼女が言うには「ずっと私が浮気してるって彼があまりに確信してるもんだから、ほんとうにしてやることにしたの」

パートナーの不貞を疑うという、心を内から蝕《むしば》んでいく拷問は、時に相手が逆ギレするという仕打ちで余計に耐えがたいものになる。何カ月もの間、ルビーはJPに何か隠しているのではないかと問い続けたが、そのたびに彼に「お前、頭がおかしいよ。嫉妬深いな。まるで偏執狂だ」と言い返されてきた。彼がある日、携帯電話を家に置き忘れなかったら、ルビーは彼を信じてしまうところだった。振り返ってみると、彼のあれほどまでに激しい否定は証拠となるに十分だった。今、ルビーは二重に裏切られた気がしている。彼は彼女にただ彼を疑わせただけでなく、彼女自身の正気も疑わせたのだから。

疑いが確信に変わったときには、一瞬、安堵の気持ちが湧き上がるかもしれない。だが、次の瞬間には新しい矢が突き刺さる。発見の瞬間はしばしば心に生涯消すことのできない傷を残す。あなたはどうやって不倫を発見しましたか？　AshleyMadisonのデータダンプに夫のメールアドレスを見つけたとか？　誰かがおせっかいにも耳打ちしてくれたとか？　それとも、目の前に動かぬ証拠を突きつけられるという目に遭ったとか？　ある相談者は妻と建築業者が自分たちのベッドにいる場面に足を踏み入れてしまった。以来、彼はそのベッドで寝ていない。

ジェミールは発見に対する心の準備はできていたが、それがどんなふうに起きるかまでは予想していなかった。彼女は兆候を見逃さなかった。なぜなら、テレンスには前科があったからだ――突然、身だしなみに気を使うようになり、新しいシャツを買ったり、爪を手入れしたり、仕事での予定外のミーティングがやたら多くなったりする。「普通、二度目にはもう少し上手く隠すようになるって思いますよね。でも、彼はまったく同じミスをしたんです」それでもテレンスは頭から否定した。だが、ついに彼女は証拠を手に入れた。それは、あろうことか相手女性の夫からのメールだった。「二人の間で交わされた一連のメールのコピーでした。それにはテレンスの私についてのすごく意地悪なコメントが含まれていました。双子を出産したあと私が太ってどんなにゾッとしたかとか。私の歯並びの悪さとか、移民のアクセントとか。あまりの軽蔑ぶりと嘲笑ぶりに思わず吐きました」

ジェミールはメールにあったテレンスの悪意ある口調にも打ちひしがれたが、そんなメールが見知らぬ男から頼みもしないのに原文のまま転送されてきたという事実にも深く傷ついた。どんな男にもこれ以上自分をコケにさせないと決心した彼女は、まずテレンスと直接対決した。そして次には、どう見ても報復目的なのは明らかなのに、〝あなたのためを思って〟というふりをしてジェミールに侮辱的なメールを送ろうと一方的に決断した男に手紙を書いた。私のすべきことは今、彼女の自己評価を建て直すことにある。

秘密、噂話、間違った助言

人はパートナーの秘密を発見するだけでなく、時に心ならずも欺《あざむ》く側の一部になってしまう。友人や両親、子ども、同僚、隣人、場合によってはメディアにばれることを恐れ、裏切られた側が秘密の共犯者になってしまうのだ。知ってしまったからには、彼らもまた嘘をつかねばならない——自分に嘘をついたまさにその人物を守るために。

「二つのまったく同じイヤリングを手に、私は立ちすくみました」リンはその瞬間を思い出す。「なぜ同じプレゼントを二つ買ったのかと彼に質問し始めたとたん、その答えが私の中に幻影のように浮かび上がりました。秘書との六年におよぶ不倫。さぞかしたくさん、おそろいのイヤリングがあったでしょうね」

子どもたちのために、リンはミッチと別れない決断をした。そして子どもたちのために、リンは裏切りを秘密にした。「誰にも知られたくなかったのです。だから今では私が両親に対し、自分の娘に対し、嘘をついています。何事もなかったかのように朝にはワッフルを焼いて、彼にキスをして送り出していきます。なんという茶番でしょう！　私が守りたいのは娘や両親なのに、結局、私が守ってるのは彼じゃないかって気がするんです。なんて皮肉なの？」彼女の知らなかった秘密は、今では彼女が他の人たちから守らなくてはならない秘密になった。ミッチは発覚により解放され、リンは囚われの身となった。彼女は時折、罪を犯したのは自分ではないと、自分に言い聞かせなくてはならない。

リンとミッチの両方を救う道は、これ以上傷が悪化しないよう、信頼して秘密を打ち明けられる人物を一人か二人選ぶことだ。誰も彼もに話す必要はないが、沈黙の屈辱を破ることには大きな意味がある。彼らの苦しみを一人か二人に打ち明けることで、密閉された状況に風穴が開く。

秘密が漏れたときには、しばしば社会からの批判や哀れみという罰を受けることで苦悩にいっそうの拍車がかかる。ディッタは学校に子どもを迎えに行ったときに、見せかけの同情の眼差しで——内心、そんなことが自分に起きなかったことを喜んでいるのに——自分を見つめる母親たちを憎んだ。「当然よね」とささやく声がする。「無理ないわ。四大陸を股にかけて仕事をして、子どもたちは夫に任せきりだったんだから」あんなことが起きるのを許してしまったこと、防ぐ努力を十分にしなかったこと、それが起きているときに気づかなかったこと、あんなに長い間続けさせてしまったこと、そしてもちろん、すべてが明るみに出てなお別れないでいることに対し、やんわりした非難から言いたい放題のそしりまで、さまざまな糾弾の声があった。あらゆる場所にひそひそ話があった。

不倫は結婚を壊すにとどまらない。それには付き合いのネットワークのすべてを解体するパワーがある。その心理的軌道は、友人や家族や同僚など他の多くの関係と交差しがちだ。モーは九年続けた親友たちとのカイヤック旅行にもう行かない。つい最近、仲間の一人が妻と不倫関係にあったことを発見したからだ。別の仲間は彼らのために民泊を提供していた。もう一人は見て見ぬふりをしていた。全員から裏切られた彼は言う。「こうなった今、いったい誰と話せっていうんだい?」

彼らに特有の被害は恥ずかしさと孤立だ。不倫の発覚は疑いを知らない伴侶を苦境に一人取り残す。こんなときにこそ他の人たちからの慰めや肯定が必要なのに、連絡することが不可能に近くなる。友人からの支えが得られず、孤独感は倍になる。

孤立と沈黙はつらいが、他の人たちからのアドバイスも扱いにくい。友人はしばしば軽はずみな判断を下したり、単純すぎる解決法を提供したり、「正直、彼(彼女)のことは一度も好きだったことはない」といった余計な暴言を吐きがちだ。極端なケースでは、友人や家族があまりにも怒って過敏になった結果、被害者の役を奪い取り、裏切られた当人が自分を傷つけた相手をかばうという奇妙な立場に立たされる場合もある。「母は口さえ開けば『だから言ったじゃない!』です。それからセーラの欠点を延々とあげつらいます。もちろん母は初めからすべて気づいていたそうで……」アーサーは苦々しく笑う。「いい加減にしてくれって言いましたよ。セーラがどんなにいい母親で、どんなに働き者だったかを思い出させました。でも、考えてみれば、一番傷ついてるのはぼくなんです!」

誰もが何をすべきかを正確に知っているようだ。友人たちは泊まるためのソファを提供し、荷づくりを手伝い、鍵を変え、週末には子どもを預かると申し出てくれる。セラピストや調停人や探偵や弁護士の電話番号を知らせてくる。だが、こういった行動は善意から出ているものかもしれないが、不倫のジレンマを扱うために必要なスペースを保っておくことには失敗している。

なぜ、よりによってこんなときに?

不倫はそれだけでも十分傷つくものだが、時にはそのタイミングがとどめの一撃になる。「私たちの赤ん坊はほんの生後二カ月だったのよ!」「流産したばかりだったのに」はあまりによく聞く台詞だ。リズィがダンの不倫を発見したのは、妊娠第三期〔妊娠六カ月〜九カ月〕だった。だが彼女は何も言えないと感じた。何かを言えば、おなかの赤ん坊の胎教に悪く、大事に育んでいる芽生えたばかりの命から自分自身を切り離してしまう気がしたからだ。彼女はただ、赤ん坊がネガティブなエネルギーに汚染されることだけは避けたかった。

「おふくろが死にかけていたまさにそのとき、あいつは最低のゲス野郎と寝てたんです」と言ったのはトムだ。一方、ドレイクのケースでは、タイミングはたいした問題ではないと彼自身わかってはいたが、それでもタイミングゆえに苦しみはいや増した。「発見したのが結婚一〇周年の記念日だったって事実は本来どうでもいいことです。でも皮肉なことに、それはぼくの絶望に加わった拷問のような一撃となりました」

ある時期が個人的に特別な重みをもつとき、「どうしてよりによってあんなときに私にあんなことができたのか?」という怒りが加わる。そして「あんなとき」が「あんなこと」より大きな意味をもち始める。

私のことが頭に浮かばなかったの?

いくつかのケースでは、意図的な二重性、すなわち数々の欺瞞をまんまとやってのけた計画の周到さが火に油を注ぐ。そこまで慎重だったということは、不倫をした当人は自分の欲望と予測される結末を計った上で、それでもなお実行する決断に至ったということだからだ。さらに、時間とエネルギーと金銭と知恵にそれほどまで投資したという事実は、伴侶や家族を犠牲にしてでもなお利己的な目的を追求しようとする意識的な動機があったことを意味する。

「初めから順に話して」スティーブが念入りに計画を練って高級娼婦《エスコート》と遊んだことを発見し、シャーロットは迫った。「どうやってその娼婦を見つけたの？　どこかに五〇〇〇ドルのお金が転がってたの？　それともATMに一〇回行った？　いくらかかるか初めから知ってたの？　それほどの常連ってこと？」彼が買春するために行った周到な準備のすべてのステップが、妻を意識的に無視していたことを意味した。セックス産業でのスティーブの彷徨に対する怒りはごまんとあるが、シャーロットの存在の中枢に最も深く切りつけたのは、スティーブがその意識から彼女を完全に消し去れたことだった。

銀行で私のことを考えなかった？　タパスを食べながらも？　シーツを換えたときも？　ゴミ箱を空けたときも？　「浮気の発見はそれ自体、それだけでもとってもつらい」シャーロットは言う。「でも、どれだけのエネルギーを使って計画を練ったかってことに、すごく傷つくんです。どうりで私たちのために使うエネルギーなど、残っていなかったはずだわ」

シャーロットはその種の欲望については理解しているし、彼女自身にも浮気するチャンスはあった。だが、けっして行動に移すことはなかった。「あなたが何をしたかはわかる。だって、それは私がしなかったことだから」彼女はスティーブに言った。「いざとなったら、私にはできなかった。なぜって、あなたのことが頭から離れなかったからよ。あなたがどんなにか傷つくかがわかっていたから。どうしてあなたにはそれがわからなかったの？　それとも、そんなこと、どうでもよかったの？」綿密に計画された浮気には傷つけられるが、反対のシナリオにもまた同じくらい傷つけられる。そういったケースでは、思いがけず浮気したその不注意さに傷つけられるのだ。「単にはずみで起きた浮気だからなんの意味もないって彼女は言うんです」リックは苦々しく笑う。「だから、言ってやりましたよ。『それでぼくの気持ちが楽になると思う？　なんの意味もないことでぼくをこんなにも傷つけるわけ？』ってね」

私はただ、彼女の代わりにすぎなかったの？

今日、ほとんどの人が自分は伴侶の最初の恋人ではないことは当然だと思いながらも、最後の恋人になることを願っている。愛する人が過去に恋愛したことや、結婚していたことさえも受け入れているが、その相手はつかの間の過去の人だと信じたがっている。あの人とは終わった。なぜなら、あれはほんものの恋ではなかったから。伴侶の愛した相手が一人でないことは知っているが、自分こそが〝運命の人〟だと信じている。それゆえに、不倫の中でもとりわけ大きな痛みをもたらすのが、焼けぼっくいに火がついたケースなのだ。

ヘレンとマイルスはいっしょに暮らし始めて一八年、結婚して一四年になる。マイルスが元妻のモーラとこの二年間、不倫関係にあったことが判明した。モーラが彼を捨てて他の男性のもとに走ったとき、マイルスは立ち直れないほどの打撃を受けていたのに。「どうしてあの女なの？」ヘレンは問い続ける。「なぜモーラと？　彼女、マイルスをすごく傷つけたんです。そんな女とはいっさい関わりたくないって思うはずですよね」私がマイルスにその件について尋ねると、彼はモーラの自分に対する愛がなくなったってことがどうしても受け入れられなかったし、今回こうしてよりが戻ったのも運命の導きだと思っていると告白した。「こんなに何年もたったのちに、パシフィック・クレスト・トレイルをハイキングしていたときにばったり再会したんですよ。そんな偶然ってあるでしょうか?」

ヘレンは知っていた――モーラはマイルスの初恋の人で、二人は学生結婚し、結婚生活は一二年続いた。でも今、ヘレンは気づくと自問している。「彼はほんとうに一度でも私を愛したことはあったのかしら? 子どもたちや私たち夫婦が築いたすべてにもかかわらず、私はほんとうに彼の運命の人だったの? それとも、それはずっとあの女だったの? たぶん私は彼の真の恋人の代わりにすぎなかったのね」誰かと差し替えられることはいつだってつらい。だが、古い人が戻ってきて新しい人が事実古い人になったとき、そこに加わる皮肉はおそらく「運命と闘っている」という感覚だろう。

赤ん坊と血液検査

不倫が生死、誕生、病気の問題と関わると、そこには独特な苦境が生じる。人類は古くから、一瞬の性欲が何世代もの祖先を残すことを知っていた。歴史の大部分において、不倫の必然的な結果として登場するのは私生児だった。確実な避妊方法があるにもかかわらず、今なお、密通の生きた証拠――新たなレベルの恥をもたらす永遠のリマインダー――が生まれるケースはごまんとある。その結果、自分が父親でない子どもを育てる男たちがいる。「たいがい、そのことは頭から抜けています。ぼくはあの子の父親です。でもたまに、ぼくが世界の何よりも愛しているこの小さな女の子が、ぼくが軽蔑するあの男のDNAを受け継いでいると考えて心が痛むんです」

夫に隠し子がいることを知っている女たちもいる。「初めのころ、彼は子どもをほしがらなかったの。トライし始めたときには遅すぎたわ。体外受精も試みたけどだめだった。子どもがいないってことを受け入れるのはつらかったけど、二人で乗り越えられると思ってた。そんなとき、発見したの。彼は若い女に慰めてもらってただけじゃなく、その女から私が彼にあげられなかったたった一つのものを得ていたの。その女、彼に離婚する気はないと言われたもんだから、腹いせに胎児の超音波写真を私に送りつけてきた。不倫は我慢できるけど、赤ん坊は我慢できない」

不倫は新しい生命を創造する。それはまた生命に脅威を及ぼす。昨今では浮気したパートナーに性感染症の検査を受けさせることは普通になった。だが、遅きに失することもある。まず、ティムはマイクが浮気しまくっていることを発見して怒った。自分は一対一の関係がほしいとマイクに断言した。だが、踏んだり蹴ったりとはこのことで、ティムは今、不安におののきながら血液検査の結果を待っている。「ぼくたちはいつも安全なセックスをしてきた。一番受け入れがたいのは、彼がぼくの健康も、ぼくたち両方を命の危険にさらすことも、まったく気にしていなかったことなんだ。それを考えるたびに、ぞっとして寒気がする。それに今もって彼が本心から申し訳ないと思っているのか、ただばれたことを残念がっているのかが、ぼくにはわからない」

火遊びの値段

経済的な事情もまた、不倫に対する人々の反応や体験に重要な役割を演じる。経済的に依存している側にとっては、文字どおり「離婚できる余裕はない」という状況になりかねない。反対に経済を支えている側からすれば、「妻と家族を養うために長年働いてきたのに、今度は妻があのろくでなしといっしょになるために扶養手当を払わなくてはならない」という羽目になったら耐えられない。どちらの側にとっても、失いかねないのは家族やそれまでに築いてきた生活にとどまらない。自分たちの慣れ親しんだライフスタイルも失う危険にさらされている。デヴォンにふたたび裏切られたとき、アニーは「二四時間以内に私のアパートを出て行って」と宣告した。のちに彼女は私に言った。「彼が音楽の仕事を続けられるよう、彼の車のローンも含むすべてを負担してきたんですよ。まったく、バカがつくほどのお人好しだったわ。でも、もうやめました」彼女の経済力は緩衝材となり、多くの人に手が届かない複数の選択肢を彼女に与えた。

対照的にダーリーンはベビーシッター代すら払う余裕がないため、支援グループにも参加できないでいる。彼女は「もうやめました」とは言えない。「身動きが取れない」と言うしかない。何人ものセラピストや信者仲間からの勧めにもかかわらず、彼女はまだ夫のもとを去れないでいる。私たちは彼女の状況を理解し、彼女の声に耳を傾けるオンライン・コミュニティや支援してくれる牧師のいる別の教会を探している。まず一人になってゆっくり考えられるスペースを確保するまで、彼女は自分の選択肢についてすらほとんど考えられない状態だ。

イーディスが夫の数十年におよぶ買春の習慣を発見したときには、すでに五〇代も半ばになっていた。その汚らわしさにもげんなりしたが、何よりもガツンと衝撃だったのはそのコストだった。「ケチだと思われたくはないけど、二〇年間に彼がセックスに払ったお金といったら！ 住宅ローンくらいの額なのよ！」ワンベッドルームの小さな賃貸の自宅でクレジットカードの請求書をしげしげ眺めるとき、その何万ドルという金額は不貞行為よりはるかに彼女を傷つける。

経済的な事情、妊娠、性感染症、計画性、不注意、恥辱、自信喪失、噂話と非難、相手、ジェンダー、タイミング、場所、社会的状況――愛のホラーストーリーのこの短いリポートが教えてくれるのは、不倫の行為にはいくつもの共通部分があるものの、その体験はそれぞれがユニークだということ。苦しみの微妙な差異を生み出したり、回復への道筋を差し示す、多くの本質的な要素を無視して不倫を単なる「セックスと嘘」に凝縮してしまったなら、私たちは誰も助けることはできないだろう。

6

嫉妬──エロスの火花

緑色の目をしたモンスター（嫉妬）はひどい苦悩を引き起こすが、この醜い悪魔の不在はエロスという名の屍の存在を意味する。

──ミナ・アントリム

Q：恋愛や夫婦関係を長く続ける秘訣はありますか？
A：不倫です。行為そのものではなく、その脅威です。プルーストにとっては、嫉妬の注入こそが馴れに関係を破壊させないための唯一の手立てでした。

──アラン・ド・ボトン『プルーストによる人生改善法』

エウリピデス、オヴィディウス、シェークスピア、トルストイ、プルースト、フロベール、スタンダール、D・H・ロレンス、オースティン、ブロンテ姉妹、アトウッド──数えきれないほどの文豪が不倫のテーマを掘り下げてきた。そして今も新しい書き手により物語は供給され続けている。こういった作品の多くの中心にあるのが、人間の感情の中でも最も複雑なものの一つ、嫉妬だ。進化人類学者のヘレン・フィッシャーは「あなたがライバルについて考えるときの所有欲、疑惑、激しい怒り、屈辱のあの吐き気をもよおすコンビネーションは、あなたの心を奪い、

6

嫉妬――エロスの火花

あなたの核心部分を脅かす」と描写している。実際、不倫とそれにつきもののジェラシーの部分を取り除かれたなら、文学の多くが――演劇、オペラ、音楽、映画もだが――骨抜きになってしまうだろう。達人たちにより無数のページや舞台が、この最も耐えがたい危険な感情に身をよじる主人公たちに捧げられてきた。

それでいて、セラピーの診療室で不倫が扱われるとき、とりわけここアメリカにおいては、嫉妬は突然姿を消すのだ。私のブラジル人の同僚で、セラピーをカップルで行っているミシェール・シェインクマンとデニス・ワーネックは、この興味深いギャップに注目している。「(アメリカの)不倫をテーマとする文学は、刻一刻と変化する具体的状況――発覚と発見のトラウマ、告白、愛人に対する決断、許しそして修復――といった観点から不倫の行為そのものと裏切りのインパクトを扱っているものの、嫉妬は扱っていない。最も広く読まれている不倫本の目次や索引にさえ、その言葉は見当たらない」

シェインクマンとワーネックは嫉妬の解釈が文化によって異なることにも気づいていて、「ジェラシーは世界中で痴情犯罪の動機とされ、文化によっては抑制されなくてはならない破壊的なパワーだと解釈されているが、他方、それは愛情につきものの感情であり、恋人や夫婦の結合を守るのに欠かせない一夫一婦制の門番だとみなされている」と書いている。

アメリカだけでなく世界中で仕事をしてきた私自身の経験から言っても、彼らのこの見解は正しい。南米では「ジェラシーという言葉は赤ん坊でも知っている」と言われる。「私たちの文化では嫉妬は根本的な問題なの」と、ブエノスアイレスで、ある女性は私に言った。「私たちは知らなくちゃならないの。彼はまだ私を愛してる？　彼女にあって私にないものは何？　って」

「では、嘘についてはどう？」私は質問した。彼女はあきれ返って笑った。「私たちはスペイン人がやって来た日以来、ずっと嘘をつき続けているわ！」

こういった文化のもとでは、欺瞞よりも愛の喪失や愛の神エロスの逃亡のほうが問題になる。したがって、ジェラシーはイタリア人の歴史家で哲学者のジュリア・シッサによると「エロチックな激怒」ということになる。ローマでは、二九歳のチーロが顔に残忍な満足感をたたえながら、恋人の車のタイヤを切り裂く計画を私に打ち明けてくれた。目的は、恋人が浮気相手と過ごす夜を台無しにすることにあった。「少なくとも、これでぼくは彼女がヤツの腕に抱かれている場面を想像しなくてすみます。目に浮かぶのは、ただ雨の中で彼らがレッカー車の来るのを待っている場面だけ」

けれどもアメリカや他のアングロサクソン系の文化では（プロテスタントが多い）、人々はこの愛の永遠の悪弊について驚くほど沈黙する。その代わり、彼らは裏切りや破られた信頼や嘘について話したがる。嫉妬は被害者の精神の優越性を守るために否定される。自分たちは依存と弱さのにおいがぷんぷんするそんなつまらない感情などは超越していると自負しているのだ。「ぼくが？　嫉妬？　ありえません！　ただ怒ってるだけです！」シカゴからの帰りの機内で出会ったスチュワートは、恋人が目の前で他の男といちゃいちゃしているのを見たときにイラッとしたことは認めた。「でも、たとえ嫉妬したとしても、絶対に彼女にそんなことは悟らせませんよ。ぼくより優位に立ってるなんて、間違っても思わせたくないですから」参考までに、スチュワー

6

嫉妬——エロスの火花

トはわかっていないようだが、いくら私たちが嫉妬心を隠していると思っていても、相手は必ず気づいている。時にはそれにより燃えさしの火を掻き立てて、怒りの炎を燃え上がらせるのを楽しんでいることさえある。

だが、嫉妬はいつの時代にも否定されていたわけではなかった。社会学者のゴードン・クラントンはそのテーマについて、過去四五年間分のアメリカの人気雑誌を分析した。一九七〇年代までは、嫉妬は一般的に愛に内在する自然な感情だと見なされていた。嫉妬についてのアドバイスは、はたしてほぼすべてが女性に向けられていて、そんな感情は自分の中に抑えて、夫に挑戦することは避けるよう助言されていた。一九七〇年代以降、嫉妬は嫌われるようになり、しだいに古いタイプの結婚——男性の所有権が中枢にあり、女性の依存が避けられない——のあるまじき遺物だと見なされるようになった。自由選択と平等主義の新時代になると、嫉妬は正当性を失い、恥ずべきものになった。「もし私が自由意志で他のすべての人に対し独占欲を覚える必要はないはず」というロジックだ。自由意志で私を選んだのなら、あなたに対し独占欲を覚える必要はないはず」というロジックだ。シッサは嫉妬をテーマとした爽快な著書の中で、嫉妬はそれ自体がパラドックスだと言っている。つまり、嫉妬するには愛していなくてはならないが、愛しているなら嫉妬すべきでない。それでも私たちは嫉妬する。誰もが嫉妬のことを悪く言う。だから私たちは嫉妬を「許せない激情」として経験する。私たちは単に「嫉妬している」と認めることを許されないだけでなく、「嫉妬を感じる」ことも許されない。今日、嫉妬は政治的に正しくないのだと、彼女は警告する。

嫉妬にまつわる社会的バランスの見直しは、家父長制度的特権から抜け出す重要なシフトの一部だったが、おそらく度を越したのだろう。私たちの文化的理念は、時に私たち人間の傷つきやすさに我慢しきれなくなる。そして、愛につきものの傷つきやすさや、心が自己弁護を必要とすることを、計算に入れ損なう。私たちがもし希望のすべてを一人の人間に託したら、私たちの依存性はいや増す。あらゆるカップルが、認めようが認めまいが、第三の人物の存在に脅かされながら暮らしている。そしてある意味、カップルの絆を強くしているのは、そんな潜在的な他者の存在なのである。アダム・フィリップスは著書『モノガミー』の中に「二人は友達だが、三人はカップルだ」と書いている。私はこれに気づいているからこそ、現代の恋人たちが抑えこもうとして抑えきれない嫉妬という感情により共感できるのだ。

嫉妬は矛盾だらけだ。ロラン・バルトの鋭い舌鋒によれば、嫉妬している人物は「四倍苦しむ――嫉妬しているから、嫉妬している自分を責めるから、自分の嫉妬が相手を傷つけるのではないかと恐れるから、そんな陳腐な感情に支配されているから。そしてのけ者にされることを恐れ、攻撃的になることを、気が変になることを、並の人間に成り下がることを恐れる」

さらに、こちらは嫉妬していることを認めるのをためらっているのに、パートナーの方はまったく自分に嫉妬していないのではないかと心配になる。「嫉妬しないなら愛していない」というラテン語の古い諺がある。この論理を私たちは自分自身に対しては当てはめないにしても、他の人に対しては当てはめがちだ。映画「明日に向かって撃て」の一シーンを思い出す。ある朝、ブッチ（ポール・ニューマン）は友達サンダンスの恋人エタ（キャサリン・ロス）をサイクリングに連れ出す。彼はエタを家の前で下し、ハグをする。サンダンス（ロバート・レッドフォード）がポーチに現れ、「何してるんだ?」と訊く。「お前の彼女を盗んでんだよ」とブッチ。「お前にやるよ」とレッドフォードはトレードマークのポーカーフェイスで切り返す。若い女性としてこのシーンを見たことを覚えている。他の人たちはみんな、この男友達特有の信頼の誇示を楽しんでいたようだが、私はこんなふうに考えていた――「彼がもっといやがったら、彼女はもっと愛されてるって感じられるのに」

所有欲の板ばさみ

ポリーは大西洋の向こうから接触してきた。過去三〇年近く、夫ナイジェルの揺るぎない道徳観を信じきっていた末に、そんな彼さえもが中年の危機には精力増強剤の魅力に屈してしまったことを発見し呆然としたという。相手はクラリッサという名の若い女性。「彼は絶対に浮気しない人だって、命を賭けてもいいくらい信じていたのに!」ポリーは私に言った。ところが、四人の子どもが自慢の子煩悩な父親でもあるナイジェルは、自分が不倫をしているとは思っていなかった。自分がしているのは恋で、ポリーと別れてクラリッサと新しい人生を歩むことすら真剣に考えていた。だが、彼にとって実に口惜しいことに、彼の黒い瞳の愛人は身軽な人生を好み、彼には抱えているものが多すぎると判断した。ナイジェルは悄然としたものの、少しほっともした。そして、家族の元に戻って、今となっては「一時的な狂気」とでも呼ぶものに終止符を打つ決意をした。

五〇歳になろうとするこの英国人カップルとの初回のセラピーで、私は彼らについてよりも愛人についてより多くを知る羽目になった。ポリーは彼女について話すのをやめられなかった。

「あの女のことを頭から追い払えたらどんなにいいか。でも、ナイジェルが彼女に送ったメールに書かれていた場面がフラッシュバックし続けるんです。あれは愚かにも単に肉体に溺れていただけだって、あの女にはっきり言ってほしい。きっと彼女はナイジェルとの間にあったものが私たち夫婦のそれよりずっと意味のあるものだったと信じていて、いい気になっているに違いないわ。事実をはっきりさせるべき——彼が愛しているのは私で、あの女じゃないって。そうしてくれたら、私はこのトラウマから解放されるかもしれない」彼女の痛みはひしひしと伝わってきたが、同時に彼女の要求の中にはまぎれもない嫉妬の叫びがあった。

それを指摘すると、ポリーは見破られた気がしたらしい。否定こそしなかったが、明らかに動揺していた。嫉妬している人物は自分が思いやりのある性格ではないことにも、また嫉妬の苦しみが同情よりむしろ批判を呼ぶことにも気づいている。かくして人々はプルーストが「追い払えない悪魔」と呼んだ嫉妬に、もっと社会的に受け入れられる別名を授けた。「トラウマ」「強迫観念」「フラッシュバック」「不眠症」「執着障害」は裏切られた愛に対する現代用語だ。このPTSD的な枠組みは愛の苦痛を正当化するものの、ロマンチックなエッセンスを剥ぎ取りもする。

私はポリーに、彼女の感じている嫉妬は自然な反応であり、恥ずべきものではないと言って安心させた。嫉妬を認めることは愛を、競争を、比較を認めることである——それらすべてがその人の傷つきやすさをあらわにする。そして、自分を傷つけた人物に対して自分自身をあらわにすれば、さらに傷つきやすくなる。

緑色の目をしたモンスター（嫉妬）は私たちが最も無防備なときに私たちをからかい、私たちの弱さや、失うことに対する恐怖や、自尊心のなさを浮き彫りにする。これは根拠のない疑いが、子ども時代のトラウマにより増幅されて生じた妄想や病的な嫉妬（「黒い目のモンスター」と呼ばれることもある）ではない。これは愛に、したがって不倫に、本来含まれている種類の嫉妬なのである。このシンプルな言葉に含まれているものは無数の強烈な感情とリアクションであり、それらは嘆きから、自信喪失、所有欲に対する羞恥と競争心、欲情と興奮、執念深さと報復、そして最終的には暴力に至るまで、実に広い範囲にわたっている。

ポリーにどう感じているかをもっと話すよう促した。「時々、私は自分が残念賞であるかのように感じるんです」彼女は打ち明けた。この世代の女性として、彼女はそれでは満足できない。「あの女に彼が私のもとに戻ってきたのは私を愛しているからだって知ってもらう必要があるんです……罪悪感や義務感からではなく、まして、彼女にふられたからではなく」

ほらね、こうして私たちは所有欲の作り出す痛しかゆしの状態にはまり込む。相手を所有しコントロールしたいという願望は、愛の渇望だけでなく、愛の倒錯にもつきものだ。私たちはパートナーを自分のもとに戻って来させようとする。でも、彼らにただ義務感から戻って来てほしくはない。自分が選ばれたのだと感じたい。さらに、自由と自棄を奪われた愛はもはや愛ではないということも私たちはちゃんと知っている。それでいて、そんな自由の存在を許すのは怖いのだ。

もしポリーとナイジェルに数年前に会っていたら、私の関心は裏切りとトラウマに傾き、嫉妬深い愛の儀式を把握できずにいたかもしれない。この嫉妬という追放された感情に新たな光を当て、結局、不倫は単に破られた契約なのではなく、破られたハートのことなのだと思い出させてくれたシェインクマンに、私は感謝している。

トラウマ？　それともメロドラマ？

文化的な時代精神を考えると、今日の不倫においては〝愛〟が中心的存在であることを認めることは重要で、嫉妬はこの会話の入り口になる。もちろん、嫉妬は時に度を超したものになる――私たちを虜にし、内から破壊し、極端なケースでは攻撃や暴力さえ引き起こす。だが他のケースでは、事実、燃えつきてしまうしかない関係の最後のエロスの残り火になる――だからこそ、それは二人の間にもう一度火をつける手段にもなる。

アヤーラ・パインズは『ロマンチック・ジェラシー――嫉妬について私たちの知らないこと』（筑摩書房）に「嫉妬は愛の影である」と書いている。なぜなら、それは私たちにとって相手や相手との関係が重要であることの証明だからだ。この考えをセラピーに取り入れることにより、私はポリーとナイジェルのようなカップルに、不倫は単なる契約違反ではなく、挫折した愛の経験なのだということを思い出させる。

嫉妬は隠すことができないので「正直な感情」であり、「その苦しみを勇敢に抱えつつ、傷つきやすさを認める謙虚な尊厳もある」とシッサは書いている。おもしろいことに、嫉妬（Ｊｅａ lousy)という言葉の語源はギリシャ語のZelosにさかのぼるが、これは「熱情」を意味する。私はこのコンセプトが好きだ。それなら私は人々に相手を罰することに囚われるよりむしろ、闘う対象を与えられる。

多くのカップルがこの新しい解釈を好むのは、彼らが自分たちを結婚という制度での敗者よりむしろ、メロドラマの主人公だと見なしたがるからだ。「あなたは私の夫だから、あなたは私に誠実であるべきだ」という契約違反の訴えは個人の幸福が何より重要な今の時代にはもはや通用しない。「あなたを愛しているから、あなたを取り戻したい」という訴えは危険だけれども、そこには情緒的でエロチックなエネルギーがあり、痛みに品位が与えられる。

彼の不倫で欲情する私って変？

「夫とセックスするとき、時々だけど、私は自分があの女だって想像するんです。クラリッサは三五歳の肉感的なスペイン人のバーテンダーで、胸が大きくて、スペイン訛りがあるんです」ポリーは当初のためらいを乗り越えると、嫉妬が生み出す空想について率直に話し始めた。「二人とも全裸なの。閉店後のカウンターの後ろや、公園の茂みの中や、月明かりの浜辺なんかで……。とっても興奮するんです。ずっと私は彼にそんなことをしてほしかった。捕まるリスクを冒してしまうほど、私に欲情してほしかった。だから今では彼らに私のファンタジーを盗まれたっていう気がしています。彼の不倫で欲情する私って変ですか？　あとでいつも屈辱を感じるわ。

でも、彼女のことが頭から離れないんです」

クラリッサとしたようなセックスを自分ともしてほしいとポリーは私に言った。「彼女がどんなふうに感じたかを知りたいから」と。でも、それがほんとうの理由？　私はポリーに言った。「彼女が彼女と感じたときのようにあなたとでも感じられるかどうかを知りたいんじゃないの？　私にはそう思えるわ」

不倫が発覚したあとの夫婦の性生活はどんな具合かと尋ねた。いささか恥じ入りながらもポリーは答えた。「これまでになかったほどエロチックです。強烈で、熱くて、我慢できない感じ」

私の出会う多くのカップルが、恥ずかしがりながらも不倫発覚後に性欲が掻き立てられたことを認めている。「私を裏切った人間にどうして欲情できるんだろう？　あなたのこと、すごく頭にきてるのに、あなたに抱いてほしい」そんなふうに、自分を見捨てたばかりの相手と肉体的につながりたいという欲求は驚くほど一般的だ。

エロスは私たちの理性に従ってくれない。性科学者ジャック・モリンは著書『エロチック・マインド』の中で「エロチシズムの四つの礎石」を特定しているが、その第一が「憧れ」――すなわち、ないものに対する願望だ〔原注・モリンの他の三つの礎石は、禁断破り、パワーの探求、ためらいの克服〕。なぜ不倫によりトリガーされた喪失に対する恐怖が、場合によっては何年も眠っていた性愛の火を燃え上がらせるのかが、これにより理解できる。それどころか、人によってはポリーのように、伴侶と愛人の絡み合った肉体が頭から離れず、それが思いもよらない媚薬になることもある。嫉嫉妬は奇跡をもたらすとも言われてきた。ナイジェルは愛人との湯気の立つような熱い関係を途中で放棄したのだが、それが刺激剤になった。愛人との関係がただの不倫以上のものだったというナイジェルの告白が、さらにポリーの性欲の火に油を注いだ。ポリーのケースでは、嫉妬が彼女の結婚の再生に中心的役割を果たすのではないかという気がしている。

あなたのと同じような味、でももっと甘かったわ!

無論、不倫がいつでも媚薬になるわけではない。しばしばそれは真逆の働きをする。嫉妬に燃える心は飽くことなく質問したがる。そして、愛人とのセックスについて細かく掘り起こせば掘り起こすほど、自分との比較において不利な返事を得ることになりかねない。マイク・ニコルズの二〇〇四年の映画「クローサー」では、ラリー(クライヴ・オーウェン)は妻のアンナ(ジュリア・ロバーツ)がダン(ジュード・ロウ)と不倫していたことを知ると、アンナを質問攻めにする。「ここでやったのか?」「いつ? いった? 何度いった? どんなふうに? どんな体位で?」

アンナがコートを着る間も、ラリーはアパートの中を追いかけ回して質問する。彼女の答えが彼の怒りを煽るにつれ、尋問の内容は一気に露骨になっていく。ついに玄関口でアンナは振り向き、ラリーに面と向かって言った。「私たち、みんながセックスするときにやるようなことをすべてやったわ!」

彼はそれでも満足しない。「フェラチオも楽しんだ? あいつのペニスはどうだった? あいつに顔射されるのは好き？　どんな味だった？」

苛立ちも限界に達し、彼女はわめき返す。「あなたのと同じような味、でも、もっと甘かったわ！」

彼の怒りはしぼみ、苦々しい嫌みに変わる。「そうこなくっちゃ。さっさとくたばれ！」

フランソワ・ド・ラ・ロシュフーコーが言うように「嫉妬は疑いを煽るが、疑いが確信に変わったとたん、それは逆上に変わるか、もしくは存在しなくなる」

ライバルの体について細かく知りたがるのは男性に限らない。嫉妬に駆られた女性が、まさに男性がやるように露骨に、ライバルの肉体のあらゆる部分を自分のそれと比べたがる話は聞いたことがある。あちらはDカップ。私のは普通の大きさ。あちらは何度もいくらしい。私は一度いけばいいほう。あっちは噴水みたい。私は潤滑剤が必要。あちらはフェラチオが大好き。私はにおいが苦手。誰もがアラニス・モリセットの歌の忘れられない一節を聞いたはず――「彼女は私くらい変態かしら？　彼女は劇場であなたにフェラチオするの？」

羨望と嫉妬がからみ合うとき

「羨望《エンヴィ》と嫉妬《ジェラシー》ってどう違うんですか？」とよく質問される。私が便利だと思う定義は「羨望はほしいのに手にしていない何かに関係し、嫉妬は手にはしているが失うことを恐れている何かに関係している」というものだ。したがって、羨望が二人で踊れるタンゴなのに比して、ジェラシーのダンスを踊るには三人の人間が必要になる。羨望と嫉妬はいとこ同士ともいえる緊密な関係にあり、しばしば二つはからみ合う。

私の友人のモーガンは五〇代の洗練された、頭の切れるジャーナリストだ。彼女は夫イーサンの愛人クリオに対する嫉妬と、彼らが分かち合っているものに対する羨望を区別できないでいた。最初のうち、イーサンはただ自らの不倫を妻に打ち明けただけだった。次にモーガンはイーサンの過ごしている至福の時間の記録をPC上に発見した。「どうやって耐えたかって？　妄想のような別の現実の中に引きこもっていたの」彼女は振り返る。イーサンを自分のものにすることはできなくても、少なくともPCの向こう側にある彼の情事を盗み見することはできた。「半狂乱のマゾ」になって、夫の愛人のInstagramその他に熱中した。

「クリオは地上の女神そのものなの。相手への憧憬に輝く瞳、引き締まったボディ、すべてをお見通しの微笑み——すごく自然で、若々しくて、とってもセクシー。しかも、この完璧な創造物が独立系の映画製作者なのよ。おまけにヨガの修行者で、急進的な運動の闘士で、冒険家でもあるの。足の指にもリングをするくらいお洒落で、心が明るい幸福感で満たされていて、それが深いところから泡立って、まわりのすべての人の迷いを取りのぞく最高に陽気な妖精なの」この幾重にもなる理想化の一つ一つが、自己否定の影で覆われていた。「もし今回のことで私が学ぶべきことが、私が女として十分でないってことだとすれば、少なくとも私はこのスーパーウーマンを通して代わりの人生を生きることができるわ。何度、彼らの高尚な会話を拝聴したかしら？　彼の空想の中で、私は何千回も死んであの世に行ったのよ」

どうしてイーサンよりクリオにばかり気持ちが向いているのかと訊くと、こんな答えが返ってきた。「彼は罪を冒したというより私を超えたのね。彼の新しいベターな恋人に私は負けたの。キャプション付きの写真の一枚一枚が、彼は素晴らしい生涯の恋人を見つけ私は捨てられたのだという新たな証拠を、私の熱にうかされた心に焼き付ける。だから『裏切り』だの『違反』なんて言葉は私にとっては的外れ。そういった言葉には、被害者である私の〝仇を打とう〟とする非難がいっぱい含まれている。私がぼんやりした自我の崖っぷちで感じている、彼を惹きつけておくには私は不十分なんだってことをはぐらかしている」モーガンが自身に押しつけている痛みの激しさは、羨望と嫉妬の有毒性の化学反応から生まれている。彼女のこの病的な執着の下には、恥の念と自信喪失が潜んでいる。彼女はさらに自分を痛めつけるために、イーサンとクリオが自分のことを「サキュバス〔寝ている男性に取りつき、誘惑してセックスをし、エネルギーを奪う魔女〕で、幸運にも彼はその支配から逃れた」と話しているに違いないと想像している。

私たちはパートナーと愛人が私たちについて話していると想像するとき、どんなに丸裸に感じることだろう。私たちの内的世界、私たちの秘密も弱さもむき出しにされる。「あの人、私のことをどんなふうに話したのかしら?」「あいつはどうせ自分のことを不幸な結婚の犠牲者のように話してるんだろうな?」「きっと私の悪口を言ってるわ、自分をいい人間に見せようとして」そんな強迫観念に取りつかれる。離れていくパートナーをコントロールすることはできないけれども、彼らが私たちについて話す内容はもっとコントロールできない。

まるで未亡人のように喪失を嘆き悲しんだ丸一年を振り返って、モーガンは言った。「場面と感覚が何度も何度も、まるで夢の安置所のように繰り返し再生されたの。最初のうち、それらは

6

嫉妬――エロスの火花

私の考えのあらゆる瞬間を乗っ取ったわ。そのうち、それが三〇秒ごとになった。最終的に私はそれを一分ごとに、それから数時間ごと、数日ごとにすることができた。思考の自由がないって、どんなだかわかる？」

自己の喪失についてのモーガンのこの雄弁な語りは、フランス人作家アニー・エルノーの声を思い出させる。『嫉妬』という小説の中で、彼女もまた、もう一人の女性に完全に心を奪われている状態を描写している。彼女は嫉妬を「占領されたテリトリー」――自身の存在のすべてが、場合によっては会ったことすらない人物に侵略されている状態――にたとえている。「私は良くも悪くも占領されていた……一方に苦しみがあった。もう一方で、私はその事実とこの苦しみの分析以外に何も考えられなくなっていた」

モーガンは友人たちの支えに、本に、映画に、慰めを見出した。ある種の〝中毒〟になっていると感じた彼女は、他の人たちがこの蛇の束縛を緩められるかどうかを知りたがった。自分が狂っていないことを知る必要があった。彼女は狂ってはいなかった。恋愛中の脳のｆＭＲＩ（機能的磁気共鳴画像）の研究をした人類学者のヘレン・フィッシャーによると、恋はまさしく中毒なのだそうだ。恋をしているときの脳は、コカインやニコチン中毒と同じエリアが活性化する。さらに、恋人にふられたあとも中毒状態は持続する――恋人を画像で見れば、脳の同じエリアが活性化し続ける。失われた恋についての中毒的思考を断つ方法はドラッグ依存を断つ方法と同じだと彼女は結論している。だが、恋人たちはとっくにそのことを知っていて、ｆＭＲＩが発明されるはるか昔から、恋は中毒だというたとえは人々の心をとらえていた。

こういった生物的回路の活性化に加え、モーガンは幼少時代の喪失経験という心理的回路にもはまっていた。彼女は数多くの見捨てられた経験を追体験していたのだ。そのいくつかは記憶にないほど小さいときに起きたものだ。それでも彼女の体が精神医学者ベッセル・ヴァン・デア・コークの言葉を借りれば「スコアを記録」していた。傷ついた愛が他のいくつかの傷ついた愛の上に重なる。そして年月を超えて、今回の裏切りが過去のすべての裏切りの残響を誘発する。

時間の経過とともにモーガンは「ニューロンが冷えてきて」、ついには「狂気を脱却した」と振り返る。二年後、彼女の受信箱に突然、イーサンからの「もう一度チャンスを与えてくれ」というメールがあった。彼女のサバイバル本能が即座に「ノー」と答えた。「あの挫折から自分を建て直すのにどれだけの努力が必要だったか。でも、今もって答えられない質問が一つある——ふたたび誰かを信用するにはどうすればいいの？」

愛の奪回

モーガンの場合、ライバルとの競争は彼女を自己消滅の淵まで追いやった。自信を取り戻すためには、もう一人の女の支配を断ち切る必要があった。反対にポリーのケースでは、競争は官能的だった。他の女がナイジェルをほっしているという事実が彼女を結婚生活の倦怠から引っ張り出し、今一度、彼を性欲の対象に、また彼女自身を追い求められる存在に復帰させたのだった。第三者の欲情した視線ほど、夫婦の互いに対する認識——家族としての馴れ合い的認識——に挑

6

嫉妬――エロスの火花

戦するものはない。

不倫発覚から一年後、ポリーとナイジェルの近況を知る機会を得た。うまくいっていると彼らは言った。ナイジェルは心からの悔恨を口にし、夫婦関係の修復に全身全霊を注ぎ込んでいた。ただ一つ、問題が残っていた。それはポリーがまだ「あの女」のことを考えずにはいられないことだった。

ポリーが言うに、地元のセラピストにかかったところ、ＰＴＳＤの診断を受けたという。絆と信頼を取り戻すためにマインドフルネス〔瞑想ベースの自己啓発法〕や呼吸法、ナイジェルと長時間見つめ合う注視療法により、邪魔な考えの排除に取り組んでいるそうだ。「もっと安全だって感じられれば、あの女のことは考えなくなると思うんです」

「もちろん、その部分が完全に解決すれば、すごくほっとするでしょうね」私はポリーに言った。だが、彼女との初めころの会話を思い出し、私は別の見方を提案してみた。「どうしてその考えを取り払わなくてはならないの？　それってまったく自然なことなのよ。それに、その考えはあなたにとってもいいことをしたのよ！」ポリーはトラウマを負った被害者というよりむしろ、愛と嫉妬により活力を得た女性に見えた。「言わせてもらうなら、〝あの女〟はあなたにとって最高の刺激剤だったの。あなたは今、キラキラ輝いているわ――前より生き生きして、魅力的で、アクティブで、性的にも冒険好きだわ。それらはすべて、あなたたちの関係にはプラスなのよ」

ナイジェルはポリーがどんな反応をするかがわからず、おどおどした顔で私を見た。ポリーは微笑んでいる。私の経験では、このような立場にあるカップルにとっては、トラウマについてのどうすることもできない訴えからついに抜け出して、かつての慣れ親しんだ話題――夫婦の間に失われた愛について――に戻ることは、しばしば安堵の源になるようだ。

ポリーの同意を示す微笑みに勇気を得て、私は微笑み返した。すると、あるアイデアが浮かんだ。それは控え目に言ってもかなり大胆だけれども、ポリーに彼女が求めている一種の安心感を与えられるかもしれないと思った。「これを一歩、先に進めてみましょうよ。たぶん、クラリッサのことは脳裏から消す代わりに、積極的に記憶しておくべきなのよ。この女性を祀る祭壇でも作って、彼女があなたにしてくれた良いことすべてに対し、感謝の意を表明することを想像してみて。毎朝、家を出る前にちょっと時間を作って、このあなたにとっての最も意外な恩人に一礼してお礼を言うの」

この、むしろ不届きな提案がポリーを苦境から救い出せるかどうかは、私には知る由もない。だが、目指しているものはわかっていた。それは彼女にパワーを取り戻させることだ。医学用語では、この種のホメオパシー的療法は、症状の処方と呼ばれている。症状は無意識に表れるもので、私たちはそれを消すことはできない。だが、同じ症状を引き起こすものを処方すれば、それに対し主導権を握れる。加えて、儀式を行うことは長引く苦しみに新しい意味を与える。ここで起きるどんでん返しは、加害者が解放者になることだ。数カ月後、ポリーに短い連絡を取ると、遊び心は見事な成果を上げていた。明らかに、この種のアプローチは誰にでも向くものではない。でも、この方法が功を奏したケースの数は、私の予想をはるかに超えている。

人は嫉妬を超越できるか（すべきか）？

嫉妬について語るときに避けて通れないのが、長い間答えのでない「氏か育ちか」の問題だ。嫉妬は人類の進化の過程で人に深く刻まれた、人間に生来備わっているものなのだろうか？　それとも、それは学習した反応であり、モノガミーについての時代遅れの考えから生まれた、社会に適合するための一種の複合心象〔心理学用語。いくつかの心象や概念の集まり〕なのだろうか？　この議論は、嫉妬というトピックを扱った昨今の論文の最先端にある。

進化心理学者たちは、あらゆる社会に見られるという嫉妬の普遍性に注目する。彼らは、嫉妬は遺伝子に組み込まれた生まれつきの感情であるとし、研究者デイヴィッド・バスは、「祖先の利益にかなうよう完璧に仕立て上げられた適応メカニズムで、引き続き、今日の私たちの利益になってくれそうだ」と言っている。

一方、発達心理学者たちによると、嫉妬は喜び、悲しみ、怒り、恐怖などからかなり遅れて、赤ん坊が生後一八カ月になったころに出現する感情だ。なぜ、そんなにも遅いのだろうか？　それは、嫉妬は羞恥や罪悪感と同じく、自身と他者を区別できるレベルの認知発達を必要とする感情だからだ。

嫉妬に関する他の大きな論点にジェンダーがある。古典的な位置づけとして、男性は子どもがほんとうに自分の子かどうかがわからなくなるリスクの中に、女性は子どもを育てるのに必要な父親の愛情と財源を失うリスクの中にそれは根付いた。したがって、女性の嫉妬は主に感情的なもので、男性のそれは性的なものだというセオリーが受け入れられている。おもしろいことに、調査結果によると、ホモセクシュアルの人たちの間には反対の現象が見られる。レズビアンの女性はゲイの男性に比べ、より性的な嫉妬を表す傾向にあり、ゲイの男性はレズビアンの女性よりも感情的な嫉妬を表している。この反転現象を見るに、おそらく、私たちは最も不安を感じている部分に最も大きな脅威を感じるのだろう。

過去数年間、嫉妬についての昔ながらの考えや態度を打破しようと決意している人々に数多く出会った。そういった人々は、合意のもとノンモノガミー（非一夫一婦）を実行しているカップルの中に特に多く見られた。そのうち何人かはポリーの体験をもう一段レベルアップさせ、故意に嫉妬をセックスの刺激剤として使っていた。他の人々は嫉妬を超越しようと大変な努力をしていた。ポリアモリー〔多重的恋愛や性愛を認め合う関係性〕を実行する人々の多くが、自分たちは〝コンパージョン〟と呼ばれる新しい情動反応を身につけたと主張した。それは、パートナーが他の人とセックスを楽しんでいる場面を見て幸福を感じるという反応である。複数の性愛関係を認め合おうとする彼らは、積極的に嫉妬を乗り越えようとしている。嫉妬を、自分たちが超えようしている所有的関係の枠組みの本質的な一部だと見なしているのだ。

「時には、彼女が私以外の（女性の）恋人たちの一人といるのを見ると、確かに嫉妬を感じるわ」アナは私に言った。「でも、そんなときは自分に言い聞かせるの。それは私の気持ちだから、それをどう扱うかは私にかかってるんだって。彼女が誰かを誘惑したからって彼女を責めはしないし、彼女の自由を制限するような行動をとることを私は自分に許さない。彼女は私にそんな行動をとらせるような挑発的なことをわざとはしないし、私も彼女に対してそれは同じ。でも、互いの気持ちまでは責任はもてない」これは従来型のカップルから典型的に耳にする態度ではない。彼らは相手を不必要に動揺させるような態度は慎むことを互いに求める傾向にある。とはいえ、私は強烈な嫉妬の攻撃に苦しむノンモノガミーのカップルに数多く会ってきた。

私たちがこのあまりにも人間らしい特質を超越して進化できるのか——すべきか——どうかは、今はまだわからない。確かに家父長制的所有の考えに根差した嫉妬については考え直す必要があるだろう。また、互いに相手の頭の中まですべて知る権利があると考えるカップルは、互いへの束縛を緩めることでしばしば逆に関係は強くなる。だが、嫉妬を過去のものにしてしまう前に、エロスのささやきに耳を傾けてみよう。あまりに多くの長期にわたる関係が、嫉妬のような不安な感情よりむしろ、馴れ合いやセックスレスに苦しんでいるこの世界では、このエロチックな天罰は、もし私たちがそれのもたらす痛みに進んで耐えるなら、むしろ役立つかもしれない。

7

自分を責めるか、復讐するか――諸刃の剣

私の舌は私の心の怒りを語るだろう、さもなければ、
それを隠す私の心が壊れてしまうだろう。

――シェークスピア『じゃじゃ馬ならし』

愛の裏切りの剣は諸刃である。それは自身を切りつけるために――自分自身の欠点をえぐり出し、自己嫌悪を増すために――使える。それはまた報復にも――与えられた耐えがたいほどの苦しみを、相手にも味わわせるために――使える。刃を内側に向ける人もいれば、現実または空想の中で罪人に向ける人もいる。鬱から激怒へ、無気力から怒号へ、フォールからカウンターアタックへと、裏切られた者は揺れ動く。

「ある日は二人でこれを乗り越えたという気がする。でも次の日にはあいつに対する憎しみが戻ってきて、二度と顔も見られないと思う」ガイヤは私に言った。「今回のことにあまりに寛容だった自分に腹を立ててるんだ。理解がありすぎた。すると、あまりにお人好しのバカだった自分自身にイライラしてきて、家の鍵を取り返して、娘にあいつのしたことをぶちまけたくなる。あいつのせいでおれの心はまるでジェットコースターだ。ただ自分がいい気になりたいがために、お

れの世界を揺さぶったあいつが憎い。あいつの身勝手さのせいで、おれはめちゃめちゃだ」

バディは浮気者の妻に対する怒りと自己卑下がエスカレートした結果、絶望の淵に追いやられた。「気がつくとベッドに横たわって号泣し、口に銃を突っ込んで引き金に指をかけていた。あのときがどん底だった」彼はそう言った。だが続く言葉に剣の反対側の刃が現れた。「妻が大丈夫かってメールしてきたので、言ってやりましたよ。『ああ、きみの〝大丈夫〟に、散弾銃を口に突っ込むことが入るならね』って」実行はしなかったものの、自殺寸前までいったとき、バディは相手に対する恨みと自己破壊をいっしょくたにしていた。「お前はおれにこんなことをさせたんだ」と。

私たちのリアクションは時に自分にとってさえも予測がつかないものとなる。ミングは声を荒げることなど絶対にない、おだやかな物腰の有能な介護士だ。彼女は見事に自己非難のテクニックを完成させていた。人生を振り返っても、何か悪いことが起きたときに自分のせいでないと考えたことは一度もなかったそうだ。「私のせい――私の子ども時代はこの一言に要約されます」彼女は振り返る。だが、夫がネットで浮気相手を探していたことを発見したときに彼女の口から出てきた怒号は、夫以上に彼女自身を驚かせた。何年もそんなふうに怒りを爆発させたことはなかったのだ。「彼が言い訳しようとするたびに、黙れ、ゲス野郎！　って叫んでた。まるでもう一人の自分が出てきて、私を守ってくれてるみたいでした。長い間、彼に好き勝手なことをさせてきて、それは全部私のせいだと考えてたんです。私はいつだって自分がもっと頑張らなくてはと思ってしまう。実際、彼も自分が浮気するのは私のせいだと思わせようとしていた。週に二回しかセックスできないから友達全員に気の毒がられてるって私に言ったんですよ。罵倒してやりました」

自己非難の残酷な論理

「シャワーの音がしたので帰宅したことを知らせようとバスルームに行ったら、妻がいました。素っ裸で、ぼくの親友と」ディランは思い出して身震いした。「何より驚いたのは、彼女が別に何でもないって、ちょっと走って来たのでシャワーを浴びてるだけだって言ったときに信じたことなんです。人ってどれだけバカになれるんでしょう?」

ディランとナオミはこの出来事から立ち直り、以前の状態に戻ったかのように見えた。だが、ある日、犬を散歩させていたとき「突然、ひらめきました。彼女はあいつと不倫してるって」妻の日記を見つけ、そこから破綻が始まった。「彼女は嘘をつき続け、ぼくは攻撃し続けた。受けたセラピーはひどくて、友達からのアドバイスも間違っていた。最悪なのは、ぼくはいつも自分が彼女を愛しているほどには彼女に愛されていないって感じていて、そのたびに彼女に『あなたはただ訳もなく不安になっているだけ』って言われていたことなんです。でも今、はっきりとわかりました。訳もなく不安になってたんじゃなかった。ぼくは正しかった。いや、少なくとも不安になったのは正しかった」

裏切られた直後には、人はそれまでもなんとなくわかっていたことだが、自分にはまったく価

7

自分を責めるか、復讐するか——諸刃の剣

値がないと思いがちだ。その聞き慣れた内なる声は混乱状態の中に湧き上がり、事実、きっとお前のせいだと宣告する。自身、どこかで、当然の報いではないかと考えている。

不倫することを選択するのは片方だが、ほとんどのケースで、それが起きる場合には二人の関係に何らかの問題があり、双方に責任がある。セラピーでは、適切なタイミングを計って二人同席で行うことが必要になる。しかし、そこでは以下のように、二つの感情をしっかり区別しなくてはならない。つまり、不倫が起きる一因になったかもしれない状況を作り出したことに対し責任を感じることと、実際に起きた不倫に対し自分自身を責めることは、まったく別なのだ。だが、ショック状態にあるときには、この二つは簡単に混同されてしまう。過度な自己非難が、自分についての嫌いな部分をさっさと呼び寄せて、それらをパートナーの不貞の理由にしてしまう。

ディランはこの手のネガティブな誇大妄想を受け入れやすい人物だった。自己憐憫があっという間に自己批判に変わった。「たぶん、彼女をあいつの腕の中に追いやったのはぼくなんです。ぼくといると生気を吸い取られるみたいだって、彼女はよく言ってました。ほしいのは本能のままに行動する男だって。よくいる愛情を求めるニューエイジの繊細な坊やじゃなく」

彼の自信喪失にさらなる追い打ちをかけたのは、まわりの人たちのほとんどが一年近くも何が起きているかを知っていたという事実だった。「知らなかったのは自分だけ」という発見は、身をよじるほどの恥ずかしさに加え、自分の情けなさを思い知らされる。要するに「ぼくに教える気になるほどには、誰もぼくを大切だとも思わなければ、敬ってもいなかったんだ」ということになる。彼は恋人と親友に裏切られただけでなく、友人たちの目から見た仲間としてのステイタ

スまで失った。陰で彼らは噂話に興じているだろう、と彼は想像する。哀れむならまだしも、笑っているかもしれないと。

今度はあなたが苦しむ番！

ディランはひたすら自分を責めていた。私は彼の中にナオミに対する怒りが芽生えるのを待ち続けた。正当な怒りの権利があることを彼は知っていたが、それに手を出すまでに一年の月日がかかった。だが、私の出会う人々の多くは彼とは真逆のプロセスをたどる。まず激怒し、喪失に対する悲しみや自省はあとからやってくる。そして、その激怒は報復へのすさまじい衝動を引き起こす。それは古代からある傷ついた者の儀式だ。

復讐に燃える心はとてつもなくアイデアが豊かだ。「夫の裁判記録を引っ張り出して、コピーを不倫相手の両親に送ってやったわ。娘がどんな男と寝ているかを彼らは知るべきだと思ったから」「おっと！　彼のお気に入りの服をシーツといっしょに高温のお湯で洗ってしまった」「あの女のママ友たちに彼女がしたことをぶちまけたの。私なら、自分の子どもをあんな母親のいる家には行かせたくないから」「彼があの薄汚い売女と週末旅行に行ってる間に、ガレージセールをして彼の私物を全部売っちゃやった」「おれたちのセックスの動画をPornHub〔投稿サイト〕に投稿してやった」ふられた恋人は報復を求める。「無罪放免とはいかない。きっちり罰は受けてもらう」と。

報復は「五分五分に」なるための試みであり、そこには執念深さと遂行後に予測される喜びが反映される。ギリシャ神話で、旧約聖書で、無数の恋愛小説の名作の中で、復讐する英雄たちは威風堂々と闊歩していた。現代の文化はそれほど野蛮ではないと言い張るかもしれないが、私たちも私たちなりに報復を祝う——特にその罪が不倫である場合には。下劣な男が天罰を受けるのを見るのは楽しい。ボリュームをいっぱい上げ、恋人がバーで〝ブリーチしたブロンドのあばずれ〟と踊っている間にどんなふうにバットで彼の車のヘッドライトを壊したかを歌うキャリー・アンダーウッドの声に合わせ歌う。最も極端なケースの、いわゆる痴情怨恨による殺人さえもが、特にラテン系の国々では冷酷な殺人よりも寛大な処罰を受ける。

互角に

不倫の発覚と同時に、結婚のスコアボートが点灯する。与えたものと受け取ったもの、譲歩と要求、お金の分配、セックス、時間、双方の親きょうだい、子ども、家事。ほんとうはしたくなかったのに愛の名のもとに行ったすべての事柄から今、行う意味を与えていた背景がはぎとられる。「もちろん、あなたが夢見ていた仕事をするためですもの、シンガポールについていくわ。私は大丈夫、きっと新しい友達ができるわ」「あなたの宗教ではそうすることが正しいのなら、息子に割礼をしてもかまわないわ」「きみや子育てのためなら、喜んでキャリアはしばらく犠牲にするよ」「お義母さんにここに住んでもらっていいよ。ぼくが介護することになるだろうけど」「そんなに君にとってそのことが重要なら、いいよ、もう一人、子どもを作ろう」不倫が二人で築こうとしていた未来を奪ったとき、過去に払った犠牲は意味を失う。

二人の関係がうまくいっているときには、大らかさを生む愛や懐の深さがある。「私たちのために私はそれをした」は〝私たち〟という基本ユニットに信頼がある限り、道理にかなっている。ところが、不倫はこれらの潔い譲歩を茶番に変えてしまう。昨日はあんなにうまくいっていた妥協が、今日はもはや耐えられない犠牲になる。まっとうな限界が越えられない壁になる。昨日はバランスのとれていたパワーの配分が、今日は全力での綱引きになる。振り返れば、二人のために頑張ったすべての場面が積み重なる。後悔と抑え込んだ恨みの山が大音響とともに崩落し、償いを要求する。

ジェニーが博士課程の同級生と寝ていたことを発見したとき、ショーンは無条件に彼女を支えてきた年月へのお返しに、まるで平手打ちでも食らったような気がした。「相手の男をボコボコにしそうになりましたが、なんとか踏みとどまりました」代わりに彼は彼女の両親に電話した(相手の男より危険は少なく、ダメージはより大きい)。自分たちの娘がほんとうはどんな女かを知る必要があると思ったからだ。「彼女のほしがるものすべてを与えるために、ぼくはほんとうに頑張ってきた。役に立ちもしないのに学費はやたら高い中世史の博士号を取りたいからってフルタイムの仕事をやめることにも賛成したのに、……それの見返りがこれ？　あのクズ男に彼女の何がわかるんだ？　いいいひらめきを与えてくれるって？　年一〇万ドルの授業からはひらめきは得られないっていうのか？」ショーンは大きなものを強奪されたと感じている。そして今は、彼女の

7

自分を責めるか、復讐するか――諸刃の剣

人生をめちゃくちゃにしたいと思っている――彼女が彼の人生をめちゃくちゃにしたように。彼らは別れたが、ショーンの憎しみは別れる前よりもっと彼女に執着させている。

報復は卑劣だと見なされることが多いが、私は秘められた痛みの深さに敬意を払うようになった。惜しみなく注いだ愛が取り戻せないとわかったとき、人は婚約指輪を取り返す。それでも足りなければ遺言を書きかえる。それらはすべて、パワーを取り戻すための、埋め合わせしてもらうための、破壊した者を破壊するための、やけっぱちの試みだ。瓦礫となった一ドル一ドル、プレゼントの一つ一つ、大切にしていた本の一冊一冊が心の傷の一つ一つと一致するはず。だが、所詮それはゼロサムゲーム。報復の衝動の強さは、私たちを苦しめる恥ずかしさの度合いに一致する。この場合、最も深い恥は、相手を信じ続けていた自らの愚かさだ。

ショーンに理を説くのは不可能だった。彼も頭では報復の虚しさはわかっていた。だが、はらわたが煮えくり返っていた。この段階の私からの働きかけには二つの焦点があった。第一が「抑制」だ。彼に「彼女にしたい最もひどいこと」のリストを作らせ、安全に保管するため私に送らせた。第二は「修正への挑戦」だ。不倫以前の二人の関係について彼が語る編集済みのストーリーには、彼とジェニーが下した決断の背後事情がほとんど抜け落ちていた。たとえば、過去には彼が学業を全うできるよう彼女のほうが彼を養っていたこともあったし、他にも二人で分かち合った経済的負担が数えきれないほどあったのだが、それらはまったく無視されていた。一方的な見方を修正するにしたがい、怒りの背景にある痛みが見えてくる。

裏切りには裏切りを

復讐に燃える心には理性的な言葉はなかなか届かない。時には、相手に同様の痛みを与えることしか、彼らを満足させせない。昔からある「目には目を」型報復の伝統にのっとって自分も不倫するというのは、よく使われる仕返しのランキングでは上位にのぼっている。このダークな戦術については、二人の女性が多くを教えてくれた。

ジェスは二〇歳年上のバートに恋をし、彼が妻を捨てて自分を選んでくれたときには天にも昇る気持ちだった。だが、彼の成人した子どもたちの抵抗はすさまじかった。この「金目当ての女」が彼らの母親の座を奪ったのだ。彼らは狡猾にもジェスに、彼女よりさらに若い女性が父親の「表向きは出張」に同伴しているという情報を漏らした。「よくもそんなことが私にできるわね！」ジェスはバートに詰め寄った。ジェス自身、過去の恋愛では必ずしも貞節な聖女だったわけではない。事実、二人という関係の危うさから身を守るために、常に三角関係に頼っていた。だが、バートの場合は違う、と彼女は説明する。彼がすべてだった。

さて今、彼女は「彼はただ嘘をついただけじゃなく、それをハネムーン期間にやったのよ！何年も結婚生活を送ったあとで退屈してたのならまだわかる。でも、私たちは新婚で、さかりのついたウサギみたいにやりまくっていたのに」

ジェスは自分の優位性を取り戻そうとした。バートに自分と完全に同じ気持ちを味わわせるため、〝目には目を〟の手段を取る決断をした。元彼のロブはジェスが玄関先に現れたのを見て有頂天になった。「それが何の役に立つの？」私は彼女に尋ねた。「友達が必要だったの」彼女は言い訳がましく言った。でも、ジェスのほしいものが単なる慰めでないことは、私には明らかだった。彼女が探し求めていたのは平衡だった。「あなたにとって正直であることはとっても重要だって言ったわね」私は言った。「だったら、ここで認めましょうよ。ロブは保険にすぎないって」

これは彼女のいいところだが、彼女はあっさり白状した。「私のやってることが褒められたことだとは思わない。私にとって得だとも思わない。でも、これはバートに仕返しする一つの方法なの。彼のしたことを考えれば、報いを受けるのは当然だわ」最初に浮気したのはバートのほうというのが、ジェスの浮気を完全に正当化している。

よく「復讐は蜜の味」と言われるが、研究結果でも、また現実にも、正反対の結果が出ている。行動科学者たちによると復讐では憎しみを消すことも、公正な裁きをすることも、苦しみに終止符を打つこともできず、事実、罪の不快さを延々と長引かせることになる。復讐の独善的な喜びは、私たちを過去の強迫観念に閉じこめる浅薄なものにすぎない。実際、相手に罰を与えるチャンスがなければ、私たちは別の関心事により早く移れるのだ。

私はジェスと、この計画的な元彼との復縁について話し合った。策略の道具に使うには、ロブとのかつての関係は大切すぎるのではないかと言ってみた。ロブはまだジェスとよりを戻したがっているが、彼女の本心はバートとの関係修復にある。彼女の心を癒すのに、ロブの心を傷つけるよりましな方法があるはずだ。

ライラニはジェスより一〇歳若いが、彼女のとった方法もまた昔ながらの作戦だった。カリフォルニア州オークランドの荒っぽい地区で育ち、「誰とでも寝る女」を自称していた。「一三歳のときの、宿題をやってくれる車付きボーイフレンド」を皮切りに、常に自分の体を使ってほしいものを手に入れてきた。

ライラニは男たちとの駆け引きで勝つ方法を早々に身に着けていた。「男に捨てられそうになると、出し抜いて私のほうから先に捨てたわ」だが、二九歳になったとき、このままではいけないと思った。OKcupid〔マッチングサイト〕を通してキャメロンと出会った瞬間に、彼はそれまでの男たちとは違うと感じた。「信頼できる誠実な人で、おまけにルックスもよかったの」

二年間、二人の関係はパーフェクトに思えた。ちょうどジェスのように、彼女もまたそれまでの生き方を改め、信頼することを学んでいた。「初めて別れ方を考えていなかったわ。なのに、そんな疑いを知らない至福の日々を送っていたある日、会ったこともない女性からFacebookのメッセージを受け取ったの。『あなたのことは知りません。でも、あなたの恋人が私と付き合っていることは知っておかれたほうがいいと思います。彼の口からあなたのことが出たことは一度もありませんが、あなたの写真をサイト上に発見しました。私は彼とはきっぱり別れるつもりです。ごめんなさい』って」

ライラニが調べると、キャメロンは見つかることを恐れたのか、サイト上の自分自身の存在を完全に消していた。問い詰めると、彼は不倫の事実を頭から否定した。でも彼女はひるまなかった。「嘘つきには嘘つきのことがわかるのよ」彼女は言う。「お膳立てをして待つことにしたわ。

7
自分を責めるか、復讐するか——諸刃の剣

白状する機会を与えたけど、そのたびに面と向かってしらばっくれた。それは今でも驚きなの」。ライラニはFacebookを使って例の女性に連絡を取り、何か証拠を送ってくれるよう依頼した。予測どおり、ライラニと同じくらい騙されたと感じていたこの女性は、喜んで求めに応じてくれた。「ルールその一、愛人をもちたいなら、その人に自分が愛人であることを知らせておくべき！彼女、完全にむかついてたわ」携帯メール、セクスト〔性的なテキストメッセージ〕、チャットなどのデジタル証拠を手にライラニはついに彼を追いつめた。

キャメロンが白状せざるを得なくなったその瞬間には「大きな喜びに打たれたけど、次には心がバラバラに砕けた」ライラニは言う。「生まれてこの方、ずっと私はビッチだった。男を利用して手に入れられるだけ手に入れ、あげくにさっさと捨ててきた。これが初めて真剣になった関係だったから、これに賭けてたの。ほんとうにいい男に出会ったと思っていたのに、蓋を開けてみれば、あいつは『この世はどうしようもない男ばかり』の証拠だった。今回は私がやられた。因果応報ね」

振り返って、ライラニは自問する。「これって、今まで私が他の男たちにひどいことをしてきた罰？」でも、それから女友達や数人の男友達に起きたことを話すと、彼らはこぞって復讐を煽り立てた。「みんな、同じことを言ったわ。彼に思い知らせろって。そうでないと、きっとこれからも同じことを繰り返すだろうからって」

ライラニもそのとおりだと思った。そしてプランを練った。「彼にも因果応報が必要だわ。私、ずっと3Pプレイに興味があったの。今、私にはそれをする権利があるっていう気がする。もし

彼にばれたら、それこそ私の思うつぼ。彼が傷つくのはいい気味。自業自得よ」

ジェスとライラニのケースでは、どちらも彼女たち自身が過去には浮気をしてきたのだから浮気をする人の気持ちがわかるだろうと思われるかもしれない。でも人はしばしば正義に対する独自の物差しをもっていて、自分がやられたことは、自分がやったことよりひどいと思い込む――おもしろいダブルスタンダードだ。

ジェスやライラニからそんな話を聞く私の心は沈んだ。彼女たちの気持ちは理解できるが、その戦術は究極的には逆効果だ。彼女たちは相手を出し抜く作戦にはまってしまっている。今なお男性優位の世界で同等になろうともがく多くの女性たち同様、彼女たちは「甘さ」と「強さ」の調整にもがいている。それは「私の元に戻ってきてほしい」と「戻っては来させない。それは危険すぎるから」のせめぎ合いだ。

二人はそれぞれ過去のすべての経験とは異なる今回の恋愛に一種の罪滅ぼしのような意味を感じていて、それに賭けていた。それが目の前で吹き飛んだ。そして今、彼女たちはたった一度の裏切りのせいで、自身を自己防衛の壁の後ろに引き戻しそうになっている。どんな女性もたった一人の男性に自身のロマンチックな理想を打ち砕かせるパワーを与えるべきでない。「あの男に裏切られたから、私は傷ついている」と「もう二度と恋はしない」の間には大きな違いがある。でも、ジェスもライアニもまだこの二つを区別できる状態にない。この世は二つの選択肢しか与えてくれていないと思っている――傷つけるか、傷つけられるか。くしくもライアニは言った。

「ビッチのままでいるべきだったわ。誰もビッチは傷つけないから」

復讐心との闘い

どんなに物のわかった人にも、復讐したいという気持ちは突然湧き上がる。このテーマについて幾度となく深い話し合いをしてきた友人のアレックスは、自分を進歩的なノンモノガミー主義の男だと信じていた。彼とエリンはともにプロのダンサーで、世界のすべての大陸をツアーして回り、時にはいっしょに、時には別々に踊ってきた。彼らはいくつものタイムゾーンにまたがる遠距離恋愛の障害を乗り越え、五年間、恋人の関係を保っている。自分たちのライフスタイルでは数多くの誘惑があることを早々に理解した彼らは、初めから性的に開放的な関係を選んだ。互いが恋人であることには揺るぎないが、よそで体の関係をもつことは認め合っていた。アレックスは自分たちの〝問わない、言わない〟の取り決めを「彼女が他の男と寝ているのは知っているけど、そんな話、絶対に聞きたくないからね」と要約していた。

その上、ダンサーの世界は狭いので、知らないうちに恋人が寝た相手とステージや楽屋や時にはホテルの部屋でいっしょになるかもしれない。その考えにはゾッとする。そこでアレックスはエリンに言った。「きみのツアー中に訪問してディナーパーティに参加したりはしないよ。ことによると君がそこにいる誰かとセックスしてて、そのことをみんなは知ってるなんてことがあるかもしれないからね。それだと、ぼくが完全にマヌケに見えるだろ? 君もぼくのツアー中には会いに来なくていい。それなら、ぼくがカンパニーの仲間の女の子とセックスしてて、それをまわりのみんなは知ってて、陰で君のことを遊ばれてるって気の毒がられる心配をしなくてすむだろう?」と。彼らはしっかり境界線を引いていた。狭い近親相姦的なダンサーの世界の人間とは寝ないこと。そして恋に落ちないこと──「もしそんなことが起きそうになったら、話し合うこと」

「ミカーはずっとぼくがオフリミットの代表に挙げてた男でした」アレックスは言う。ミカーはアレックスの長年の仲間でライバルだ。ミカーはアレックスが自分に回ってくるはずだと思っていた役を取り続けた。ステージ上の敗北は受け入れるしかなかったが、実生活でミカーがエリンの恋人になることは絶対に我慢できなかった。

最近まで、アレックスとエリンの〝条件付きノンモノガミー〟はうまくいっていた。性的に寛容な設定を選んだ多くのカップルやグループ同様、彼らも「嫉妬は生まれつき備わっている感情で避けられない」という進化心理学者たちの考えには同意していない。それは後天的なもので、捨て去ることができると信じている。とはいえ、彼らはこのプロセスの困難さにも気づいている。ポリアモリーのグループやスインガー〔夫婦交換を行う人々〕やオープンマリッジ〔婚外性交渉を認め合う結婚〕を実行している人々の嫉妬について研究したアヤーラ・パインズは「嫉妬という反応を捨て去ることは、とりわけ所有権と嫉妬を後押しする社会においては困難だ」と結論している。アレックスとエリンは境界に折り合いをつけ、嫉妬というあまりに人間らしい感情を寄せつけないでいる取り決めをしていた。

エリンがこの取り決めを破った。最近のツアーで、彼女とミカーはステージ以外でも共演した。

「エリンがやつと寝たことがどうしてわかったかって? 前にも言ったように、ぼくたちの業界は狭い。誰もが噂するんです」アレックスは皮肉たっぷりに微笑んだ。激昂した彼のイマジネーションは生々しい。「やつのことをただ知ってるだけでなく、やつが服を着たり、脱いだり、踊ったりするところを何時間も見てきましたからね。体の動きも知っている。だからエリンとやつがヤッてるところが正確に目に浮かぶ。獲物の上を旋回するハゲワシみたいに、そのイメージが頭の中をぐるぐる回ってる」

憔悴した彼はエリンに毒舌を浴びせたくなった。彼は彼女のまずい選択をからかった。「もうちょっとましな男でもよかったんじゃないか？　それとも、わざとぼくを傷つけようとしたの？」次に彼は反撃を計画する。ミカーの前に歩いて行っていきなりパンチをくらわせたあとに、しっかりリハーサルしておいた侮辱の言葉を浴びせる場面を想像する。「ぼくはいつも復讐と軽蔑の絶妙なバランスを求めてるんです。こっちはそんなに傷ついていないってところをやつに思い知らせたい。でも、やつの鼻をへし折って、路上で泣いて鼻をすするさらし者にもしたい。そんなバイオレントな空想にとらわれ、息を荒げ、心臓バクバクで、拳を握りしめてテーブルのまわりを回ってるんです」

怒りには一時的に心の痛みを取り除く鎮痛効果と、エネルギーと自信を急増させる覚醒剤的効果がある。心理学的よりむしろ生物学的に、怒りは一時的に敗北感や自信喪失や無力感をやわらげる。それはポジティブにモチベーションを高めてくれる場合もあるが、たいていは心理学者のスティーヴン・ストスニーが警告するように「怒りや恨みの勃発は常に人を立ち直りのポイントから引きずり下ろす」

アレックスは言う。「文字どおり怒り狂ってますよ。実に生理的で爬虫類的な感情だ。ぼくとしてはもっと高等生物的な反応をしたいのに、それがむずかしい」

彼の描写するフィーリングや考えは至って正常だ――人間らしい。だが、怒りにまかせてそれを行動に移したとしても、それでその人がより強くなるわけでも、傷つきにくくなるわけでもない。たいていの場合、結局、愛の報復は自滅的な行為なのだ。相手への仕返しはけっして相手を取り戻す手段にはならない。

アレックスの煮えたぎる怒りとその下にある明らかな痛みには、安全な捌け口が必要だ。彼はまず他にチョイスがない場合に自分の気持ちと折り合いをつける方法と、反対にそれから逃げられるときには逃げる方法を学ぶ必要がある。

心がある感情で溢れそうになったときに自制する方法を知っていることは重要だ。呼吸法、気持ちいい熱いシャワー、きりりと冷たい湖での水泳、自然の中の散歩、音楽に合わせた歌や踊り、アクティブなスポーツ、……どれも効果がある。静止と動きにはどちらも鎮静作用がある。

しかし、復讐したいという願望は根深い。嫉妬のように、それもまた完全に消し去るのはむずかしい。だから私は相談者たちには健康的な方法でむしろそれを代謝する方向で助けたいと思っている。精神分析医のスティーブン・A・ミッチェルが指摘するように、憎しみを伴わない愛はないので、自らの攻撃性を打ち消そうとするより、それと上手く付き合うべきなのだ。その一つの方法は、行動ではなく衝動のためのスペースを作り出すこと。報復の空想には大きな浄化作用がある。私たちの心という聖域にそれを横たえてもいいし、何かにこっそり書いてもいい。空想は心をいっぱいにする中傷的な考えや残忍な怒りを清める方法になりうる。好きなだけイマジネーションを暴走させればいい。小さなノートを買って「私のリベンジ」とタイトルをつけ、思いつく限り最悪の方法を書き込めばいい。でも制限時間を設けなさい。最大でも一日に七分。そしてノートを閉じ、いったん考えを脇に置く。

クリエイティブなリベンジファンタジーは驚くほど満足感を与えてくれる。自問なさい――「どうすれば気がすむ？」「五年間毎日少しずつ中国式水責めをするとか？」「それとも一回でキリをつける完璧なお仕置きのほうがいい？」

もし空想で足りない場合は報復を行動に移すのも悪くない。私は数多くのカップルが、双方にとってフェアだと感じられる報復の方法に同意し、そしてそれを実行に移すのを手伝ってきた――それはマキアベリさえ脱帽する策略だ。でもユーモアを忘れてはいけない。あるケースでは、政治家の夫は自身の四〇万ドルの貯金からかなりの額の小切手を切って、地方選挙での対抗馬かつ彼が最も軽蔑する男に送らなければならなかった。「あのお金、売春婦に使うよりは彼のものになるほうがましだわ」と妻は上機嫌だった。彼女は満足した。ちょうど良い加減の復讐には美学がある。

アレックスは空想に一時的な救済を見出したものの、エリンが自分の気持ちを決めかねている間、スタンバイ・モードに耐えなくてはならなかった。「待つ身っていうのはひどく弱い立場ですね」彼は不満をぶちまけた。「パワーはすべてエリンの側にあるんですから。彼女が選択肢を秤《はかり》にかけている間、ぼくは人質のように座っているしかないんです」

彼の当惑は男性優位の残響だ。いったいどんな男が女に自分を支配させるだろう？　ドラマやオペラの名作に登場する英雄たちの多くが、愛する女性に自分を選ばない自由を与えるくらいなら、むしろその女性を殺してしまったのも偶然ではない。死——彼の、彼女の、または両方の——が唯一の高潔な出口だ。「血を流している心臓は恥を洗い流す血を求めている」レオンカヴァッロ作オペラ「道化師」のカニオはささやくように歌う。

私はアレックスに、エリンが決断するのを待つことはプライドやパワーの放棄ではなく、愛の表現なのだと考えるよう勧めた。ゆっくりだが、彼は傷つけたい人間から傷ついた人間へと移っていった。エリンに報復しようという気はなくなり、代わりに自分がどんなに打ちのめされているかを彼女に話した。彼らは婚約し直し、二人にとってうまくいく取り決めの模索に以前よりさらに真剣に取り組んでいる。アレックスは最近、ミカーとエリンが共演するのを見たそうだ。「すると、心の中のあの暗い場所がぼくを手招きしたんです。でも、意識的に追い払う決意をしました」

修復性の正義

復讐は必ずしも蜜の味ではないかもしれないが、時にそれは傷ついた側に効果的に力を与え、カップルが過去を葬り去る助けをする。誰にも正義に対する欲求がある。けれども、報復性の正義と修復性の正義をきっちり分けることは重要だ。前者が懲罰のみを求めているのに対し、後者は回復を目指しているからだ。

私は裏切りに対する相談者たちの反応と、彼らが求めがちな正義の種類の興味深い関係に気づいた。「あなたを失ったから傷ついているの」と、パートナーとの絆が失われたことを嘆く人がいる一方で、「おれにこんなに恥をかかせるなんて信じられない」と面目を失ったことを嘆く人もいる。片方は関係が負った傷で、もう片方は自己愛が負った傷だ。傷ついた心 vs. 傷ついたプライド。はたして二人の関係に焦点を合わせた人たちはパートナーの不貞に共感と好奇心を抱くことができ、それがパートナーと別れるかどうかの決断をするにあたって修復の道を選べる余裕となる。それにひきかえ自己愛の傷に的を絞る人たちはそもそも修復をめざしてはいない。執念深さにとらわれているので、パートナーを不倫に追い込んだ理由に関心を向けることは困難だ。

修復性の正義にはクリエイティブになれる可能性がある。相手に当然の報いを受けさせる喜びについて考えるとき、いつでも私の頭に浮かぶのはカミーユという名のフランス人女性だ。彼女は私の行った「夫の不倫、私の反応、そのすべてから生まれた良い結果」というテーマの講座を聴いたあとに連絡してきた。

三六歳のカミーユはボルドー地方の旧家の出だ。結婚生活一〇年になる夫のアマドゥは四五歳。マリ生まれで、二〇代のときにフランスに移住してきた。子どもは三人いる。問題は三年前に始まった。カミーユはその瞬間を鮮やかに覚えている。「息子たちと朝食用のテーブルについていたとき、友達が電話してきて、私の夫が彼女の同僚と関係してるって言うんです。最初、私は信じなかった。すると、友達がその女性を電話に出したんです」

傷つき、怒りはしたが、カミーユは夫を失いたくはなかった。両親の反対を押し切っての結婚だったのだ。カミーユは穏やかだが毅然とした態度で夫と直接対決した。その間、心の支えは女友達に求めた。「深い穴に落ち込み、次から次へと典型的な感情をすべて経験しました。一週間、病気休暇を取り、友達の肩で泣き、床をどんどんと踏み鳴らし、コーヒーとパスティスを大量に飲んだわ。友達は慰め、話を聞き、私の惨めさを分かち合ってくれました」

そうするうちに、彼女は自分たちの文化では彼の行ったことは許されないということを夫に説明するという困難さに立ち向かう気力を得た。「彼は一夫多妻がノーマルな環境で育ったのです。それで、彼は私の話を聞いて、私の悲しみの大きさに気が咎めはしたものの、見たところ、自分のやったことを悪いとは思っていませんでした」カミーユはまた、彼が非常に迷信深い、精霊信仰的な文化の中で成長したということも知っていた。その知識ゆえに、カミーユは何が必要かを理解した。「彼の世界に入って、彼の言語で話すことにしました。被害者から演技者に変身すると、私の感じ方も完全に変わりました。自ら行動を起こすことができると知って心が軽くなったのです」

カミーユの復讐は独創性豊かで愉快だった。「まず彼の友達の一人に連絡を取りました。アフリカ人コミュニティで広く尊敬されている年上の男性です。彼に我が家を訪問して、アマドゥのしたことを叱ってもらいました——二人の女性と関係したことではなく、もう一人の女性が私たちのサークルの人間だった事実を」カミーユは複数の妻をもってはいけないと夫を説得するのは無理だと知っていたが、同時に、彼の文化では男は両方の女性を物質的にも性的にも満足させなければならないことを知っていた。だから、彼女はあえて夫が自分を性的に満足させていないと

7
自分を責めるか、復讐するか――諸刃の剣

訴えた。これは、アマドゥにとって恥ずかしいどころではない暴露だった。

翌日、カミーユはハラール〔イスラム教で合法とされたもの〕の食肉処理場に行った。「ラムの骨付きもも肉を二本買って、一本をアマドゥの年上の友人の妻に届け、もう一本は持ち帰って彼のために料理しました。帰宅するころには、彼はすでに友人からラム肉のプレゼントについて聞いていましたから、当然、ドアから入って来るなり理由を訊きました。私たちの結婚を救うための捧げ物として子羊を一匹殺すというイマーム〔イスラム教の導師〕のアイデアに同意したのだと話しました。私はベジタリアンですけど。それがね、彼、信じたんですよ。もっとよかったのは、感動したんです」

次に彼女は保険をかけた。「シアバター〔潤滑剤にも使われる天然産物〕に激辛のピリピリペパーを混ぜて、寝室のクローゼットに隠したんです。もしまた彼があの女と関係したら、あれでマッサージしてやるわ。彼がホットになるのを楽しむ部分をね」

カミーユの介入はまだ終わらない。彼女は不倫相手の女性に会いに行った。「もしまた大胆にも夫に接近したら、彼女の職場に行って全部ばらして、大スキャンダルを巻き起こしてやるって宣言してやりました。言い方は悪いけど、私は犬のように自分のテリトリーにマーキングするの」

これでもまだカミーユは終わらなかった。「最後に、これも食肉処理場で手に入れたんだけど、血を入れたボトルを、庭の彼がいつか発見しそうな場所に隠しました。アフリカの伝統によると、これは呪い、もしくは幸運のためなんです」このボトルはまだ発見されていない。

これらの正義を施す儀式は彼女自身の文化からはおよそかけ離れた文化から来ているが、カ

ミーユに心の平穏をもたらしただけでなく、平穏以上に効果的なものも与えてくれた。単に夫を罰するより彼女にパワーを与え、そのせいで夫婦関係が大幅に改善したのだ。「彼が二度と浮気しないっていう確信なしに生きることを学ばなければならなかった。でも、最終的に私は別の種類の確信を得たんです。それは私自身に対する信頼と自信でした」

怒りの火は燃えつきたわけではなかった。単に眠っていただけだった。昨年、子どもたちを音楽教室に迎えにいったカミーユは、例の不倫相手にばったり会った。彼女の息子も同じクラスに参加していたのだ。激しい怒りがこみ上げて体を貫いた。「私の中にはまだ凄まじい敵意があったのね。彼女に得意の空手の技でもかけてやりたくなったわ。でも、そのとき、わかったの。私が彼女に見せつけたいのは私が幸せだってこと。私自身も、アマドゥとの関係でも、子どもたちとも」カミーユは報復について最も重要な何かを直感で学んでいた。それは、もし報復のプロセスで相手をこらしめる以上に自分自身を傷つけたなら、何も得るものはないということだ。修復性の正義の素晴らしい点は、単に自分を傷つけた人間を侮辱するより、むしろ自分自身を高めることにある。

翌週、音楽教室に行く前にカミーユは鮮やかなアフリカのドレス、口紅、香水、その他もろもろを身にまとった。そして例の女性の車の横を昂然と通り過ぎていった。カミーユはのちに語った。「どんな空手の技よりも、幸せでいることのほうがうんといい報復なのよね」

8

言うべきか、言わざるべきか

真実も悪意をもって語られれば、どんな嘘にも勝る嘘になる。
——ウィリアム・ブレイク「無垢の予兆」

秘密と嘘はいろんな姿で私の診療室に現れる。不倫が発覚した直後に、目にもあらわな生々しい傷を抱えてやって来るカップルもいる一方で、二人の間に（私にははっきり見えるが、口には出されていない）秘密を隠しもったままカウチに座るカップルもいる。秘密についてはどちらも言いたがらないし、発見したがってもいない。また、片方が「不倫してるんでしょ?」と詰め寄り、もう片方が、論破できない証拠がありながらも頭から否定する場面にも、私は数えきれないほど多く遭遇してきた。反対に、不貞を働いている側が次から次へとヒントを与えているにもかかわらず、パートナーが点と点を結びつけようとしないケースもあった。疑いを抱いた側が決定的証拠を手にして完全に有利な立場にあるにもかかわらず、直接対決するのにちょうどいいタイミングを見計らっている場合もあった。

私はありとあらゆる種類の不正直を目撃してきた——事実の単なる省略から、部分的な正直まで。たわいない嘘から、図々しいごまかしやマインドコントロールまで。秘密には冷酷なバージョンもあれば、情け深いバージョンもあった。自分自身を守るために嘘をつく人もいれば、パートナーを守るために嘘をつく人もいた。自分を欺いたパートナーを守るために、裏切られた側が嘘をつかざるをえなくなる皮肉な立場逆転もあった。

嘘が引き起こすどんでん返しやもつれには終わりがない。不貞を働いた夫や妻たちの多くが、この不倫の意味は初めて自分自身に嘘をついていないことだと打ち明けた。逆説的なようだが、嘘の上に築いた関係でありながら、しばしば彼らは初めて実生活より本質的で偽りのない真剣な何かと結びついている、真実に触れている、と感じている。

地元の自転車ショップのオーナーとの二年に及んだ不倫の間に、ミーガンはまわりのすべての人々から隠れていることに疲れ果てた。だが、二重生活を終えた現在、彼女は当時以上に苦しんでいる。「今、私は自分自身に嘘をついてるんです。彼なしでも大丈夫って、自分を欺いているんですもの」

秘密に苦しめられるのは当人たちだけにとどまらない。秘密は不倫を取り巻く集団全体を汚す。ある女性は既婚の女友達から携帯電話を借りたところ、そこに知らない男性からのみだらなメールを発見した。ある母親は先週の土曜日には妻といたと言っていた息子が嘘をついていたことを発見したが、彼がどこにいたのかはわからない。そして、そんな場合、もちろん〝もう一人の女〟または〝もう一人の男〟が存在している。彼らはただ秘密をもっているのではなく、彼ら自体が秘密なのだ。

すべての不倫の中心に「秘密と嘘」がある。そしてそれらが恋人たちの興奮と、裏切られた者の痛みを増幅させる。それらはまわりの人々を苦悶の巣に投げ込む。真実を知らせるべきだろうか？　だとしたら、どうやって？　見て見ぬふりのＤＡＤＴ式（Don't ask, don't tellの略）〔ゲイに関する米軍の有名な法律で「周りは訊いてはいけないし、本人も言うべきでない」というルール〕もあれば、詳細な報告まで実に様々なオプションがある。正直さには念入りな調整が必要だ。彼らは悩む――余計なお世話にならないかな？　不倫は隠したままのほうがいい場合もあるのでは？「知らぬが仏」という諺もあることだし？

人によっては答えは至ってシンプルだ。彼らは「秘密は嘘。嘘は悪い」と考える。彼らが受け入れられる成り行きは、罪の告白↓完全な透明性↓悔恨↓懲罰しかない。要するに、不倫後に信頼と親密さを取り戻すには、発覚は必須条件だというのが大方の見方なのだ。今日、嘘は人権侵害だと見られている。私たちはみな真実を知るに値するし、嘘をつきとおすことが正当化される状況などない。

物事がそんなにシンプルなら、どんなにいいだろう。複雑きわまりない人間生活をきちんと整理してくれる絶対的な主義を当てはめることができたら、どんなに楽だろう。だが、セラピストはどんな主義ももち込まない。私たちは生身の人間と現実の状況を相手にする。

告白のジレンマ

「ある大学院生と寝てたんですが、彼女妊娠して、絶対に産む気でいるんです」と大学教授のジェレミー。彼にはその学生との浮気はあくまでお遊びであるという自信があった。「結婚を破綻させる気なんかさらさらありません。でも我が子を秘密の子として成長させたくはない」と悩む。「浮気相手の男からヘルペスに感染していると告白されまして……」ルーは恥ずかしそうに言った。「恋人にうつすかもしれない。彼には正直に言うべきでしょうか?」

「ちょっと浮気した相手の子が、私がもう会わないと言ったとたん、Instagramに私の写真をアップしたんです」とアニー。「ただキスをしただけだったのに。でも、恋人はきっとそうは思わないわ。私のSNSをチェックしまくってるから、いつかは問題の写真を発見するでしょう」

こういった状況では、多くの人が正直に打ち明けるのが一番だと結論するだろう。でも、すべてのケースがこれらほど明快ではない。

「あれは一瞬の気の迷いだった。酔ってたから。今ではすごく後悔してるの」リナは言う。彼女が大学の同窓会の二次会のあとで元彼とベッドをともにしてしまったとき、婚約してまだ数週間もたっていなかった。「もしフィアンセに打ち明けたら、彼はきっと立ち直れない。彼の最初の奥さんは彼の親友とできて出て行ったの。だから彼はいつも言ってた。もし私が浮気したら、それで終わりだって」そう、もちろん彼女は事をなす前にそれを考えるべきだった。だが、彼女の

8
言うべきか、言わざるべきか

たった一度のあやまちに、二人の人生のすべてを狂わせるべきなのだろうか?

「なぜ妻に言わなくちゃならないんですか?」ユーリは言った。「アナットに出会って以来、妻とセックスのことで言い争うことはなくなりました。彼女にせがむことも、イライラさせることもなくなり、家庭生活はいたって平穏です」

夫への反抗心で、ホリーはドッグパークで出会ったヨークシャーテリアの飼い主と激しい恋に落ちた。彼女は嬉々として「意地悪で支配的な」夫に告白した。「いい気味だわ」と。だが、正直さは高くつくことになりそうだ。「結婚前にサインさせられた契約書により、子どもたちの親権を失うことになりそうです」

ナンシーは息子のサッカーの試合で知り合った父親たちの一人といちゃついていると、長い間眠っていた官能にふたたび火がついた。「私の中のただの母親や妻や家政婦でない部分が目覚めたことに感謝しています。でも、もっと感謝しているのは、私が行動には移さなかったことです」ナンシーの夫は彼女が再発見したエロチックなエネルギーを喜んだ。だが、彼女は「精神的浮気」について夫に言うべきかどうか迷っている。正直さは完全なる透明性を意味すると固く信じているからだ。

このような場合には、口を閉ざして一人で問題を処理したほうがいいのではないだろうか。真実は心の荷を下ろしてくれるかもしれないし、洗いざらい告白することだけが適切な場合もある。同僚のリサ・スピーゲルは告白すべきかどうかの相談を受けたときには「自分自身に問いなさい。それは誠実か? それは助けになるだろうか? それは相手にやさしいか?」という、シンプルかつ効果的な方式で対応しているそうだ。

さらに、真実はサディスティックな喜びとともに告げられたときには、取り返しがつかないほど破壊的で攻撃的にすらなりうる。正直さが役立つどころか、むしろ害になるケースを目撃したのは一度や二度ではない。そんなとき私は「嘘をつくことが相手を守ることになる場合もあるのではないか?」と自問せざるを得なかった。多くの人が、そんな考えは理解できないようだが、私は真実を告げられた伴侶の「そんなこと、言わないでほしかった!」という叫び声もまた幾度となく聞いてきた。

セラピストのトレーニングの一環としてホスピスで仕事をしている訓練生にアドバイスを求められたことがあった。「結婚以来ずっと不倫していた事実を死ぬ前に妻に告白したがっている末期患者がいるんですけど、どう言ってあげればいいでしょう?」と。私はこう答えた。「彼にとってはそんなにも長い年月の末に〝正直に打ち明ける〟ことは、妻に対する深い愛と尊敬の真摯な表現になるかもしれません。でも、彼のほうはそれで安心して死ねるものの、奥さまは混乱した心とともに生き続けなくてはならないのです。そのことを彼は理解しなくてはなりません。彼が安らかに永遠の眠りについている間、奥さまは何カ月も、おそらく実際よりもはるかに熱烈な不倫のシーンを頭の中でリプレイしては寝返りを打つ眠れない夜を過ごすことになるのですよ。それが、彼が死後に残したいものでしょうか?」

時に沈黙は思いやりになる。考えてみてほしい。疑うことを知らないパートナーの心に真実を下ろすとき、ほんとうのところ、あなたはどちらの幸せを考えているだろうか? あなたの魂の

8
言うべきか、言わざるべきか

洗浄は、見かけどおり私心のないものなのだろうか？　そんなことを知らされたパートナーはどうすればいいのだろう？

私は診療室で反対側の立場を目撃したことがあった。私が助けようとしていたのは、夫を癌により失い、加えて死の床での夫の告白により、それまで抱いていた幸せな結婚生活のイメージが壊され、ダブルの喪失に苦しむ未亡人だった。尊敬の気持ちは必ずしもすべてを話すことではなく、その情報を手にした相手の気持ちを考えることでも示される。告白のプラスマイナスを計りにかけるときには、二者択一で考えたり、ただぼんやり考えたりしてはいけない。実際に相手の立場に自分を置き換えて想像してみることが大切だ。告白の状況を頭で組み立ててみるといい――場所はどこ？　どのように何を言う？　相手の顔から何を読み取る？　どんな反応が返って来るだろう？

「言うべきか、言わざるべきか？」の質問は、社会規範により不貞を行った人が危険にさらされるような場合にはさらに重みを増す。この地球上に、妻が他の男性をちらりと見たと疑われただけで石打ちや火あぶりの刑に処せられる国や、ホモセクシュアルの人が我が子に会うのを禁じられる国が存在する限り、正直さや透明性は常に取り巻く状況やケース・バイ・ケースで考慮される必要がある。

セラピストは秘密を守るべきか？

不倫を扱うセラピストは秘密という悩ましい問題に取り組まねばならない。従来型のアプローチには、カップルという単位を扱う臨床心理セラピストは秘密を秘密のままにはしておけないし、セラピーを実りあるものにするためには不倫をしているパートナーは不倫を終わらせるか、またはすべてを打ち明けるべきだという前提があった。それがいやなら、一人で受けるセラピーに回されるべきだと。私はよくアメリカ人のセラピストが「部屋の真ん中にどかんと秘密が居座っている状態では何もできない」と不満を述べるのを耳にする。おもしろいことに、他の国々のセラピストたちは逆のことを言う――「秘密が明るみに出ていない限り、できることはいくらでもあるが、いったんカーテンが上がるともう後戻りはできない」と。彼らは、理由のない告白はパートナーに不必要な痛みを与えて関係を傷つける可能性があるので慎重をきたすよう警告する。

近年、ジャニス・エイブラムズ・スプリングとミシェール・シェインクマンを含む一部のセラピストたちが、秘密に関し、従来型のアプローチでは助けにならない上に窮屈で有害でさえあるとして、アメリカ式の正当性に異議を唱え始めている。私自身はスプリングが「オープン・シークレット」と呼ぶ方式を採用している。カップルに初めて会うときに、私は二人同席のセラピーと並行して一人ずつ個別にも会うことと、この個別のセラピーで話された秘密は守ることを伝えている。つまり、各人にそれぞれの問題を解決するプライベートな空間を保証している。スプリングのように、私も不倫を告白するしないの決断を、前提条件ではなく、あくまでセラピーの一部分として位置づけている。

けれども、このアプローチにも独自の厄介さがあり、正直、私は格闘し続けている。あるケースでは、パートナーと私の両方に騙されていたことを発見した相談者からの「あなたはずっとこのことを知ってたの?」という質問に「はい」と答えなくてはならなかった。この状況は誰にとってもつらいものだ。だが、私たちの同意書の条件のもとでは、これは倫理的な違反にはならない。したがって、さしあたり私はこの方針が比較的実りのあるスタンスだと感じている。シェインクマンが書いているように「『ノー・シークレット』方式はセラピストを人質に取り、おそらくカップルの関係において決定的に重要な瞬間の一つである秘密の告白のタイミングや方法にセラピストが手を貸すことを不可能にする」

私がオープン・シークレット方式を適用するのは不倫の問題にとどまらない。事実、私にとってのターニングポイントは、ある女性に「過去二〇年間、夫とセックスするたびに早く終わるよう祈り続けてきた」と告白されたときだった。彼女は夫のにおいがいやでたまらず、早く終わらせるためにオーガスムに達した演技をし続けてきた。これは変えようがないことと、それが結婚を壊すほどの問題ではないことを知っている彼女は、今さら夫に言っても仕方ないと考えていた。私は彼女の秘密を守りながら、カップルのセラピーを進めることをいとわなかった。それゆえ、私は自問しなくてはならなかった——この秘密は他の秘密とどう本質的に違うのだろうか?

秘めた情事に比べ、深刻度は低いのだろうか? 彼女の夫は、妻が誰かと不倫していたと知るよりは、いったふりをされていたと知るほうが傷つき方はましなのだろうか？　セラピーを続けるに当たって、彼女が夫とのセックスをいやがっていることを告白するよう、私は言い張るべきだったのだろうか？　セックスに関する秘密はいろんな形で現れる。それでも、セラピストたちは婚内セックスについての何十年にもおよぶ嘘よりも、婚外セックスについての嘘のほうが扱いにくいと感じている。私たちセラピストは倫理的衝突のない多くの秘密を知ることになる。本質的な告白のヒエラルキーにおいては、不倫が常に金メダルを取るとは限らない。

告白と国民性

「私たちは今、秘密の文化的意味がとりわけ不透明な文化の中に暮らしている」とエバン・インバー＝ブラックは著書『ひとりでは重すぎる秘密——大切な人を傷つけない打ち明け方』（講談社）の中で述べている。「文化的規範がかつては羞恥となる秘密を人間生活のあまりに多くの場面から追い出していたとしたら、今、私たちはその逆に苦しんでいる。それは、秘密を明かすことが——どんなふうに、どこで、誰に、を問わず——秘密を守ることより道徳的に優れていて、自動的に治癒を促すという思い込みゆえだ」

アメリカ人の秘密と告白に対する考え方を理解するためには、まずアメリカにおける昨今の親密さの定義を調べなくてはならない。現代の親密さは自己開示——私たちの最も個人的で私的な部分、つまり〝気持ち〟を信頼して分かち合う——にずぶずぶ浸かっている。子どもの頃からすでに、〝親友〟は私たちがすべての秘密を打ち明ける相手だった。そして今日、「私たちのパートナーは私たちの親友」ということになっているので、私たちは「私はあなたに何でも言えるはず。そして私はあなたの考えや気持ちを即座にいつでも知る権利がある」と信じている。この知る権利、そしてこの「知ることイコール親しさ」が現代の愛の特徴なのだ。

アメリカの文化は完全なる率直さを崇め、真実を話すことを道徳的な完璧さにまで祀り上げた。だが、他の文化では、すべてを明るみに出して不透明な部分を取り除けば、親密さが増さないどころか、それを危うくすると信じられている。

文化的ハイブリッド〔成長の過程で複数の文化を経験〕の私は、いくつもの言語でセラピーを行っている。コミュニケーションの面では、アメリカ人の相談者の多くが不透明さやほのめかしより、明白な意味や率直さや〝あけすけな物言い〟を好む。反対に、西アフリカやフィリピンやベルキーの相談者はあからさまに真実を語るより、曖昧さの中にとどまろうとする傾向がある。彼らは直行ルートよりむしろ迂回ルートを模索する。

この極端な違いについて考えるとき、プライバシーと秘密の違いもまた考慮に入れなくてはならない。精神分析医スティーヴン・レヴァインの説明によると、プライバシーは社会的慣習により人々が同意している有効な境界だ。誰もが存在していることは知っているが話すことは避ける事柄で、生理、マスターベーション、夢想などが含まれる。秘密は人が他の人々を故意にあざむこうとする事柄だ。あるカップルにとってはエロチックな願望や衝動はプライバシーだが、別のカップルにとっては秘密になる。ある文化のもとでは通常（少なくとも男性にとっては）プライバシーの問題として扱われる不倫が、他の文化ではたいてい秘密になる。

セックスに対する態度についての文化的差異については、アメリカ人の大好きなフランス人との比較を外して語ることはできないだろう。作家のデブラ・オリヴィエは「フランス人がどんなに明白よりも暗黙を、表の話より裏の意味を、無分別より慎重さを、露骨より秘密を好み、そういう意味でアメリカ人といかに正反対か」を描写した。世界中をインタビューして回ったジャーナリストのパメラ・ドラッカーマンは、その成果をまとめた『不倫の惑星』(早川書房)の中で、このフランス人の特質を彼らの不倫に対する態度にまで拡大している。彼女の話したフランス人の多くが、不倫についていては言いたくないし知りたくないといった様子だったので、「フランスでは分別が不倫の要石《かなめいし》らしい。フランス人の不倫は、どちらもけっして銃を抜かなかった『冷たい戦争』時代の米ソのようだ」と書いている。

さて、アメリカに話を戻すと銃は火を吹いている。アメリカ人は婚外性交にもまったくと言っていいほど寛容さを示さないが、それを隠そうとする嘘はしばしば不貞行為そのものより厳しく糾弾される。隠ぺい、偽装、嘘は相手に対する侮辱のしるしであり、そもそもパートナーに対し尊敬の気持ちがない証拠だと見られる。そこにあるのは、人は自分より下の者——子ども、有権者、従業員——にしか嘘をつかないという前提だ。したがって、プライベートな寝室から公聴会に至るまで、この「浮気されたことじゃない。嘘をつかれたことが許せない!」という言葉が繰り返し発せられることになる。しかし、私たちはほんとうに、パートナーが不貞行為をしようとするときに前もって話してくれた方がましに感じられるのだろうか?

秘密の解釈

8
言うべきか、言わざるべきか

パキスタン系アメリカ人のアミラは二三歳、社会福祉学を専攻する大学院生だ。父親の秘密を解き明かした日のことを今も鮮明に覚えている。「父から運転を習っていました。父はリアウインドウに奇妙な日本の飾りをぶら下げていました。ある日、私がそれを取りはずそうとすると父は止めて、秘書のユミからのプレゼントだからと言ったんです。七年後、その名前は即座によみがえりました。父に携帯電話の中にある住所を調べてくれと頼まれ、Yという誰かからの一連のメールを見つけたのです。そのとき、ピンときました」

「お父さまはあなたが知ってることに気づいてるの？」

彼女は首を横に振った。

「お父さまに言うつもりはある？」

「私が何よりも父に言いたいのは、メールを消去する方法を学んでってこと。たぶん、いつか私が父に教えなくては。ただ父が証拠を残さないでくれたらって思います。父の母に対する裏切りに加担しているっていう感覚がいやなんです」

「お母さまに言おうと思ったことはないの？」と訊くと、彼女は即座にノーと言った。

アミラはいわゆる移民二世で、両親は彼女が生まれる前にアメリカにやってきた。したがってアミラは二つの世界に足をかけている。彼女は沈黙することがここアメリカでは普通でないことを知っている。「私のアメリカ人の友達ならきっと迷わず母親に告げたと思います。秘密を明るみに出すことが、正しくて、思いやりのあることだと考えるでしょうから」だが、カンサス州の郊外の学校に通ったにもかかわらず、こと家族の問題に関する限り、アミラの行動規範は今もカラチ〔パキスタン南部の都市〕に根差している。「ええ、私たちにとって正直さと信頼は大事です。でも、家族を保つことはもっと大事なんです」

彼女にとって、それは当然ともいえる決断だった。彼女のロジックは、「もし母に言ったら次に何が起きるでしょう？　家庭が壊れ、今まで頑張って築き上げてきたものを二つに分けることになるでしょう。もしアメリカ人のように衝動的かつ利己的に行動したら、一週間おきに週末を片方の親と過ごす羽目になるんですよ」

アミラはもちろん母親の代わりに怒りと恨みを感じていた。「でも、両親は互いを愛しています」彼女は付け加えた。「それに、わかっていただきたいのは、彼らは政略結婚だったってこと。母はセックスを話題にすることがとても苦手だけど、父も似たようなものです。私の勘では、父は家庭が壊れないですむ道を選んだのでしょう。母はむしろ知らないですましたいでしょうね。当然だと思います。だから、私も納得できたんです。それに、この一つの汚点を除けば、父は最高に誠実な父親で夫で市民なんです。そんな数々の素晴らしい点をどうして私が台無しにしたいなんて思うでしょうか？」

「お母さまに対して失礼だとは思わない？」

「私が思うに、父は私たちが乗り越えられないことをオープンにすることで家族の核を揺さぶるようなことはしたくなかったと思うんです。それこそ、母に対し最も失礼なことだと思っているのでしょう。そして私としては、たまたま知ってしまった事実は私の胸にしまっておくことが何よりも母に対する尊敬を表す選択でした。真実をぶちまけて両親の面目をつぶすなんてことは私にはできません。いったい何のため？　自分が〝正直〟でいるためですか？」

明らかに、真実を話すことが相手を尊敬しているしるしだという思い込みは世界共通のものではない。多くの文化のもとで、尊敬は面目と平和を保つためのおだやかな偽りで表現されている。相手を守るこの不透明さは、みんなの前で恥をかかせる暴露より好ましいと思われているのだ。

アミラの論理ははるか昔からの文化遺産だが、それはパキスタンのみならず、すべての家族中心の社会に共通している。彼女の思考の枠組みは集産主義者のそれであり、家族への忠誠心が不倫、そして秘密に対する妥協を命ずる。無論、私たちは彼女の立場をジェンダー政治学のレンズを通して見ることもできるし、彼女の説明を家父長制に対する悲しくも巧妙な言い訳だととらえることもできる。だが、秘密を守ることが子どもたちに与えるダメージも過小評価はできない。私の同僚のハリエット・ラーナーは「秘密は両親との関係の土台にひびを入れ、それが混乱と痛みの暗渠《あんきょ》となってすべてに影響を与える。それにより引き起こされた症候性の行動や行為で子どもやティーンエイジャーがセラピーに送られてくるものの、不安や苦悩のほんとうの原因はわからずじまいというケースはけっしてめずらしくない」と言っている。

とはいえ、アミラの選択ははたして彼女の学友のマーニーの選択より大きな苦悩となるのだろうか？　二四歳のニューヨーカーのマーニーは、今なお母親の〝秘密の携帯電話〟をつかんで、階段の下にいた父親の手に放り投げた日の記憶に悩まされている。「父には母に騙されていることを知る権利がありましたから！」

母親がカイロプラクティック療法士と不倫していることを、マーニーは数年前から知っていた。「母は秘密の携帯電話をユーティリティルームの洗濯かごに隠していて、よく〝アイロンがけ〟に何時間もかけていました。笑っちゃうわ、そんなに家事が好きでもないくせに」あの運命の日、「母は気がふれたみたいに泣き出して、『信じられない、なんてことをしたの？　なんてことをしてくれたの？』って繰り返してました。私の世界はものの数時間で大音響とともに崩れ落ちました。今、家族は完全にバラバラ。金曜夜の四人揃っての夕食もなし。休日の大きなファミリーパーティもなし。最後に父と母が同じ部屋にいるのを見たのは、一五歳のときです」

マーニーは今なお、とんぼ返りして落ちていったあの携帯電話の引き起こした取り返しのつかない痛ましい結末に激しく苦しめられてはいるものの、電話を投げたことの道徳的基盤を疑うことはけっしてないだろう。彼女の価値観のシステムはアミラのそれとは極度に異なっているが、同じくらい本能的なものだ。彼女の個人主義的な枠組みの中では、個人の「知る権利」は家族の調和に打ち勝つ。マーニーからすれば、嘘をつくことは断固として間違っている。アミラにとっては、それは場合によりけりなのだ。

私はこの二つの世界の考え方が引き起こす対立を幾度となく目撃してきた。片や、もう片方の不透明性と二枚舌を非難する。片や、正直の名のもとに秘密を漏らして破壊を引き起こすもう片方の無分別さを嫌悪する。片方はもう片方が男と女の間に定めているらしい距離にショックを受ける。もう片方は、むきだしの率直さは愛を傷つけ、性愛の対極にあると考える。誰しもが自身のパラダイムにはまり込んでいるので、他国の人たちが同じ状況をどんなに違う倫理的また関係論的ロジックで扱うのかを知ることは有益だ。とは言うものの、このグローバル化した世界では私たちの多くが多文化の申し子であり、こういった問答は私たちの心と頭の中で行われている。

何を言って、何を言わざるべきか？

言うべきか言わざるべきかのジレンマは、不倫が明るみに出た時点で終わらない。あらゆる段階で同じ質問が発生する——何を告白すべきか？　どれだけ言うべきか？　そしてそれをどう言うべきか？　それだけではない。他の人々に告白する内容は、自分自身に何を許して認めるかにかかっている。私が出会う人々で、愛する人を前に平然と嘘をつく人はめったにいない。たいていは自らの行動を正当化もしくは合理化するために、手のこんだ処刑台を組み立てている。「不倫への心の傾きは、自分に対しそれをどれだけ正当化できるかに大きくかかっている」と行動経済学者のダン・アリエリーは書いている。彼によると、誰でも鏡を見てそこに映る自分の姿に満足はしたいのだが、同時に完全には正直でない何かをしたい気持ちもある。そこで、私たちはポジティブな自己イメージを保つために、さまざまな形の欺瞞を内面で合理化する。これは彼がファッジ・ファクター（補正係数）と呼ぶ倫理的な曲芸である。

不倫後のゴタゴタを扱うに当たっては、これらの合理化を解きほどくことが重要になる。さもなければ、不倫した側が真実のレッテルを張った嘘を並べ立てかねないからだ。キャスリンは何年もアンテナを張り巡らせていたが、夫ドンの気持ちと体の両方が自分から離れていることにもうそれ以上耐えられなくなり、ある日、彼のｉＰａｄを調べ上げた。彼女の疑いは間違っていなかった。彼女は今、真実を知りたい。真実のすべてを知りたい。真実以外は何も知りたくない。ドンは彼女の質問にどう答えるべきかについて、私にアドバイスを求めてきた。

六〇代ながらも若々しいドンはシカゴ生まれ、貧しい家庭に育った。父親は一つの職に留まることができず、母親は二つの仕事をかけもちして家族に崇められていた。ドンは安らぎのある洗練された生活を築くために身を粉にして働き、やがて地域のリーダーとなり、有権者のために献身してきた。キャスリンは彼の二番目の妻だ。結婚して二二年になる。私の診療室に姿を現した瞬間から、ドンが深い矛盾を抱えた男であることは一目瞭然だった。彼は妻を愛している。ずっと彼女につくしてきた。だが、彼女に対し誠実だったことは一度もない。

カウンセリングを始めるに当たって、まず私は彼に現状を説明するよう求めた。キャスリンは彼にリディアとシェリルという二人の愛人がいることに気づいている。また、この二人の愛人がともに彼とは一〇年以上にもおよぶ関係にあり、便利なことに自宅から遠く離れた東海岸と西海岸に暮らしていることも知っている。彼が三重生活のロジスティックスについて説明している間、彼の中には不倫を発見されたことに対するかすかな苛立ちがあると感じられた。つまるところ、彼は大変な気配りと用心深さでもって、この三重生活をうまく回してきたのだ。不倫の喜びは、彼が認めるところによると、社会の目を逃れた私的な世界をもっていることが与えてくれる「意のままになる」という感覚だった。

さて今、キャスリンは基本的な事実は知っている。彼女が彼にしている質問は「なぜそんなことが起きたのか？」だ。

「それで、何と答えるつもりですか？」

「えー、正直言いますと、この二人の女性が必要だった理由は、家では満足のいく親密さが得られていなかったからです」

彼が妻に言っていなかった一〇〇の真実のうち、これが彼が真っ先に選んだ一つなのか？　明らかに、これは一筋縄ではいかない。私はドンにそれがキャスリンをどんな気持ちにさせるかを考えるよう言った。さらにもっと重要なこととして、それは彼が信じているほど真実でもないのではないか？　それとも、これは彼の合理化の一つなのだろうか？

「もし奥さまとのセックスがもっとよかったら愛人を作らなかっただろうと、心から思っているのですか？」私は少々誇張した問いかけをした。

「はい」彼は言い張った。そして、更年期、ホルモン、エスカレートしていった妻の自意識過剰、彼自身の勃起不全など、入り組んだ長い話をした。愛人たちとは、そのような問題はいっさい起きなかったという。その点はまったく意外ではなかった。だが、彼が妻に、不倫をしたのは妻に足りないものがあったからだと言う前に、彼は自分自身に問わなくてはならない。どのくらい彼自身の振る舞いにも足りないものがあったか？　もしキャスリンに尋ねたなら、おそらく長年にわたってドンの気持ちが離れていたのだから、彼らの性生活が退屈でイマジネーションに欠けるものになっていたのも当然だと言うだろう。ドンが居心地悪そうだったので、私はもう少し突っ込んでみた。

「イマジネーション、それがここでのキーワードですね。あなたの不倫では、あちらに向かうフライトから欲情が始まります。バイアグラはいらない。なぜなら、あなたを興奮させるのに必要なのはプロットであり、計画であり、じっくり選んだ服装だからです。期待のすべてが欲望の火に油を注ぐのです。でも、家に帰ったときにあなたが真っ先にすることは、素敵な服を脱いで古いスウェットパンツをはくことでしょ？　それでは誰も欲情しませんよ」

ドンは私の無遠慮な言い方に少々ギョッとはしていたものの、注意深く耳を傾けていた。私のところに来て夫婦生活のマンネリについて愚痴った男女は数しれない。家庭というものに性的興奮を抑える効果があることを否定はしない。だが、夫のすべてのエネルギーがよそでのセックスに注がれたなら、妻とのセックスにはまったく勝ち目がなくなる。彼は不貞をはたらいたのを家でのセックスがさえなかったせいだとして責めるよりむしろ、妻とのセックスがつまらなく思えたのは不倫をしていたせいだと考えるべきなのかもしれない。その上、彼は長期間にわたり、最初の結婚でも、そのあとのすべての恋愛でも、浮気をしていた。これはホルモンや年齢や、まして勃起機能の問題ではない。問題は彼自身だ。

「今なら、あなたが奥さまに言いたかったのは真実以外のすべてだったってことがわかりますか？　それらはあなたの合理化です——自分のやりたいことをし続けるのを正当化するために、あなたが自分自身に言っていた筋書きです。さあ、奥さまに言うべき、もう少し正直な何かを探しましょう」

話し合いを続け、ドンのことをよく知るにつれ、私は彼を好きになった。彼は征服に喜びを見出すドンファンではない。こんなことを言うのは変かもしれないが、彼には女性に対する真の愛と尊敬の念がある。彼の母、姉妹、叔母、メンターたち――彼女たちが彼を育て、彼という人間を形作った。彼は貧しい育ちや足りない教育に劣等感を抱く自信のない少年であり、ティーンエイジャーだった。彼はより男らしく感じる方法として、自分のまわりを教養ある強い女性陣で固めることを思いついたのだった。彼の長年の愛人はどちらも（彼の妻もだが）大学院を出ていて、年相応の分別があり、子どももいて、それ以上何も求めていない――まさしく彼にとってパーフェクトな相手だった。なぜなら、彼は妻と別れる気はないときっぱり言っていたのだから。彼は用心深くて、礼儀正しく、忠実だった。彼のことを真のジェントルマンと呼ぶ人もいるだろう。

二人の愛人は互いに相手の存在を知っているのかと尋ねた。愛人１は愛人２のことを知っているが、愛人２は妻の存在しか知らないと彼は認めた。さらに、彼は愛人１に愛人２と寝るのはやめると言ったそうだが、その約束は守られていない。さらに、彼は例の「彼の性欲は家では満たされていない」という半分の真実を両愛人に語っていた。ゆっくりとこの不倫を覆う複雑なクモの巣を払っていくにつれ、彼は自分が三人の女性全員に嘘をついていたことを悟っていった。

三重生活を続けることはドンに膨大な負担を強いていた。最初のうち、彼の秘密は比較的小さなものだった。だが、年月とともに、誤魔化しはますます彼の生活のすべてを形作っていった。秘密は急速に膨れ上がる傾向にある。六時から八時の間どこにいたかを妻に言えない。なぜなら、そのせいで四時から五時の間にどこにいたかも言わなくてはならなくなるかもしれないからだ。本人は自身をしっかり保っているつもりかもしれないが、実際には徐々に崩壊している。そのバラバラになったかけらが戻ってきて一つにまとまったとき、ドンは自分自身と妻の両方に対して以前ほどの乖離がなくなり、よりオープンになった。

「キャスリンは他にどんな質問をしているのですか?」

「彼女にはこんなことはもう二度としないと約束しました。でも、『もしまた(不倫する)チャンスが訪れたら、何があなたを止めてくれるのかしら?』って言うんです。それで私は答えました。『もうしない、もしまた見つかったら、今度こそぼくたちの関係を修復できる望みはないだろうからね』と」

ドンはばれることの恐怖を強調している。それは正直だが、正直になるべきことはもっと他にある。彼がもともと一人の女性ではすまない男だという事実をキャスリンに率直に打ち明けたらどうなるだろう?

ドンはその考えにびっくりした。「いや、そんなこと、一度も言ったことありません。私は常に彼女の反応を恐れていましたからね。彼女はきっと、そんな契約にサインはしていないと言うでしょう」

「当然でしょうね。私は別に、あなたがハーレムをもつことを彼女に納得させろと言っているわけではないんです。でも大事なのは、彼女は嘘をつかれることにもサインしていないってこと。あなたは彼女に一度も選択肢を与えていない。当然ながら、もし誰かに隠れて何かをすれば、それは一方的な行動になるのです」

ドンの驚きはしだいに安堵に変わっていった。「私は妻を愛しています。でも、他の女たちも愛している。それが私という人間で、いつもそうだった。それを認めるだけで、すごく楽になりました。そんなことは一度もキャスリンに、いえ、自分自身にさえ言ったことはなかった」

そのとき、私たちは新しいレベルの真実に到着しつつあった。不倫の直後にはよく悔いたパートナーがもう二度と他の人に魅かれたりしないと約束するのを耳にする。だがこれはただ、さらに嘘をつく危険を招くだけだ。「今後もまた他の人に魅かれることはあるかもしれない。でも、君を愛しているし、大切に思っているし、ふたたび傷つけたくないから行動には移さない」と言ったほうがはるかに現実的だろう。より正直で、より信用できる。

さて、ドンが妻に言いたいことが明らかになった今、次はどのように言えばいいかだ。私はまず手紙を書くことを提案した。親密さの伝わる手書きで、手渡しで。

ゴールは三部分から成る。まずキャスリンを傷つけた行動——とりわけ彼が自分自身を分割してそのほんの一部しか彼女に与えず、親密さを分配したこと——について責任を取る。次に、彼自身の性癖と、長年にわたってキャスリンの犠牲のもとにそれを自分自身に正当化してきた事実に対し、彼女の非難を甘んじて受ける。三番目に、キャスリンに対する愛を惜しみなく打ち明け、夫婦関係の継続のために闘う。

長い年月に私が発見したことだが、傷ついた相手の心を癒すには、ラブレターはより一般的な大盤振る舞い——プレゼント、旅行、デート、高級ホテルなど——よりはるかに効果的だ。私が思うに、ドンは自分が嘘の達人だということを認める必要があった。彼の妻が一つ一つの嘘についてこと細かく知ることが助けになるとは思わなかった。

次の週にふたたびやって来たドンによると、彼が手紙にこめた誠実さと努力にキャスリンはいたく感動したそうだ。が、やはり安心はしていない——信じたい、でも信用するのが怖いのだ。私はこの夫婦には希望をもっている。自身にこっそり利己的な特権を与えながらも、彼は常に妻を愛していた。第一回のセラピーですでにそれは彼が妻について語る言葉の端々に、崇拝や甘やかさや称賛として滲み出ていた。キャスリンは深く傷ついているが、ドンの秘密の生活は、彼女の夫に対する愛と尊敬を——または彼女の自尊心を——ぺしゃんこにはしなかった。この危機に二人の歴史のすべてを書き直させはしないと、彼女は心に決めている。

続く数カ月、私はドンが二人の愛人との長い関係を可能な限りの誠実さと思いやりをもって終わらせ、妻との絆を結び直す手伝いをした。一度ならず、キャスリンに彼の居場所や行動について尋ねられたとき、彼は反射的に嘘をつきそうになった。この習慣を破るのは簡単ではなさそうだが、彼は努力し続ける決意をしている。そして、妻に正直に答えるたびに、彼はそのやりとりのシンプルさに驚嘆している。彼らの苦しみは終わってはいない。だが、この危機を乗り越えて、いずれ二人はより強い絆で結ばれた仲のいい夫婦になる。私はそんな気がしている。

どこまで知りたい?

私は嘘の両側にいる人たちから——ドンのような常習的な嘘つきだけでなく、嘘をつかれた側の人たちからも——相談を受ける。私たちは普通、誰でもすべてを知りたがっていると信じているので、好んで見て見ぬふりをしたがる人間を自己欺瞞だと決めつけて批判しがちだ。

キャロルは夫がアルコール依存者であることは知っていた。彼女がつい最近まで知らなかったのは、夫が酒と売春婦の組み合わせを好むことだった。いくつかの選択肢を検討した結果、彼女は私にそれ以上知りたいかどうかわからないと言った。「それがあなたの選択なのね」私は言った。「あなたがそれ以上詳しいことを知りたくないなら、それはそれでいいのよ。彼に秘密をもつ重荷を背負わせ続け、男として、また人として、どういう人間になりたいかを自分で考えさせましょう」

彼女とは反対に、どんなに小さいことまでも知りつくさねば気がすまない人たちもいる。オーバーロードされた情報から彼らを守るために、私は「一度知ってしまったら、知ったことの結果を背負わなくてはならなくなりますよ」と警告する。しばしば「その質問への答えをほんとうに知りたいのですか?」とか、「パートナーにあなたがその質問をしたがっていることを知られたいの?」と尋ねる。

私は質問を二種類に分けて区別している。下劣な詳細を掘り起こす根ほり葉ほり型の質問と、意味と動機を掘り起こす調査型の質問だ。

根ほり葉ほり型の質問には「何度、彼と寝た?」「私たちのベッドでやったの?」「彼女、イッたときに声を上げた?」「彼女、何歳って言ったっけ?」「あいつにフェラチオやったのか?」「彼女、あそこの毛は剃ってた?」「アナルはやらせてくれたの?」などが含まれる。根ほり葉ほり型の質問は心の傷を増やし、重ねてトラウマを与え、あなたが必ず負けることになる比較を招く。確かに、彼がちゃんとコンドームを使ったか、または、あなたが性感染症の検査を受けるべきかどうかは知る必要があるだろう。あなたの銀行口座から勝手にお金が引き落とされていないかも知る必要がある。でも、相手女性の髪がブロンドだったか栗色だったか、彼女の胸がほんものだったか、あちらのペニスのほうがあなたのより大きかったかどうか、といったことをあなたが知る必要があるだろうか。尋問や禁止令はもちろんのこと、法廷で使える証拠さえ、あなたの本質的な恐れをやわらげはしない。さらに、そういった質問は仲直りを何倍も困難にし、もしあなたが離婚を望んでいるなら、そういった言動は法的な手続き上、不利な材料となる。信頼関係を立て直すためにはもう一方の型の質問のほうが有効かもしれない。

調査型の質問は、真実がしばしば事実を超えたところにあることを前提としている。調査型の質問の例としては「不倫があなたにとってどんな意味があったのかを理解させて」「あなたはそれを求めていたの?　それとも単に起きてしまったの?」「どうして今?」「家に帰ったとき、どんな気がした?」「不倫相手とでは経験できて、私とではできなかったことは何?」「不倫しても当然だという気がしてたの?」「私に発見してほしかった?」「私が見つけなくても、終わりにしていたと思う?」「すべてが明るみに出てほっとしてる? それとも秘密のままがよかった?」「おれと別れたがっていたのか?」「自分は許されるべきだと思ってる?」「もしあなたのことを許したら、私を少し軽蔑する?」「私が家から出て行くことを望んだ? それだと家族を崩壊させたのは自分のせいではないって思えるから?」などが挙げられる。調査型のアプローチは不倫の意味を探る啓発的な質問をすることで、事実よりは分析に焦点を合わせている。

ときに人はほんとうの質問を隠して別の質問をすることがある。「やつとはどんなセックスをしたんだ?」という質問はしばしば「おれとのセックスが気に入らないのか?」の代わりに発せられる。知りたいことは同じでも、それをどう尋ねるかで心の平穏に大きな違いが生じるからだ。私の同僚のスティーヴン・アンドレアスは、根ほり葉ほり型質問を調査型に変えるために、「もしこのすべての質問に対し、すべての答えを知ったら、私にどんな益があるだろうか?」と自問することを提案している。そうすることで、もともとの意図により近い有意義な質問をすることができ、さらに不必要な情報の落とし穴にはまることも避けられるからだ。

相談者のマーカスは恋人パーヴェルをもう一度信用できるようになるには、すべてを知る必要があると感じている。そこで彼はパーヴェルのGrindr〔ゲイ専用マッチングサイト〕を使ったお遊びについて正確な説明を求め、「質問するから、答えろ」と質問攻めにしている。私はマーカスの自分を立て直すニーズは理解できるものの、そういったハイエナ的行為は安心感を与えるよりむしろ、さらなる激怒をトリガーし、親密さを損ない、ひいては相手への監視を強めるだけだと助言した。

不倫発覚直後においては、カップルが裏切られた側の心の平穏のために、たとえば「不倫相手と会ったり連絡を取ったりしない」「仕事のあとはバーに寄らずにまっすぐ家に帰る」といった双方同意の上での制限を設けることは理にかなっている。だが、よく見られるのは、不貞を行った人間はプライバシーに対するすべての権利を失って当然という思い込みだ。デジタル時代にあっては、信頼回復の名のもとに、騙されていた側が不貞を働いた側の携帯電話や、メールのパスワードや、ＳＮＳのログイン情報などへのアクセスを要求することはめずらしくない。心理学者で作家のマーティ・クレインは、これは信頼回復を早めるよりむしろ妨げると言っている。「あなたはパートナーがあなたをふたたび裏切ることを〝防ぐ〟ことはできない。パートナー自身が誠実であることを選ぶか選ばないかしかない。もし彼が浮気したいと思ったなら、世界中のモニター機器を使っても止めることはできない」

信頼と真実は仲良しだが、真実には多くの種類があることもまた知りおく必要がある。選ぼうとしている将来を踏まえた上で、自分自身とカップルにとって何が役立つ真実だろうか？　頭の中をはっきりさせる種類の知識もあれば、ただ私たちを苦しめるイメージとなる知識もある。質問をむしろ不倫の意味するもの——羨望、恐怖、情欲、希望——の探求へと舵を切れば、警官になった被害者に別の役柄が与えられる。真の好奇心は橋を架け、それは新たな親密さへの第一歩となる。二人は理解と修復における協力者になる。不倫は単独事業だが、不倫の意味を理解する作業はジョイントベンチャーなのだ。

III

不倫のもつ意味、その動機

9

幸せな人も不倫する——不倫の意味

時々、ぼくは自分が生きていないすべての人生の重みのせいで骨がひずむのを感じるんだ。
——ジョナサン・サフラン・フォア『ものすごくうるさくて、ありえないほど近い』

セックスはばれるのではないかというスリルを利用する、何度も何度も、
自分では気づかないままに……冒険を生み出すのは〝違う相手〟の新鮮さだけでなく
——無論それも一助にはなるが——〝違う自分〟なのだ。
——ヴァージニア・ゴールドナー『Ironic Gender/Authentic Sex』

「もしこの不倫があなたとはまったく関係のないものだったとしたら?」

こんな質問は、自分にとって生涯で最も大事なたった一人の人間から嘘をつかれ、二股かけられ、秘密の愛人のために脇に押しやられた伴侶の耳にはばかばかしく聞こえるかもしれない。夫婦や恋人の間の裏切りはこの上なく個人的なもので、最も傷つきやすい部分への直接攻撃となる。だが、被害者側が受けたダメージのレンズからばかり見ていると、不倫のもう一つのサイドのストーリーを見逃してしまう。不貞は人がパートナーに対して行った行為だ。でも、その人自身は

9

幸せな人も不倫する――不倫の意味

自分に対し何をしていたのだろう？　そして、それはなぜ？

　意味と結果という二元的な視野をもつことは、私の仕事においては最も重要だ。セラピーの第一段階では、焦点は主に「何」――危機、影響、痛み、欺瞞など――に合わせられる。第二段階では、重心は「なぜ」に移る。意味、動機、心の中の魔物、当人の言葉で語られる経験などだ。オープンな心でこういった吐露に耳を傾けることは、関係するすべての人たちにとって回復のプロセスの欠かせない部分になる。

　なぜ人は不倫をするのだろう？　ここ数年間、私は自身に問い続けている。文学の中に私たちは既婚者の悪役の複雑な切望を盗み聞くことができるが、私の分野では彼らの動機は二つのうちのどちらかに帰される。つまり、結婚に問題があるか、個人に問題があるかだ。したがって、ミシェール・シェインクマンが指摘するように「かつてマダム・ボヴァリーの愛の探求とされたものが、今日では、……愛や欲望よりむしろ、治癒が必要な『裏切り』という症状の枠に入れられる」

　〝症状説〟とはこのようなものだ――不倫は「問題ある関係」または「問題ある個人」という以前からあったコンディションを私たちにわかりやすく気づかせる。そして多くのケースで、それには真実が含まれている。多くの関係が結局、足りないものを補うためや、空虚感を埋めるためや、出口を設けるための不倫に終わる。自信のなさからくる執着、避けてきた喧嘩、長期間のセックスレス、孤独感、もしくは単に同じ口論を蒸し返してきた長い年月など、不倫の多くが結婚の機能不全を動機として起きている。このようなトラブルがトラブルを呼ぶ状況が多くの記事や文献に記されている。だが、セラピストたちはよく目にするこういった理由では説明できない状況を毎日のように扱っている。私たちはそれらをどう解釈すればいいのだろう?

結婚生活に深刻な問題がなくても不倫は起きるという考えを受け入れるのはむずかしい。私たちの文化は過失のない不倫というものを信じない。だから、関係のせいにできなければ、代わりに個人のせいにしがちだ。心理学の文献は不貞者の分類で溢れている。まるで、性格が常に状況に勝るかのようだ。心理学用語が宗教の御託に取って替わり、「病状」は「罪業」が占めていた座を奪った。不貞者はもはや罪人ではない。彼らは病気だ。だが皮肉なことに、罪を浄めるほうが、診断を取りのぞくよりずっと簡単だった。

不思議なことに、「不倫からの立ち直り」という市場で、医学的な症状は誰もがほしがる通貨になった。私の診療室に診断書を手にやって来るカップルもいる。ブレントは二〇年におよんだ淫奔ぶりに対する言い訳を探すにあたり、病理の覆いを被るのに熱心だった。妻のジョアンはその案にはさほど乗り気でなく、彼女自身の考えをこのように私に打ち明けた。「彼のセラピストは彼が反応性愛着障害を患っていると言うんです。彼の父親が家族を捨てたので、彼が一人で母親と妹の面倒を見なくてはならなかったからだそうです。でも、私は彼に言ってるんです。『だからって、誰彼かまわずほしがる人間になる必要はないでしょ? 診断書なんて必要?』って」

シェリルは夫のジェフがＢＤＳＭ(緊縛やＳＭ)系のサイトを閲覧して見知らぬ相手とセックスしているという証拠を大量に発見した。何度もセラピーを受けた結果、ジェフは今、自分は〝セックス中毒〟で、いかがわしいお仕置き部屋で鬱を自分で治しているのだと信じている。妻も認めているし、実際、それが真実かもしれない。だが、そういった医学的説明を、彼の倒錯した性的嗜好を真正面から究明することから逃げる言い訳に使うべきでない——レッテルを貼る方が深い探求より楽だとはいえ。

もし心理学的診断に納得がいかなければ、いつの世にも大人気の大衆向け脳科学がある。妻ゾウィに一年以上不倫をされていたニコラスは私との最後のセラピーにやって来たとき、ニューヨークタイムズ紙を振り回し、見た目にも元気になっていた。「見てください！」と言いながら「不貞は遺伝子に潜んでいる」という見出しを指差す。「両親がオープンマリッジを実行しているせいで、彼女の倫理観は弱いんです。要するに遺伝なんです！」

不倫をした人のパートナーの多くに鬱、衝動強迫、自己愛、反応性愛着などの障害や、または単に反社会病質の兆候が見られることは確かだ。だからそれは当面、不倫をしている当人とそのせいで苦しんでいるパートナーの双方に、説明しがたい厄介な行動に対する的を射た説明を与えている。そういった状況では、それは内面への洞察と回復への道を開いてくれる便利な道具になる。けれども、診断に早く飛びつきすぎて、不倫の意味を発見するプロセスをショートカットしてしまうケースがあまりに多すぎる。

私は経験から、不倫は必ず問題ある夫婦関係や個人から生じる症状だとする一般的な考え方を越えて、さらに先を見ざるを得ない。最もわかりやすい明らかな因果関係が必ずしも正しいとは限らないのだ。私は『セックスレスは罪ですか？』（武田ランダムハウスジャパン）を著したときに、このことを学んだ。それまでは「セックスの問題は二人の関係にある問題の結果として生じているので、関係の問題を解決すれば、セックスの問題はおのずから解決する」と信じていた。これは明らかに多くのカップルに当てはまるのだが、同時に数えきれないほど多くのカップルが「私たちは深く愛し合っています。すごくいい関係にあります……セックスしないという点をのぞけば」と訴えていた。明らかに彼らの性の膠着状態は、単に愛が失われたことの一症状ではなかった。したがって、エロスの消滅の根底にあるものを見つけるには、もっと明らかでない場所を覗きこむ必要があった。それは、カップルセラピストがしばしば避けたがる、セックスについて率直に話すことを要求した。

同様に、昔から言われていることに、夫婦仲が良ければ不倫は起きないというのがある。私たちの中にあるロマンチックな愛の理念では、もし二人の関係が健康的なら、目移りする必要はない。もし家庭が安全に感じられ、愛《め》でられ、感謝され、尊敬され、欲される場所だったら、どうして他所《よそ》をうろつく気になどなるだろう？　この考え方では、不倫は足りないものがある結果なのである。したがってセラピーは、そもそも不倫を引き起こす原因となった問題を発見して解決し、カップルが予防接種の証明書を手に去ったときに成功となる。だが、この問題解決式アプローチで愛の限界と複雑さを無効化できるだろうか？

私はそうは思わない。まず、そこには、私たちの中にあるいろんなところに行きたいという熱病に予防接種をする〝完全な結婚〟なるものがあるという前提がある。次に、私自身、セラピーで毎日のように「私は妻／夫を愛しています。私たちは親友で、いっしょにいて楽しい。それなのに私は不倫をしています」と言う人たちに会っている。

こういった人たちの多くは何年も、時には何十年も貞節を守ってきた。彼らは夫婦関係をこの上なく大事にしている、性格的にもバランスのとれた、円熟した思いやりのある男女だ。それでいてある日、それまでに築き上げてきたすべてをリスクにさらして、自分でもけっして越えることはないと思っていた一線を越えてしまう。彼らはどんなかすかな光に幻惑されたのだろう？

このような、起きそうにない逸脱——一夜の遊びから燃えるような情事まで——の話を聴けば聴くほど、私はますます明白にならない説明の方を発見したくなった。なぜ幸せな人も不倫するのだろう？

この目的を胸に、私は不貞を犯した人たちに彼らの側の話をするよう促した。不貞行為が彼らにとって何を意味するのかを発見したかったからだ。何をしたのですか？　どうして相手は彼(彼女)だったのですか？　どうして今？　これが最初ですか？　あなたから誘ったのですか？　欲望に抗おうとはしましたか？　どう感じましたか？　何かを探していたのですか？　何を見つけましたか？　こういった質問のすべてが、不倫の意味と動機を探る助けとなった。

人は幾多の理由で道をはずれる。あらゆる理由を聞きつくしたと思ったとたんに、また新たな一つが現れる。だが、その中で繰り返し耳にするテーマが一つあった。それは新しい（または失われた）アイデンティティの探求、つまり自己発見という形の不倫だ。こういった探求者には、不倫が何らかの問題の症状というよりは、成長や変化を伴った発展的な体験だと描写されることが多い。

「発展的ですって？」という驚きの声が聞こえてくる。「自己発見ねえ、呆れた！　確かにハイウェイのモーテルでやりまくるよりはましに聞こえるわ。でも浮気は浮気よ、どんなにしゃれたニューエイジのレッテルを貼ろうとも！　残酷で、利己的で、不正直で、私に対する虐待だわ！」確かに裏切られた者にとっては、不倫はこれら以外の何ものでもないだろう。だが、もう一方にとって、それは何を意味するのだろう？

いったん発覚直後の危機が治まると、それが引き起こした痛みと並行して、不倫体験を主観的に検討する時間をもつことは重要だ。ある人にとっては苦しくてたまらない裏切りが、別の人にとってはその人を変える力をもつ。なぜ不倫が起きたのか、それが何を意味するのかを理解することは、別れることを選んだカップルにとっても、別れずに関係を立て直し、フレッシュさを吹き込みたいと願うカップルにとっても決定的に重要になる。

新たな自分を探して

私たちが誰かに見つめられたいと願っているとき、私たちが背を向けているのは私たちの伴侶ではなく、実は現在の自分自身なのかもしれない。そんなとき、私たちが求めているのは新しい恋人よりむしろ、新バージョンの自分だ。メキシコ人の詩人で評論家のオクタヴィオ・パスは、エロチシズムを「別のものへの渇望」と描写している。人が不倫の中に発見する最も魅惑的な〝別のもの〟が、新しい相手ではなく、新しい自分自身だったというのは実によくある話だ。

プライヤの最初の手紙は混乱と苦悩に満ち満ちていた。それは「問題ある結婚のほとんどのケースが私の状況に当てはまるとは思えません」と始まった。「コリンと私は最上の夫婦関係にあります。三人の優秀な子ども、経済的な心配はなく、夫婦ともにキャリアにも友人にも恵まれています。夫は抜群に仕事ができ、すごくハンサムで、健康で、私の両親を含むすべての人に寛大で、私に対しては心遣いの細やかな恋人です。私の人生は恵まれた人生です」

それでいて、プライヤはハリケーン・サンディのあとに隣のガレージを突き破った木を撤去した樹木アドバイザーと不倫している。「けっして、けっして、私がデートするような相手じゃないんです。トラックを運転し、タトゥーもある。まるで中年の上司とセクシーな若い秘書の組み合わせみたいに、あまりにも月並みで口に出して言うのもはばかられます。それにとっても危険。今まで築き上げてきたものすべてを失うかもしれません。そんなこと、私は望んでいません。このことをただ一人知っている私のセラピストは、彼の電話番号をブロックして、二度と彼と話したらダメだって言います。それが正しいってことはわかるし、試みてもみたけれど、どうしても断ち切れないのです」

半分はうっとりし、半分は恐怖におののきながら、彼女は私にその経験を語った。「私たち、どこにも行くところがないんです。それでいつも彼のトラックか、私の車か、映画館か、公園のベンチに隠れています。彼が手を私のパンツの中に突っ込んできて……。そんなとき、まるでボーイフレンドといるティーンエイジャーのように感じるんです」ハイスクール時代と似た感覚であることを彼女はくりかえし強調した。これまでセックスまで行ったのはわずか六回ほどだそうだ。大事なのはセックスよりも、セクシーに感じられること。そしてプライヤは今、不倫につきもののジレンマにはまっている。「こんなこと、続けられるわけがない。でも、やめられない」

プライヤはどうして自分がこんな状況に陥っているのかが理解できないでいる。彼女もまた、こういったことは結婚生活に何かが足りない場合にのみ起きるという考えを受け入れていた。彼女が夫婦関係の素晴らしさを自慢するのを聞いているうちに、私はこの不倫は彼女の夫や夫婦関係とは何ら関係がないのではという気がしてきた。

このようなケースでも頑なに結婚生活の中に原因を見つけようとするのは、酔っぱらいが落とした鍵を探すときに、落とした場所ではなく街灯のある明るい場所で探す、いわゆる「街灯の定理」の一例ではないか。人間には何かを探すとき、最もありそうな場所よりむしろ探すのが楽な場所を探すという行動パターンがある。きっとこれが、多くのカップルセラピーが不倫は不完全な結婚の一症状であるという〝症状説〟を当てはめる理由なのだろう。それなら、逸脱というぬかるみにはまることなく、夫婦関係という扱い慣れたテリトリーに集中できる。破綻した結婚のせいにするほうが、熱望や憧れや倦怠といった実存に関わる計りしれないものに立ち向かうよりよほど楽だ。問題は、酔っぱらいが鍵を見つけられないのとは違って、セラピストが常に結婚に問題を発見できる点にある。それが不倫の意味をこじ開けるのには正しい鍵ではないかもしれないのに。

法医学検査にかけられたプライヤの結婚には、案の定、何らかの問題が見つかった――夫より稼ぎが少ないために弱まった彼女の地位、怒りを抑えて衝突を避けようとする彼女の性格、彼女が時々感じる閉塞感、「あのレストラン、私たち、好きだったっけ?」といった言い方に端的に代表される二個人の「私たち」へのおだやかな融合。もしプライヤと私がこのルートを取ったなら、それはそれで興味深い会話ができただろう。だが、それは私たちに必要な会話ではない。カップルに〝問題〟があろうとも、その問題により不倫が起きているとは限らないのだ。

「これはあなたの問題だと思うわ、あなたの結婚生活ではなく」私はプライヤに言った。「だから、あなたについて話して」

「私は常に良い人でした。良い娘、良い妻、良い母。従順で、学校の成績はオールA」両親は比較的貧しいインド人移民。プライヤにとっては「私がほしいものは何?」は常に「みんなが私に期待するものは何?」と同じだった。パーティに行ったことも、酔っぱらったことも、夜遊びしたことも一度もない。初めてマリファナを吸ったのも二二歳だった。医学校を卒業したあと、理想的な相手と結婚し、両親に退職者用のコンドミニアムをプレゼントするまでの一時期、彼らを自宅に迎え入れもした。四七歳のとき、ある疑問に苛まれ始めた。それは「私がパーフェクトな人間でなくても、みんなは私を愛してくれるのかしら?」という疑問だった。心の片隅に「それほど〝良い人〟でない人たちの人生はどんなのかしら?」と尋ねる声があった。もっと孤独なのかしら? それとも、もっと楽しい人生なのかな?

プライヤの不倫は症状でもなければ病気でもない。それはアイデンティティの危機であり、彼女の人格の再編だった。彼女とのセラピーでは、義務と欲求や、年齢と若さについて話し合った。彼女の娘はティーンエイジャーにさしかかり、彼女自身がけっして経験することのなかった自由を謳歌している。プライヤはそれを応援すると同時に、羨ましくも感じている。そして五〇歳という区切りの年齢が近づいた今、彼女は遅ればせながら思春期特有の反抗を経験している。

こういった内省は浅薄に映るかもしれない――先進国特有の贅沢な悩みだと。プライヤ自身、そう言った。彼女の生活が他人から見れば羨望に値するものなのは確かだ。それでいて、彼女はそのすべてを危険にさらしている。それだけに、この問題を軽く扱ってはいけないと私は自分に言い聞かせた。私の役割は、彼女に自分の行為の意味を理解させることだ。この不倫が生涯のラブストーリーになる運命の（不倫の中にはそういったものも確実にある）ものでないことは明らかだった。これは始まり、いつかは終わる種類のラブストーリーだ。望むらくは彼女の結婚を破壊することなく。

日常の責任から隔離された不倫という並行宇宙はしばしば理想化され、超越できるという期待を与えてしまう。人によってはそれは可能性の世界、すなわち自己を考え直して作り直すことができるもう一つのリアリティだ。しかも秘密という限界のある枠組みの中だからこそ、それは無限のものとして経験される。それはキラキラ輝く幕間、人生という小説の中の詩的な散文なのだ。

それゆえに、禁じられた恋はとりわけ結婚や家族のような日常的なしがらみとは対照的に、本質的にユートピアなのだ。まさしく閾《いき》に存在するこの宇宙の主な特質であり、その抗えないパワーの鍵ともなっているのが、手に入らないという部分だ。不倫は、その定義から言っても、危なっかしく、とらえどころがなく、不明確だ。次にはいつ会えるかわからないという不確定さや不安は、夫婦の間ではけっして我慢できるものではないが、人目を忍ぶ恋においては期待に火をつける焚きつけになる。愛人は完全に所有することができないから、ほしがり続けられる。なぜなら、人はいつだって手に入らないものをほしがるからだ。この「手に入りそうで入らない」という特質が不倫にエロチックな神秘性を与え、性欲を燃え上がらせ続ける。

　不倫の現実からの乖離をさらに大きくしているのが、プライヤのように、多くの人が不倫相手に自分の伴侶にはなれない、またはならない種類の人を選んでいるという事実だ。自分とはまったく違う階級や文化や世代の人に恋することにより、人は現実としては考えにくい可能性をもてあそぶ。

　レズビアンのジャーナリスト、アナ・プーリーが夫のいる女性との不倫について書いた美しいエッセイにあるように、不倫は「けっして自分のものにはならない人生」を約束してくれる。「私は彼女がけっして選ぶことのない道……」と彼女は書いている。「私たちの愛は可能性に依存していた――私たちが互いに与えられるものは無限の可能性だった。現実はそんな種類の期待を相手に勝ち目はない……彼女は稀にみる完璧さの権化だったが、それは当然だった。なぜなら、彼女の中に現実の関係にある罠がいっさいなかったからだ……彼女がパーフェクトだったのは、一つには彼女自身が逃げ道であり、常にもっとそれを提供しようとしていたからだ」

　おもしろいことに、こういった不倫で発覚後も続くものは非常にまれだ。あれほど多くのものをリスクにさらした関係なら、白日の下にさらされるという変化をも生き延びるだろうと思われがちだ。情熱の魔法がかかった恋人たちは、ついにいっしょになれたならあんなこともしよう、こんなこともできると、夢見心地で話し合う。だが、禁止が解かれ、離婚が成立し、崇高さが平凡と混ざり、不倫が現実の世界に突入すると、その先はどうなるのだろう？　幸せな合法的関係に落ち着く人たちもいることはいるが、そうならない人たちのほうが圧倒的に多い。私の経験では、ほとんどの不倫関係が終わる——たとえ夫婦が離婚しても。どんなに愛する気持ちがほんものであっても、戯れの恋は、所詮、美しい物語で終わる運命なのだろう。

不倫は結婚の陰で生きのびているが、結婚もまた不倫の真ん中で生きのびている。甘美な違法性がなくなると、愛人との関係は魔力を失ってしまうのだろうか？　プライヤとタトゥー男が自分たちの寝室を手に入れたなら、はたしてトラックの後部座席にいたときほど燃え上がるだろうか？

私はプライヤのような女性（男性も）に数えきれないほど会ってきた。彼女たちの経験のもつパワーはよくわかる。それを、くだらなくて利己的で子どもっぽいものだと軽んじる気はない。でも同時に、自分たちの関係の輝きゆえに、人生の他のすべての部分を退屈でつまらないものにおとしめてしまう恋人たちの思い上がりには抵抗する。イタリア人社会学者のフランチェスコ・アルベローニが書いているように、恋に落ちるということは「私たちのすべてのプライオリティを組み替え、不必要なものを捨てさせ、ぎらぎら輝く光を実体のないものに当てておいて、即座にそれを捨てさせる」ことだ。私がプライヤにアドバイスしたように、いつか詩的な飛行が音を立てて終わったとき、彼女は彼女の退屈な人生がこの上なく貴重なものであることに気づくだろう。

逸脱のパワー

恋愛や夫婦関係の話をするなら「ルールと、それを破りたくなる人間的すぎる願望」という厄介なテーマを避けては通れない。ルールに抵抗することは「私は慣習より自由を、抑制より可能性を、社会より個人を重んじます」という主張だ。プライヤはいかに自分が結婚生活を危険にさらしているかを不思議に思い、恥ずかしささえ感じていただろう。だが、それこそがまさしく、私たちにとって最も貴重なものをリスクにさらせる逸脱のパワーなのだ。実際、重力の法則を知りながらも、私たちは飛ぶことを夢見る。その結末は変革、または破滅。時にはその二つを引き裂けない場合もある。

プライヤは自分のことを歩く矛盾だと感じることがよくあるそうだ。自身の無謀な行動にうろたえたかと思うと、怖いもの知らずの態度にうっとりし、ばれる恐怖に苛まれつつも、やめられない（やめたくない）と思う。神経科学者ならきっと、日常生活では前頭葉の合理的な命令に従い、不倫をしているときには圧倒的に辺縁系から指揮を受けていると説明するだろう。

心理学的な観点から言えば、禁じられたものに対する私たちの反応が、人間の本性のよりダークで複雑な面を浮き彫りにする。逸脱は人間の本性の中心にある。さらに、私たちの多くが覚えているように、私たちは子ども時代には隠れることや、こそこそすること、悪い子になることや、見つかる恐怖や、ばれずにすむことにスリルを感じたはずだ。大人になると、私たちはこれらがパワフルな媚薬であることを発見する。みだらな、またはダーティな何かをしていることや、タブー破りや度を越していることがばれるリスクはすべて、性的興奮を呼び起こす。性科学者のジャック・モリンによると、私たちのほとんどが自分はルールより優位に立っていることをひけらかしたいという衝動を子ども時代から持ち続けていて、「おそらくそれが、違反的な何かをした人やそんな空想をした人がよく自己認証した気になり、誇らしくさえ感じる理由なのだろう」「魅力＋障害＝性的興奮」は、モリンの今では有名になった「官能の方程式」だ。彼によると、性的な興奮は、永続的な問題の存在とそれを克服する勝利の間の緊張感から生じる。私たちは少し不安定で、不確かで、「エクスタシーと災難の危険な境界線上でバランスを取っているときに」最も激しく興奮する。

人間の性向をこのように洞察すると、なぜ幸せで安定した夫婦関係にある人々も突然、逸脱のパワーに魅了されてしまうのかが理解しやすい。プライヤのケースでは、「たったこの一度だけ、世の中のルールとはずれた行動をしたらどうなるだろう?」という疑問が彼女の心に魔法をかけている。

ルールを破ることが長年の夢である人もいれば、日常的に自分には何でもする権利があると考える人もいる。彼らは単に自分のほうがルールより上だという前提に立っている。彼らの自己愛は彼らにあらゆる慣習を破る許可証を与えている。彼らにとっては、不倫は機に乗じてやるものであり、単にできるからやるので、大手を振ってやっている。彼らの誇大妄想は最高の手柄話を生み出す。

すべての不倫が自分には何らかの権利があるという思い込みのストーリーではあるが、私は特に責任ある従順で貞節な人生を歩んできた人々にとって、それが何を意味しているかに強く興味を引かれている。そのような真っ正直な市民にとって、造反は何を意味しているのだろう? 彼らが楯突いているルールが彼ら自身が作り出したものに他ならないとき、彼らのルール破りにある自己矛盾をどう解釈すればいいのだろう？

プライヤのケースでは、私との会話がこの混乱した状況をはっきりさせるのに役立った。彼女は夫コリンとの関係をほじくり回さなくてすむことにほっとしていたが、すべての責任を一人が負うことで、罪悪感に押しつぶされそうになっていた。「私が一番したくないのはコリンを傷つけることです。もしこのことを知ったら、彼は壊れてしまいます。たとえ、これは彼とはいっさい関係がないのだと言っても無駄です。絶対に信じないでしょうから」

プライヤは十字路に立っている。多くの人が彼女にそうアドバイスするだろうが、夫にすべてを打ち明け、その上でその結果を扱うというのが一つの道。秘密のままに不倫に終止符を打ち、夫が永遠に発見しないことを祈るのがもう一つの道。または、当面、平行した軌道の上で綱渡りを続けることもできるだろう。最初の選択肢について私が心配なのは、欺瞞を容認する気はないものの、不倫が発覚した瞬間から後戻りができなくなるほどすべてが変わってしまうことを知っているからだ。もはや、それは自己発見の物語ではなくなり、裏切りの物語になる。私には、それにより彼らに何か得るものがあるとは思えない。

ならば、静かに不倫関係を終えるという二番目の選択肢はどうだろう？　彼女はすでに何度かこれを試みてきた。彼の電話番号を消去し、子どもを学校に下ろした後にそれまでとは違う道を通り、どんなに悪いことをしているかを自分自身に言い聞かせた。けれども、自分に課した別離はまた、新しく破るための、しびれるほどワクワクさせるルールになった。三日後、彼女の電話には彼のフェイクネームが戻っていた。

それでは三番目の選択肢は？　プライヤの苦悩は自身の取っているリスクの量に比例して増大している。秘密をもつことの腐食作用を感じ始め、日ごとにだらしなくなっている。彼と行くあらゆる映画館や人気のない駐車場に、危険は彼女を追ってくる。

こういったことすべてを考慮に入れた上で、私は彼女を四番目の選択肢に導きたいと思った。彼女が言っているのは、要するにこういうことだ――この不倫はやめる必要があるが、やめたくない。私には見えているが彼女にはまだ見えていないのは、彼女が本心から失うのを恐れているのは〝彼〟ではなく、彼が呼び覚ましてくれた〝彼女の部分〟なのだ。「あなたは、トラックマン（トラックの運転手）と恋愛をしたと思っているでしょうけど、実際には、彼を媒介にして、あなた自身と密接な遭遇をしたのですよ」

相手と経験をこんなふうにはっきり区別することは、人々を不倫から解放するのに決定的に重要になる。婚外遠足はいつか終わるだろうが、その土産物は彼らとともに旅し続ける。「今はまだ、私の言うことを信じてもらえるとは思いません。でも、あなたは彼との関係を終えても、それがあなたに与えてくれたものを持ちづけることはできるのよ」私は彼女に言った。「あなたはエネルギーや若さを取り戻した。彼と別れたら、そういったものすべてへのライフラインを断ち切ってしまうと恐れているのね。でも、信じてほしい。時間の経過とともに、そういったもののいくらかが、あなたの中に生き続けていることをきっと発見するでしょう」

次に別れ方について話し合った。突然関係を断つ方法はうまくいかなかった。それだと、体験の深さに感謝することなく、ネガティブな面のみが強調されるからだ。プライヤと恋人は、実際、

9

幸せな人も不倫する――不倫の意味

どのように自分たちの関係を終わらせればいいかを何時間も話し合って、ゆっくり時間をかけた穏やかな別れも試してみた。だが、そういった会話がどのように進んでいくかを私は知っている。恋人たちは一晩かけて別れ方を計画するが、差し迫った別れを前にますます身も心もつながっていると感じる羽目になるのだ。

私は違った種類の会話を勧めてみた。それはすべてのポジティブな点を認めた、まともな別れの言葉ではあるが、矛盾が含まれている。「この関係を終わりにしたくはないけれど、それをしに来たの」と言い、彼との関係が与えてくれたものに対する感謝の気持ちを表し、彼とともに過ごした時間の思い出をずっと大切にしていくつもりだと伝えてはどうかと。

彼女は言った。「それ、今日すべきですよね、でしょ?」

「これから何日もしなくてはならないでしょうね」私は言った。「自分を彼から引き離すことを学ばなくてはならない。それはけっして簡単じゃないわ。時にそれは麻酔による治療のように感じるでしょう。彼はあなたの人生のとても大きな存在になっているので、彼に会わないと最初のうちは感覚を失った空っぽの自分が歩き回っているように感じるでしょう。これは誰にでも起きること、そして時間がかかるの」

状況によって、このプロセスはたった一度の啓蒙的な会話ですむこともある。だが、たいていは不倫の意味が代謝され、目的を果たして自然に終焉を迎えるまでには数週間から数カ月かかる。プライヤについては後者のケースになるだろうと思った。「メールや電話をしたい、こっそりあとをつけたい、彼の家の近くを車で通りたいという気持ちと闘わなくてはならないでしょう。時に気が緩んでしまうこともあるでしょう。でも、いつかは守れるようになる。喪失感いっぱいで悲しくてたまらなくなるでしょうけど、徐々に受け入れられるようになる。そのうち人生がばらばらにならなかったことに安堵する気持ちが湧いて来るでしょう。そして時折、彼のことを思い出すと、ふたたび若さを感じるでしょう」

おそらく私の言うとおり、プライヤはトラックマンを温かい気持ちで懐かしく思い出すだろう。でも私はそれと同じくらい、彼女が一年後にこの出来事を思い出して「私、いったい何を考えてたんだろう？　気でも狂ってたんじゃない？」と思う可能性にも気づいている。彼はプライヤの秘密の花園の美しい花であり続けるかもしれないが、雑草になるかもしれない。さしあたり、彼を自分の中に吸収する許可をプライヤに与えることが、彼を手放す助けになるだろうと言うにとどめておこう。

「どちらかがそんな秘密をもっているときに、ほんとうに夫婦は真の確かな絆を経験できるものですか？　関係そのものが偽りになってしまうのではないですか？」と人々によく尋ねられる。こういった質問に対するきちんとした答えを私はもち合わせていない。多くのケースで、私は秘密を明かす方向にもっていくが、それはそれによりカップルに新しいコミュニケーションの道が開かれると望めるからだ。だが、プライヤのケースでは、私のプライオリティは彼女に不倫の経験を自分のものとして理解させ、可能な限りおだやかに対処させることにあった。このところ、彼女の WhatsApp のスレッドには、彼からのメッセージに代わって私からのメッセージがある。彼から毎日与えられていた承認を断って徐々に自分自身のゴール——人生を再建すること——に向かう彼女の後援者のような役を、私は果たしている。

別の人生という罠

〝未開拓の自身〟の探求は不倫の強力なテーマだ。プライヤの場合、実生活と並行する不倫の宇宙は、彼女を経験することのなかったティーンエイジャーに変えた。一方で、かつての自分の記憶に引き寄せられる人たちもいる。また、逃したチャンス、手が届かなかった機会、なるはずだった自分について夢想する人たちもいる。著名な社会学者ジグムント・バウマンは、現代生活には「常に疑いがある——自分は偽りの人生、または間違った人生を歩んでいるのではないか。決定的に重要な何かを見損ねたり、逃したり、おざなりにしたり、放置したり、検討し忘れたりしているのではないか。真の自分自身に対し最も重要な義務を果たしていないのではないか。または、これまでにまったく経験したことのない種類の幸福を得るチャンスを間に合ううちにつかまないで放置したなら、永遠に失われてしまうのではないか」として、生きてこなかった人生、未開拓のアイデンティティ、選ばなかった道に対する人々の郷愁に直接語りかけている。

子ども時代の私たちには他の役で遊ぶ機会があった。大人になった今、私たちはしばしば与えられた役や自分自身が選んだ役に閉じこめられている自分を発見する。伴侶を選ぶとき、私たちは一つの物語の一部になる決断をする。それでも、私たちは永遠に知りたがることをやめない。他のどんな筋書の一部になれただろうと。不倫はそんな他の人生を——不倫相手が含まれた別の人生を――覗き見できる窓を提供してくれる。

ドウェインは大学時代の恋人キーシャとの思い出を大切にしてきた。彼女とのセックスはそれまでで最高だったし、彼女は今もって彼の空想のヒロインであり続けている。当時、二人は共に結婚するにはまだ若すぎると感じ、しぶしぶ別れたのだった。以来、彼は幾度となく、もし二人が違う時期に出会っていたらどうなっていただろうと自問してきた。

Facebookに当たってみた。デジタルの宇宙は私たちの人生からとうの昔に出ていった人たちとふたたびつながるチャンスを与えてくれる。こんなにも昔の恋人へのアクセスや、好奇心を満たしてくれるものを、私たちは過去に手に入れたことがない。「あいつにどんなことが起きたのかな?」「彼女、結婚したんだろうか?」「彼、恋人とうまくいってないって噂を聞いたけど?」「彼女、相変わらず可愛いのかな?」答えはクリック一つで手に入る。ある日、ドウェインはキーシャのプロフィールをサーチした。驚いたことに、彼女も同じくオースティンに住んでいた。今なお魅力的で、離婚していた。ドウェインは反対に幸せな結婚生活を送っていたが、好奇心に負けて〝友達〟になった。まもなく彼女は彼の秘密の恋人になった。

ここ一〇年間、昔の恋人との不倫はSNSのおかげで激増したように見える。こういった追憶的な出会いは、既知と未知の間のどこかに居場所を見つける。かつて知っていた人物の親しみやすさと、時間の経過が作りだした新鮮さを結びつけるのだ。昔の炎のおぼつかない再燃は、元々ある信頼とリスクテイキングと傷つきやすさのユニークなコンビネーションをもたらす。加えて、それは私たちの中からなかなか消えてなくならない郷愁を引き寄せる。今は失われたかつての私は、あなたが知っている私。

誰にもいくつもの自分があるのだが、夫婦関係においては、長い年月の間に自身の複雑さを短縮版に縮小してしまいがちだ。それを回復させるのに重要なキーとなるのが、その過程で見捨てたり追い出されたりした多くのピースを取り戻す方法を見つけることだ。

追放された感情の復活

自分自身に多くの部分があったことを発見して驚く人もいる一方で、アイオのように、自己の多重性にしっかり気づいている人もいる。彼は常に友人やメンターや恋人たちとの関係を通して自身を形作り、作り直し、成長させてきた。「私には人生のステージにより世界のいろいろな場所でできた友達の輪があります。その一つ一つが人格形成期のどこかにあった当時の私を呼び出してくれるんです。単にあるグループの友達と時間を過ごすだけで、人生のあるステージの自分自身を経験できるのは爽快ですよ」

だが、過去二年、アイオの私的成長プロジェクトの中で最も影響力の大きい人物はシンシアだった。彼女はアイオと同じく国際開発コンサルタントだ。彼はシンシアとの二年におよぶ不倫を「ぼくの成長にとっての絶対不可欠な促進剤」だと描写する。それは新しい彼自身を経験させてくれたのだそうだ。

アイオの不倫は、それほど知られてはいないものの、男性にはけっして珍しくはない種類のものだ。男性の中には、何ものも恐れず常に自分をコントロールできる、感情的にタフな人間として人生を送ってきたタイプの人たちがいる。ケニヤで育ち、波乱万丈の子ども時代に何度か居住場所の変わったアイオにとって、この戦略は理にかなっている。「ぼくは温かさ、保護、思いやり、友情、ロマンスなど、愛のいい部分はたくさんほしがっているものの、傷つきやすさや弱さ、恐れ、悲しみといった湿っぽい部分はごめんだと思っているみたいです」

妻のジュリーはまさに彼のほっするもののみを与えていた。二人は二七年前、ロンドンで、ともに同じ分野での仕事に就こうとしていたときに出会った。「美しくて、ものすごく頭がよくて、スポーツ好き。内省的すぎることもなく、弱くもない。そんなところがぼくにぴったりでした」と振り返る。五人の子どもが生まれ、ジュリーは仕事をやめて子育てに専念する決意をしたが、アイオは引き続き世界を股にかけて仕事をしてきた。

結婚生活は幸せだった。アイオによると「度を越さない程度の婚外交渉の自由を前提にしていた」そうだ。その自由を利用して彼は長年にわたり、あらゆるタイムゾーンで通りすがりの出会いを楽しんできた。ジュリーは彼のそういった行いを「サイドステップ」と呼び、見て見ぬふりをしてきたが、それは「私にかかるプレッシャーが少しは減るから」という理由だった。そして、彼女自身も短い不倫の経験があり、それはアイオに打ち明けていた。

アイオが最初にシンシアを知ったのは彼女の書いたものを通してだった。彼はそれを「すごい」と思った。彼女の意見は「魅力的で、おもしろく、純粋で、思慮深かった」直接会ってみると、シンシアは彼女の文章そのままで、しかも優美で上品だった。「ぼくたちは転がるように恋に落ちました」と彼は言う。「仕事を通して会い、果てしなく長い手紙を互いに書きました。過去二年間に千ページは下らないでしょうね」彼らの関係には数多くの面がある——職業上の深い尊敬、クリエイティブなパートナーシップ、知的な友情、エロチックな情熱、ユーモア。

当初、アイオとシンシアは自分たちの関係をそれぞれの伴侶に打ち明けようと計画していた。どちらの夫婦も婚外交渉については比較的寛大な限界を設けていたので、この関係も許されるのではないかと期待したのだ。だが、今回の関係は以前のどの浮気よりも真剣なので、「伴侶たちの許容の限界を超えるかもしれない」と思ったそうだ。

実際には、二人がこの計画を実行に移す前に、シンシアが癌の診断を受けるという形で人生の介入があった。伴侶に打ち明けるという決意は消え、同時に残っていた限界もすべて消えた。「すぐさま彼女の生活に飛び込んで、できる限りの時間を彼女と過ごしました。ぼくはさらに深く深く恋に落ちていきました。生まれて初めて、怖がることを、悲しがることを自分に許したのです」

アイオは新しい好奇心、共感、不確定なものに対する忍耐を発見し、それまで抑え込んできた感情に触れた体験を語る。常に内省的な彼はこのように要約した——「以前のぼくに欠けていた感情のスペースの中で、あるレベルの表現力を得たのです」彼はセックスにおいても以前よりやさしい男になった。「遊び心いっぱいで、バランスがよく、以前ほど結果を得ることに突き動かされなくなりました」

アイオはシンシアとの関係がジュリーにばれたあともなお、過去にそうだったように妻が「軽く受け流して」、新しいポリアモラスの取り決めの一部として受け入れてくれるのではないかという希望を抱いていた。だが、驚き、うろたえたことに、正反対のことが起きた。妻は苦しみにうちひしがれた。この膠着状態から抜け出す方法を模索したアイオは、夫婦でのセラピーを依頼する手紙を私に送ってきた。

「事実、ぼくはジュリーを愛しています」と彼は書いている。「彼女の無限のエネルギー、ぼくたちの結婚生活と家族に対する絶対的な献身、強さ、心遣い、根拠ある迷いのなさ、その価値観の豊かな基盤。ぼくたちには老夫婦になるまでずっと互いへの興味を失わないでいられるだけの多くの共通点があります。でも、事実、ぼくはシンシアに恋しています。彼女の優美さ、洗練された感情的知性、頭のよさ、弱さ、存在論的な不安、その心の複雑さ。彼女に最も大きな自分の姿を見せられることもうれしい。つまり、ぼくの中の違う部分が正反対の方向に引かれているのです。この二人の女性が人生にいるぼくは、この世で一番恵まれた男だと感じます」

私たちが実際に会うころには、アイオはしぶしぶシンシアとの体の関係は終わりにしていたが、クリエイティブな協力は続けると言い張っていた。ジュリーはそれに対し少なからず不満だった。アイオはいくつかの選択肢を考えていると、私に正直に打ち明けた。彼の中には、ジュリーに結婚生活と不倫の両方を受け入れるよう私に説得してもらいたいという気持ちがあった。だが同時に、私が「彼の目を覚まさせ、妄想から抜け出させ、結婚のみに集中させる」ことを期待してもいた。さらにもう一つ、彼はこの十字路により新しい人生に向かう運命にあるのではないかとも考えていて、私がその暗示に気づかせてくれることも願っていた。どの結末に向かって話し合いを進めていくべきか、彼自身、迷っていた。

一方でジュリーは、アイオを抗しがたく引きつけているシンシアの魅力と、自分自身の反応の激しさの意味を理解したがっていた。「どうして今回のことは彼の以前の浮気とは違ってそんなにショックなんですか？」私は尋ねた。中年男性が若い美人と関係したために、妻が自分との比較で落ち込むという話はよくある。だが、ジュリーの場合、若い美女はまったく気にならなかった。「そういう相手は怖くないから無視することにしていました」と言う。だが、シンシアは違った。ガツンときた。専門職の洗練された女性。同い年で、しかもジュリー自身が子育てに専念するため何十年も前に退いた、まさにその分野で立派なキャリアを築いていた。

彼女の話を聴いているうちに、なぜ今回の不倫がジュリーをこんなにも絶望に陥れているのかが、しだいにわかってきた。彼女の夫は単に他の女性を恋したのではない——彼はジュリーがなれたかもしれない女性に恋していた。シンシアはただアイオが発見しつつある彼の未知の部分を象徴しているだけでなく、ジュリーが諦めたすべてのものを象徴していた。アイオの傍らで働き、彼の情熱をシエアし、成功をともに祝い合う女性はジュリーだったかもしれないのだ。彼女は違う選択をし、もうやり直しはきかない。それなのに夫にはダブルヘッダーをする選択肢がある。

失われた自分自身に思いを馳せた結果、カップルでのセラピーで初めて、彼女はそれまでの控え目な殻を破って泣き出した。セラピーの終わりには、アイオの好みそうな言葉を借りれば、彼女とアイオの両方が新しい展開に向かうための非常に気まずい出発点に直面しているだろう。アイオはただ妻が傷ついていることに驚くだけでなく、妻に対する新しい共感を発見できるだろうか？　そして彼女はストイックな態度を超えて、自身の弱い部分を見せることができるだろうか？

アイオが考えた「起こりうる結末のメニュー」に含まれていなかったのが、彼とジュリーの間で新しい感情言語を作り出すというオプションだった。もし恐れや悲しさや傷つきやすさといった言葉が彼らの聖域に取り入れられたなら、思いもかけなかった場所で新しい自分に出会うかもしれない。一日がかりのセラピーの終わりに、私はこの可能性について考えながら彼らと別れた。

このような実際のケースに、私は症状説の限界を思い知らされる。不倫は単なる症状または機能不全ではない何かとして見られる必要がある。逸脱経験の結果だけでなく、それに至った感情的影響にも注意深く耳を傾けなくてはならない。さもなければ、不倫を擁護してきたコンパートメント化〔人のさまざまな側面を切り離して個別に扱う〕を永続させてしまうだろう。私はカップルを現状に沈み込んでしまうリスクを残した状態で手放す。不倫の意味を解明することは、のちに行うすべての決断のお膳立てになる。間違った場所で鍵を探すのに貴重な時間を使うのは、あまりにもリスクが大きすぎる。

10

倦怠の解毒剤——禁断の誘惑

今日、私はすべてが変わってしまうかもしれないという恐怖と、
この先も一生何も変わらないのではという同じくらいの恐怖の板挟みになっている女です。

——パウロ・コエーリョ『不倫』

一夫一婦制、それは良くていっしょに死ぬ人を見つけたいという願い、
最悪の場合、それは生きていることへの恐怖に対する治療法。
それらは混同されやすい。

——アダム・フィリップス『モノガミー』

「階段にしましょうって、オフィスの外でエレベーターを待っていたとき彼が言ったんです。そのとき、彼の手が私の手をかすめました。ほんのかすかな接触でしたが、電流が走って、生きてるって感じたんです」思い出を語るダニカの目はキラキラしている。「要するに、ショックを受けたのです。だって、自分がそんなふうに感じたがっていたことすら、気づいていなかったから。その瞬間まで、長い間そんな感覚を恋しがっていたってこと、全然わかっていなかったんです」

ダニカの話は私には少しもショックではなかったし、まじめな妻であり母である彼女がブラジ

ル人の同僚ルイスについて階段を上がっていっただけでなく、燃えるような不倫に突入したことにも驚かなかった。不倫は生きていると感じさせる――それは禁断のリンゴをかじった人たちから、私が何にも増してよく耳にするフレーズだ。

無数の放浪者たちが同じ言葉で自らの脱線を語った。生まれ変わった、若返った、力強くなった、新しい活力を得た、新しい自分になった、生き生きした、解放された、などと。そして、まさにダニカのように、長い間そういったフィーリングを経験していなかったことに、気づいてすらいなかったと打ち明ける。〝生きている〟という感覚が不倫の明確な動機になることはめったにないが――当人たちにはどうして不倫が始まったのかがわかっていない場合が多い――、それはしばしば不倫の中に人々が見つける思いもしていなかった意味になる。反抗的な愛について調べているこの一〇年間に、私は世界中でこの心情が吐露されるのを耳にしてきた。エロスは生命力だとする感覚は古代からあり、不倫はその真髄を表したプロットだ。

「シンディとやることはすべてが激しいんです」カリムは三年におよぶ不倫を振り返った。「会うための計画も激しい。セックスも激しい。喧嘩も激しい、そして仲直りも激しい。彼女は私がほしくてたまらなかったものであると同時に、恐れていたものでもあるんです。対照的に私の結婚生活は普通です。悪くはないけど、ちょっとつまらない」

「他のやつと恋に落ちるなんて考えたことすらなかった」キースは語る。「ジョーとは美術学校時代からずっといっしょです。でも、芸術家集団の中でノアに出会うと、まるで長い冬眠から覚めたかのように感じました。自分が眠ってることすら気づいていなかった。彼はぼくにプレッシャーをかけ、鼓舞する。完全に活力を吹き込まれました。彼とともに人生最高の作品を作り上げましたよ」

「夫は一〇年以上も私を濡らすことができなかった」アリスンは声を荒げた。「三五歳の若さだったので、私の体のほうに医学的な問題でもあるに違いないと思ってました。それ以外では、私たちはうまくいってました。彼は私の親友で、いわば私の副操縦士、外目にはパーフェクトな夫婦でした。でもディノと出会うと、ほんの二、三の言葉や提案で、それまでどんな潤滑剤や道具を使ってもダメだったことが可能になったんです。素晴らしいフィーリングだったわ、まるで彼に起動されたみたいでした」

彼らに「生き生きしている」というのがどういう意味かと尋ねると、答えとして多面的な経験が返ってきた。その中でパワー、確認、自信、自由は最も一般的なものだった。これらに恋という万能薬が加わると夢のようなカクテルになる。そこにはセックスの覚醒や再覚醒があるが、もちろん、それだけではない。目覚めた人たちは、あれほど鈍くなっていた感情が一気に激しくなり、先の見える一本の道を歩いていた人生にさまざまな可能性が広がり、緊縛されていると感じていたところに動きが生まれる感覚を語った。このような出会いを私は実存主義的な不倫と考えるようになった。なぜなら、それらはまさに生の真髄に深く切り込むからだ。

その結果がどんなに批判されようとも、こういった関係は浮ついたものではない。そのパワーは裏切られたパートナーにとってと同じくらい、当人にとっても不可解で神秘的だ。だが、同じような話をあまりに多く聞かされた結果、今の私は狂気にもあるメソッドがあることに気づいている。それは、人々を思いがけない逸脱へと向かわせる、人間性に潜む謎だ。想像もできないようなことが同時に論理的でもある実存主義的パラドックスを説明するとき、しばしば私は自分のことを半分セラピストで半分哲学者だと感じる。

死への対抗手段

婚外アドベンチャーが私たちの中にある最も根源的な恐怖、すなわち死すべき運命との対峙に直接結びついているケースは驚くほど多い。私が頻繁に目撃するのは、喪失や悲劇に続いて起きる不倫だ。親の死、友の夭逝、赤ん坊の死など、恐ろしい死神にドアをノックされたとき、愛やセックスの揺さぶりは命を決定的に肯定してくれる。

さらに、もっと象徴的な喪失がある。医師からの告知も私たちの若さと力強さの感覚を一瞬で踏みしだく。癌の診断を受けた男女が新しい恋人の腕の中で死の恐怖から逃れているケースを、私はどれだけ扱っただろう。また、不妊は新しい生命を作り出す能力のなさに直面させられる。長引く失業状態は自信を喪失させ、自分には価値がないと思わせる。鬱は希望と喜びを奪う。戦地や被災地域のような危険な環境は人々に平常なら考えられない心理的リスクを取るよう煽る。無力感や無防備さに直面しているそんな瞬間には、不倫は抵抗の行為になりうる。フロイトは性愛をタナトス（死の神――死の本能）と闘う生の本能であると言った。

彼らは以前にも不倫の誘いに魅かれたことはあったかもしれないが、私が思うに、彼らに実際にチャンスをつかんで行動に移す勇気を与えたのは、人生の短さやはかなさとの遭遇だったのではないだろうか。ある日突然、すでに半分を過ぎた今の人生のままで満足しているのがいやになる。「これだけ?」彼らはもっとほしくなる。昨日には賢明に思えた妥協が、今日はもう耐えられない。「人生は短い、不倫せよ」――AshleyMadisonの悪名高いこのスローガンは露骨に過ぎるかもしれないが、的をはずしてはいない。こういった例があまりに一般的なので、私は相談者たちにまずこの質問をしている。「この二、三年に何らかの喪失や誰かの死や悲劇を経験しましたか?」

それは死そのものかもしれないし、単に退屈な習慣から忍び寄る生気のなさかもしれない。何であれ、そういったケースでは不倫は強力な毒消しになる。「愛と性は最も疲れた人をも目覚めさせる」と社会学者のフランチェスコ・アルベローニは言っている。そういった出会いの中でトリガーされた生への渇望は、抗えないパワーで人々を転倒させる。たいていは計画してもいないし、求めてもいない。唐突な性欲の高まりが日々のリズムやルーティンを突き破って平々凡々な生活の向こう側へと人々を駆り立てる。すると、時がゆっくり流れ始める。無慈悲なまでに速かった年齢の進行が加速度を失う。見慣れた場所が新鮮な美しさに輝き出す。新しい場所が目覚めた好奇心を引きつける。そんなとき、人々はすべての感覚が研ぎすまされたと報告する――食べ物はより美味しく、音楽はかつてないほど美しく、色はより鮮やかに。

すべてが間違いだったわけがない

ダニカに話を戻すと、彼女の夫ステファンは妻の携帯メールのやりとりを読み、妻が「生きている」と感じさせてくれる男と一年半も不倫していたことを発見したとき、腹を殴られたような衝撃を受けた。「まだあなたの手を体中に感じるの」と彼女は書いていた。「ひょっとしてランチタイムにまたこっそり抜け出せないかしら? あなただけのためにお洒落してきたの」とも。だが、彼はそんなメールの中に、彼がかつて恋に落ちた生き生きした陽気な女性——そして長年、彼がほとんど見ることのなかった女性——を発見していた。

初期のショックから立ち直るとステファンの心に、これには思いがけずよい面があるかもしれないという希望が湧いてきた。「妙にポジティブに」なったのだそうだ。ダニカは心の底から悔い、関係は終わったと主張した。ステファンは私のもとにやって来て、この危機がひょっとしたら自分たちのかつては情熱的だったのに今では生気を失った夫婦生活に、ふたたび火をつけてくれるのではないかという願望を打ち明けた。きっと彼自身も、あんなに熱烈なメールを同僚に書いた女性を味わえるのではないかと。

予約を数回キャンセルされたあとに、私はやっとダニカに会うことができた。四〇代初めのエレガントかつ控え目な女性で、WHO(世界保健機関)でコンサルタントとして働いている。ステファンによると、セラピーには懐疑的で、ここ数週間、ステファンにYouTubeで私の講演を

10
倦怠の解毒剤――禁断の誘惑

見るようにせっつかれてイライラしていたそうだ。彼女の態度からも、私に会う時間があったらもっと重要な別のことをしていたいと思っているのはありありだった。要するに、私はあまり歓迎されていなかったのだ。彼女は彼女が言うところの「あやまち」について話すことさえ気が進まない様子で、「なぜ今さら？　もう終わったことです。私はただ前に進みたいんです」と言った。

彼女は私に裁かれると思っていたらしい。彼女自身が自分を裁いているように。けれども、すでに彼女が十分後悔している今、私がそれ以上、付け加えることは何もない。彼女が自分を恥じて不快な思いをしているのは目にも明らかで、起きたことのすべてを「間違い」として片付けていた。

そんなとき、普段の私なら、悔いている浮気者たちにもっと本心からの後悔と呵責を示させようとする。けれども、この女性に限っては、気づくと正反対のことをしていた。彼女の自己批判があまりに全面的で、彼女だけでなく夫婦関係のためになる理解と変化への道筋がすべて遮断されていたからだ。たとえ不倫が引き起こした痛みの責任は取るにしても、彼女がその経験のポジティブな面を認められるようになるには、「相手を傷つけること」と「間違い」を分離する必要があった。さもなければ、彼女が新しく発見したエネルギーを夫婦の間に持ち帰る可能性はほとんどなくなる。ステファンは〃あの女性〃を発見し、取り戻したがっている。だが、ダニカは自分の行いにひどくショックを受けていて、ルイスの腕の中で蘇ったあの女性は「私じゃない」と言い張った。

「不倫の中で起きることには、通常、楽しい要素も含まれているものよ」私は言った。「あなたはその男性と真っ逆さまに恋に落ちたのでしょ。だったら、すべてが間違いだったわけがない。もちろん悔いてはいるでしょうけど、それでも、彼はあなたに生きてるって感じさせてくれたのでしょ。もっとその話をして」

彼女はためらいがちに話し始めた。「浮気をしたいと思っていたわけじゃないんです。過去にも男性に言い寄られたことは何度もありましたけど、まったく相手にしませんでした。ルイスは違ってました。彼は単に口説いただけじゃない。『きみには美しいエネルギーがあるのに、すべて封鎖されている。きみの中のどこか奥深くにほんとうの女性がいて、解放されるのを待っている』って、そんなことを言うんです。彼はただの褒め言葉よりはるかに深いと感じられる言葉で称賛してくれました。それも何度も」私にはそれは典型的な口説き文句にしか聞こえなかった。でも、シンプルな言葉が、自分でも気づいていない深い切望に直接投げつけられたときにどんな効果をもつかを私は知っている。ただのお世辞が目もくらむような媚薬になる。

彼女は続けた。「家ではあまりにいろんなことが起きていました。子どもの問題がなければ、両親の問題。私の手には負えないと感じることもありました。玄関ドアを入ったときにゆっくりコートを脱ぐ暇さえないんです。次々とやることが押し寄せてきて、最後はいつも疲労困憊。あの秋、すべてが変わりました。オフィスに行くと自分には価値があると思えて、生き生きして、ちょっとクラクラさえして……」ルイスとの出会いは彼女の生活に喜びと期待の新たな感覚を注入した。それらはともに、夫婦の家からはとうの昔に消え去っていた強力な欲情の成分だった。

残念。なぜなら、かつてその家は二人の夢が実現した家だったのだから。チューリッヒ湖を見渡す美しいシャレー。赤い瓦屋根に幅広い出窓。彼女とステファンはともに成功した弁護士で、そこに暮らして一五年。ダニカにより隅々まで丹精こめてリフォームされていた。子ども時代にバルカン半島の紛争により難民となってボスニアから逃げてきた彼女は、ずっと安定した避難場所を渇望していた。そこを離れたくないと、彼女は私に早々と断言した。これは出口を求めた不倫ではなかったのだと。なのに、なぜ自分はこんなに気持ちが引き裂かれる羽目になったのだろうと理解に苦しんでいた。どうしてこんなにのどかな素晴らしい場所が、逃げ出したくなるような退屈な場所になったのだろうかと。そして、彼女がさらに当惑したのは、ステファンを傷つけたという事実だった。「私に初めて安全だと感じさせてくれた男性だったのに」

安全と冒険のはざま

不倫には、当事者が心の最も深いところで一番大切にしているものを、危険にさらしたりないがしろにしたりという痛ましいアイロニーがある。それでいて、これは私たちの中にある実存的矛盾を反映した、ごくありふれた苦しみなのだ。私たちは安定や、所属や、自分を誠実な関係に進ませるクオリティを求める一方で、目新しさや多様性により活力を得る。精神分析医のステファン・ミッチェルの洞察によると「私たちは安全を求めると同時に冒険もほっしている。だが、この二つの基本的ニーズは異なる動機から生じ、分離と一体、個体性と親密さ、自由と所属の対立を引き起こし、生涯を通して私たちを反対方向に引っ張る」

私たちはこの世に生まれ落ちた瞬間から、この正反対の欲動にまたがっている。母親の膝の上の安全と、遊び場でのリスクの間を行ったり来たりするのもその一例。私たちはこの二律背反を成人期にまでもち込む。片手は見知っているものや馴染みあるものにかけ、もう片方の手は不可解なものや刺激的なものに伸ばしている。自分を定位置にしっかり根付かせてくれるつながりや予測可能性や信頼性を探し求めている一方で、変化や意外性や脱却も必要としている。古代ギリシャ人はこれを理解していたので、アポロ（理性と自制心を象徴）とディオニュソス（自発性、官能、感情を象徴）の両方を崇拝したのだ。

現代の恋は二人の間で両方のニーズを満たせるという、新しい垂涎の約束をする。私たちの選んだ一人は、安定した頼もしい岩になれると同時に、退屈な日常からの救い主にもなれるのだと。

恋愛や結婚生活の初期には、この相反する二つのものの融合は完全に妥当に思える。安全と冒険はめったに二者択一の命題としてスタートしない。ハネムーン期は、相思相愛の安心感と、これから作っていく未来に対する興奮を融合させる独特なステージだ。初めころのこの熱狂ぶりが先行きの不確かさという底流により煽られているという事実に、私たちは気づかない。セックスもスタート時点では安定した頼もしいペースで行われるが、いつの間にか、必然的に、激しさのダイヤルは落ちていく。誠実な結婚生活への道すがら、私たちは小さな情熱をもうちょっと確実なものと、いくらかの興奮をいくらかの安定と、喜んで交換する。そのとき私たちが予測せず気づかないままに支払っている料金が、二人の間のエロチックなバイタリティかもしれない。

私たちが恋人や夫婦の関係に求める永続性と安定性はセックスの火花に水をかけ、やがては

10

倦怠の解毒剤——禁断の誘惑

ミッチェルが「熱狂的な反逆の表現」と呼ぶもの——別名、不倫——につながっていく。不倫する人は知らないうちに自分自身を安全と慣習の束縛から解放したいと切望している。その安全と慣習こそが、その人がまさに夫婦関係の中に根付かせようと努めてきたものなのに。

ダニカはまさか自分がそのような窮地に立つことになるとは思ってもいなかった。ステファンのような夫、子どもたち、安定した仕事、翌年の計画を立てられることからくる安心感は、彼女がずっとほっしていたものだった。だが、子どもたちとともにいままでに経験しなかった種類の恐怖がやってきた。それが彼女には特別につらく感じられた。末の男の子は一歳になる前に心臓の手術を受け、その後も継続して治療を受ける必要があった。一二歳になる長男はそろそろ自分にも親の関心を引きつけたいと思ったのか、両親がパニックになるような問題を引き起こした。

そういったあらゆるストレスにもかかわらず、ダニカとステファンは快適な生活を送っていた。ステファンは妻の瞳が輝いていないことを淋しく思っていたが、彼女のとんでもない忙しさを考えれば仕方ないと思っていた。彼は毎日、妻や子どもたちのそばにいるために仕事場から急いで帰宅していた。そしてダニカの方はあまりの用事の多さに忙殺され、自分の内部に麻痺した部分が広がっていることに気づいてさえいなかった。「私たちの結婚に問題はないんです」彼女は言い張る。「彼は週に一度の夫婦二人きりの夜のデートもけっして欠かしません。でも、子どもたちの健康や成績の低下を心配しながら、しかも翌朝六時に起きなくちゃならないとわかっていて、ロマンチックな気分になどなれるでしょうか？　正直、朝の用事を一つでも減らすために、寝る前にメールの返事を片付けておきたいくらいです」

歴史家でエッセイストのパメラ・ハーグはダニカとステファンのような結婚を「憂鬱な結婚」と呼び、それについて丸一冊の本を著した。こういった「半分幸せなカップル」の苦しみを彼女はこう分析している。

結婚は人生に何かを加えると同時に、そこから何かを奪い去る。不変性は喜びを消し、喜びは安全を消し、安全は性欲を消し、性欲は安定を消し、安定は欲情を消す。何かが膨らめば、あなたの中のどこかがしぼむ。それはなくても生きられる？　それとも、なくては生きられない？　そして、たぶん結婚する前に、自分の中のどの部分が犠牲にできるのかを知るのはむずかしい……そして、どの部分が自分の精神の一部なのかも。

ダニカの場合、他の多くの人もだが、婚外の誰かにより彼女の精神のその部分が思い出させられて初めて、それは結局、犠牲にできない部分なのだと悟った。ルイスの慎重に選んだ口説き文句は彼女の無言の憂鬱にまっすぐ侵入し、彼女の中の自身を目覚めさせたのだった。それは彼女には、いろんな仕事をこなさなくてはならない自己批判的でイライラした現代の母親よりは、間違いなく真の自分に近いと感じられただろう。

別々に両方ともほしい

私たちの中の不調和な原動力を上手くまとめるのがいかにむずかしいかを証明したいなら、不倫が最も手っ取り早い。そしておそらく文化評論家のローラ・キプニスが言うように、不倫は単に一度に二つのものをほしがるという人間的すぎる欲求の副産物ではなく、一種の解決法なのだろう。彼女はこう言っている。「不倫願望はこの本質的な心理的分裂に根差している。そして不倫はこの軋轢を、自分でデザインした三角関係の中の競合する人たちを通して具体化するというエレガントな解決策を提供する」

多くの人が家の中に見つけられないものを求めて外に出ていくことは既知の事実だ。だが、家の中に入れたくないものをよそに求める人たちについてはどう考えればよいのだろう？　自宅がロマンチックな情熱や奔放なセックスといった扱いにくい感情にとっては適切な場所でないとしたら？　ステファン・ミッチェルが言うように、あまりに多くの面で依存している相手に対してそういった欲求を解き放つことは、（不倫よりも）はるかにリスクが高い。そういったケースの婚外アドベンチャーは、家にあるものを重視していないから起きているのではない。むしろ真逆で、家にあるものを大切に思っているがゆえに、それをむやみにいじくりたくないのだ。彼らは自らの荒々しい性愛のエネルギーで家庭生活の安定を破ることだけはしたくないと考える。時折、心地よい巣から逃れたいとは思うけれど、絶対に失いたくはない。不倫は、愛人の東屋《あずまや》では危なさと激しさを、婚姻の住処《すみか》では気楽さと親密さを、といった具合に、こぎれいに分割された解決法として私たちに手招きする。

少なくとも理論上は、安全と冒険の両方を与えると約束する形で、不倫はジレンマを解決する。情熱とリスクに対するニーズを第三者にアウトソーシングすることで、浮気者は家庭生活の退屈から、それを完全に手放すことなく脱却できる。結局、彼らにとって愛人のベッドのある場所は、必ずしも住みたい場所ではないのだ。好きなときに訪問する自由がほしいだけなのだ。秘密が守られている限りは、自分はすべてを手にしているという感覚が得られる。社会学者のリーセ・ヴァンダーフールトとスティーブ・ダックが書いているように「不倫がもつ変容に対する誘惑は、この矛盾――すべてが変わるが、それでいて何も変わらなくてすむ――により高まる。不倫は〝別々に両方とも〟がかなうという魅惑的な約束なので、一夫一婦制の〝どちらか片方〟はかなわない」

女の性欲は失われ、取り戻される

家でシャットダウンし、外で覚醒した女性は、ダニカが最初ではない。むしろこれはエロスの退化についての原型ともいえるパターンだ。私は彼女のような女性にたびたび会っている。たいていは、来る日も来る日も拒まれて欲求不満になった夫に引きずられるようにしてセラピーにやって来る。妻が完全に子どもに夢中でセックスにまったく興味を失っているというのが、夫側の典型的な不満だ。「どんなにたくさん皿を洗っても、やらせてくれない」などと。だが、その

10

倦怠の解毒剤——禁断の誘惑

同じ女性が思いがけず恋に落ちて「活気づく」ことを私は知っている。

夫婦のベッドではあれほど面倒がっていた妻が、どうして突然、不倫ではいくらセックスしても足りないほど貪欲になれるのかが、男たちにはとうてい理解できないでいる。長年、彼らは自分の妻はただセックスに興味がないのだと思っていた。ところが今、新しい証拠を手に彼らは考え直す。「おれとのセックスに興味がなかっただけなのだ」と。中には夫のイマジネーションに欠けるセックスに反発して、妻が性欲をよそで満たす場合もあるが、それは典型的なケースではない。事実、ステファンは妻の喜びのためにいろいろお膳立てをするのが好きなロマンチストだったのだが、彼女の典型的な反応は「こんなわざとらしいこと、やめましょうよ」だった。だが、ルイスが相手だと何幕ものセックスプレイにも興じ、その後にはさらに長いメールのやりとりで続きを楽しんだ。

妻は一刻も早くセックスが終わることを願う。愛人はいつまでも終わらないでほしいと願う。この違いを作り出しているのは男性だと考えられがちだ。だが、より重要なのは状況なのだ。ここでいう状況とは、彼女が自分のために作り上げているストーリーと、そこで彼女が演じる役割をさす。結婚、家庭、そして母になることは、多くの女性にとって永遠の夢だが、そこはまた、女性たちが女であると感じることをやめる場所でもある。

女性の性の世界的研究者マータ・ミーナは、著書の中で特に女性の性欲の不可解さに光を当てている。彼女は女性のセクシュアリティは愛や安定さや安心感といった相手との関係性次第だという一般的な想定に異議を唱えている。つまり、もしこの想定が正しければ、ダニカのような結婚生活において、セックスは熱いものになっているはずなのだ。ミーナは主張する――女性はただ「繊細なスキンシップ」が好きなだけでなく、「いやらしいセックス」も好きなのだ。事実、「女性も目新しさや、不道徳性、匿名性、卑猥なことにより男性と同じくらい欲情するのだが、その興奮値は彼女たちがもっと大事にしているもの（心理的な絆など）を失ってでも手に入れたいと思えるほどは重要ではないのかもしれない」

私がよく言っているように、私たちの心理的ニーズと性的ニーズは必ずしもきちんと分かれているわけではない。人によっては、相手との関係の中に安心感を見つけられて初めて、信頼してセックスし、リスクを取り、不安なく欲情することができる。けれども、他の多くの人にとっては、愛を育む巣作りの特性はまた、性欲をゆっくり抑圧する。どちらかを選べと言われたら、女たちはどうするだろう？　ミーナは「女性は性的な喜びよりもよい夫婦関係を選ぶ」と結論している。

言い換えれば、女性は太古の昔から、性的ニーズより心理的なニーズを優先させてきた。何が自分を欲情させるかは知りつつも、それより大事なものがあることにも気づいていた。何が好きかを知っているが、何が必要かも知っている。女たちはすでに選択していた。

当然、ステファンは女性の官能のこのパズルを解いていない。他の多くの男たちもだが、妻がセックスに乗り気でないと、セックスを嫌いなのだと結論する。これもまた、ミーナの研究が解明した一般的な誤解なのだ。女性のセックスへの興味の薄れは、女性の性欲が生まれつき男性より低い証拠であると解釈される。だがおそらく、その性欲はより激しく、より想像力豊かに――パートナーからよりも、まずは自分自身により――掻き立てられる必要があると考える方が真実に近い。

結婚に移行すると、あまりにも多くの女性が自身のセクシュアリティが欲情から義務へと変わっていくのを経験する。セックスがしなければならないことになったとき、それはすでに、したいことではなくなる。対照的に、不倫しているときには、自分で決断することが喜びとなる。不倫において起動されるのは、自分自身の満足感を自分で追求しているという意志だ。

ステファンはダニカの落ち込みの深さに気づかなかったことを申し訳なく思い、理由を探ろうと、彼女の恋人に会いに行きすらした。そして尋ねた。「彼女の内面が死んでいたことがどうしてわかったのですか？　何が見えたのですか？」と。するとルイスは答えた。「彼女は冬の木を思い起こさせました。たとえ葉は一枚もなくても、夏に葉が茂っているときの自然な真の姿が想像できるでしょう」妻の苦しみについてのこの抒情的な解釈を耳にしたステファンは、悲しみと同時に嫉妬を覚えた。なぜルイスは彼女をふたたび開花させることができたのだろう？　自分にはできなかったのにと。

私は彼に言った。「彼女はルイスといるとき、子どもや請求書や夕食といった、自分を女としてダサいと感じさせるあらゆることを考えなくていいんです。ルイスがあなたと同じ夫という立場になったなら、すぐに彼も同じ運命をたどるでしょう」

「エロチック・サイレンス」は心理療法士で作家のダルマ・ハインが、結婚後の女性たちが経験する、この「悦びとバイタリティの、予想もしなかった、はっきりと説明できない消滅」の苦しみを表すのに使った言葉だ。「女性のセクシュアリティは自身の真実性と自分への心遣いによるところが大きい」とハインはいう。だが、結婚し母親になるとある程度の無私無欲が要求され、それが性欲に本来備わった自己中心性と衝突するのだ。他の者たちに対する責任のせいで、自分自身のニーズを最優先し、自発的になり、性的に表現豊かになり、のびのびすることがむずかしくなる。多くの女性にとって、性的悦楽に不可欠な一種の自己陶酔を家庭内に発見することは困難になる。誰かの世話をするという責務には、実際、媚薬とは正反対の作用がある。

本来の自分自身を見失わないでいようともがいている女性にとって、不倫はしばしば自分を取り戻す絶好の場となる。古代神話の英雄たちのように、女性は自己を発見するため家を出る。秘密の情事は彼女の生活でただ一つ、自分のためだけの何か——自立の印——になる。不倫をしているとき、人は誰かの世話をするために不倫しているのではないとはっきり気づいている。ハインはこの種の恋愛に内在する自己実現性をこのように確証している——「こういった女性たちは、不倫をする前には自分の身体がばらばらで、声は抑えられ、重要な臓器や人格のある側面が失われていると感じていたのに、不倫中や不倫後にはそれが一変した。彼女たちはそのようなくぐもったフィーリングから解き放たれてカラフルで生き生きしたクリアな現実に突入し、その中で自分は生きている、目覚めている、強くて集中力があると感じていた」

私の経験でも、こういった自立のテーマは男性より女性の不倫でより多く主張される。だが、だからと言って、これは決して女性に限ったものでも、異性間のカップルに限ったものでもない。ただ女性は「自分を失った」と言いがちで、男性は「おれの女を失った（おれの好きだった彼女は変わった）」と言いがちだ。だが、男性もただ単にもっとセックスしたくて、またはもっと熱

10

倦怠の解毒剤——禁断の誘惑

いセックスをしたくてよそ見をし始めるわけではなく、たいていは絆や強烈さや生気を探し求めている。こうして不純な車輪が回り始めると、皮肉なことに、彼らはやはり家の中では自分の妻と同じように感じていて自分自身の目覚めを探し求めている女性と出会ってしまう。

前出のミーナと同僚の心理学者カレン・E・シムズによる調査研究では、あまりに多くの、それ以外では幸せな既婚女性の性的末路が確認されている。結果、彼らは「性欲の足を引っ張る三つの主要テーマ」を特定している。まず、二人の関係の慣行化——これは自由と自主性から貞節と責任へと移行するプロセスとして生じる。第二に、過度な馴《な》れ——これは個性と神秘が仲睦まじさに置き換わったときに生み出される。そして最後に、ある種の役割につきもののセックス離れの特性——母、妻、家庭管理者といった役割はすべて、自己からの性欲の去勢を促進する。

この調査結果は、性欲を保つには私たちの中にある本質的な両極性をうまく舵取りしなくてはならないという、私の観察結果と一致している。そして、この調査結果でもまた、女性の性欲についての昔ながらの考え方——とりわけ、女性が性的に解放されていると感じるためには何よりも安心感が必要だとする思い込み——に疑問が投げかけられている。彼女たちはこう結論している。「女性の性欲は連続体の〝安全なサイド〟につなぎ留められるよりむしろ、心地よさと自由、安全とリスク、親密さと自律といった対立する衝動の間でのバランスを必要とする」

この微妙なバランスを維持するのが困難な人たちにとって、なぜ不倫が心をそそる誘いになるのかを理解するのは簡単だ。不倫はその仕組み自体が、自由と自立への確立された確かな道のりに他ならない。ミーナとシムズの言葉を借りれば、そこは「閾《いき》」のゾーンなのだ。そこではルールと責任は放棄され、快楽が積極的に追求され、リアリティの限界は超越される。確かに、何十年もバスルームをシェアすることから生じる過度な馴れにリスクは存在しない。不倫には謎、目新しさ、未知が組み込まれている。そして、愛人は典型的にセクシュアルな役を演じる——母親や妻やハウスキーパーが安全に家の中に閉じ込められている間に。

私といないときのあなたは誰？

ステファンとダニカに二人同席のセラピーを行ったとき、ステファンは何よりも妻に自分との間でエロチックな自分自身を取り戻してほしいと繰り返し訴えた。「ダニカが自分自身や夫婦のためには何も残さないで、子どもたちのために絶え間なく自分を犠牲にしているのがいやなんです。それを変えられるよう、ぼくはダニカを支えたい」彼には妻がかつて楽しんでいたことをふたたび始められるよう、時間や空間を作ることに協力するアイデアがいっぱいあった。バレーボール、ヨガ、女子会。「でも、今のところ、何も始まっていません」彼は言った。

ダニカは沈黙している。

「それはいいことね。でも、あなたにできることは限られています」私は彼に言った。もし彼がそんなふうに妻のために問題を解決しようとし続ければ、すべての提案が彼女にとってはさらなるプレッシャーになり、逆に彼女の抵抗を強くするだけだ。彼女は夫が彼女に求めるものではなく、彼女自身が自分に求めるものを追求する必要がある。

10

倦怠の解毒剤――禁断の誘惑

私はしょっちゅう相談者たちに、もし彼らが不倫で経験した大胆さや遊び心や活力のたとえ一〇分の一でも夫婦間にもち込めば、家庭生活はまったく違うものに感じられるだろうと言っている。私たちの創造的イマジネーションは、貞節よりも逸脱の場面でより豊かになるようだ。そうは言ったものの、私はまた映画「オーバー・ザ・ムーン」の胸を打つ一シーンも思い出す。ダイアン・レイン演じるパールは自由奔放なブラウスの行商人と不倫をしていた。ティーンエイジャーの娘アリスンに「あのブラウス売りを私たちみんなより愛してるの?」と尋ねられ、パールは「いいえ」と答えたあとに言った。「でもね、時には違う人とのほうが、違う人間になりやすいの」

もしダニカとステファンの夫婦関係が感情面だけでなく性的にも回復するとしたら、ダニカは長年暮らしてきた同じ人物との間で違った人間になれる道を発見しなくてはならない。それは間違いなく非常に困難ではあるが、不可能ではない。私は新鮮な性的要求と自信を身につけ、新しく発見した自分自身をパートナーとの関係にもち帰った女性を数多く知っている。当のパートナーの方はそんな変化がなぜ起きたのかを知らないままに、確実に喜んでいた。第三の人物との親密な遭遇は、休眠していたセクシュアリティを夫婦生活にもち込む(または、呼び戻す)可能性がある。したがって、カップルの性生活を株価にたとえると、不倫はしばしば暴落をもたらすが、場合によっては高騰をもたらすこともあるのだ。

ダニカは内なる矛盾を受け入れ、たとえそれが結婚生活に対する裏切りを意味していたとしても、自分自身の喜びを夢中になって追いかけた女性(自分)と折り合いをつける必要がある。「もしあなたがその女性を否定し、あの不倫をただ醜くて恥ずべきものにしたなら、あなたは生き生きしたあなたとの命綱を断ってしまうことになります」私は説明した。だが、彼女はなかなか納得せず、ステファンの苛立ちは目にも明らかだった。

彼にとって最も深い心の傷となったのは、彼女が浮気したことではない——彼女がどんなふうになれるかを見せておきながら、それが彼相手では不可能か、または、そうすることに乗り気でないことなのだ。彼女が単にそういったものから卒業したのだと思えたなら、諦めもつく。だが今、彼は自分ももっと情熱的なものを受け取る権利があると感じ、以前の生ぬるい状態に舞い戻る可能性に恐れおののいている。

哀しいかな、激しい性欲を家庭にもち込むことは、彼が考えている以上に困難だった。一八カ月後に彼から受け取った手紙によれば、彼はまだ花盛りの夏の木を待ち続けているものの、その希望は薄れつつあった。

性欲の複雑さを考えると、内なる軋轢が私たちを不倫に向かわせることは避けられないのではないだろうか？　私たちには、家庭では習慣や安全さを大切に思いながらも、冒険を求めてどこかへ逃げ出す素地があるのだろうか？　そもそも生涯のパートナーと生き生きした関係であり続けることは可能なのだろうか？　私たちが切望する〝別人〟だという感覚は慣れ親しみの中でも経験できるのだろうか？　そしてそのために必要なものは何？　ダニカとステファンのケースはあまり希望を与えてくれないし、今のところ、あなたが少々がっかりしていたとしても仕方ない。でも、これが、私たちが避けることができない人間のリアリティなのだ。愛と性欲は必ずしも相容れないものではない。多くのカップルが自分たちの中の矛盾を区分化することなく統合させる道を見つけている。だが、それは、私たちには決してその矛盾を取り除くことはできないという理解からスタートする。エロチックとドメスティック（家庭的）の調和は、解決すべき問題ではない。それは上手に扱うべきパラドックスなのだ。

11

「単なるセックス」は可能か？——浮気心の経済学

ロンドンだけで八万人の売春婦がいる。彼女たちは何だろう、……モノガミーの祭壇に捧げられた人間の生贄なのでは？

——アルトゥル・ショーペンハウアー『悲観主義の研究』

男がバーに入っていく。結婚指輪をはずし、札束を取り出し、きれいな女にいっしょに踊ろうと身ぶりで誘う……。

あなたたちが何を考えているか私には想像がつく。ひょっとして劣情を掻き立てられている？　または、むかついている？　もしくは即座に批判するか、反対に正当化しているかもしれない。「男ってみんなクズ！」「男にはセックスが必要だ。きっと奥さんがさせてくれないんだろうな」「ろくでなし」「色情狂」「セックス中毒」「愚劣」。おそらく唯一頭にないのが「愛」という言葉だろう。女性は愛を求めて浮気する——それが一般的な考えだが、だったら男性は？　彼らはセックスを求めて浮気する、とされている。そして、この見方はセックスが匿名で、取引として金銭を介して行われるときにはよりいっそう揺るぎないものになる。そういった出会いには感情は絡まない工夫がされている。彼がむしろ相手の女の名前さえも覚えようとしないという事実が、取引されるのが単にセックスという商品のみである証拠なのではないだろうか？

しかし、紆余曲折のある不倫物語では、ことはそれほどシンプルでない。多くの女性の不倫が、実は肉体的な欲望により突き動かされている。そして、軽い浮気や商売女の征服といった種類の不貞を含む多くの男性の脱線が、実は複雑な心理的ニーズにトリガーされている。

五五歳のガースは長年にわたり、妻ヴァレリーとの間で慢性的な勃起不全を体験してきた。「彼に申し訳ないって思わせたくなかった。それで私たち、トライすることすらやめてしまったんです。そうこうしているうちに、彼がストリップクラブや乱交パーティや売春宿に通っていたことを発見しました。しかも結婚して以来ずっとですよ！」やはり五〇代のヴァレリーは気もふれんばかりの怒りようだ。「私のこと、愛してくれてるとは思います。でも、どうしてあんなふうにまったく別の人間になれるんでしょう。家では勃起不全に心を病む夫が、外では中毒みたいに匿名のセックスを求める。男って、いったいなんなの？　そんなことも知らずに私は性生活を諦めたっていうのに！」

ガースより二〇歳下のスコットは三一歳のクリスティンと付き合い出して、まだそれほど長くない。初めのころは毎日セックスしていた。だが半年が過ぎたころから、どうしてもその気になれなくなった。欲情しないわけではない。ただ〝男の洞窟〟に逃げ込んで、ポルノを見ながら自分で処理するほうが好きなのだ。クリスティンはセックスの急速な減少を心配しながらも、スコットは今、仕事がうまくいっていない上に母親を亡くしたばかりなので、つらい時期にあるからだと自分を納得させていた。ところが、友達からスコットが二人の女性とホテルのエレベーターに乗り込むところを目撃したと聞いて、彼女の思いやりは憎悪へと変わった。「彼、Tinderで3Pの相手を募集して見つけたって白状しました。しかも、二人のうち一人が彼に性病をうつしたんです！」さらに丹念に調べていくと、スコットの華々しいポルノ習慣を発見するに至った。Tinderでの数々のマッチング、時に一晩一〇〇〇ドルもする高級娼婦への散財。「もし私が彼をバカにしたり、うるさく言ったり、拒んだりしていたならまだしも……私にはまったく理解不能です」

そして、やはり三〇代のジョナ。大学時代の恋人ダニエルと結婚している。子どもが二人生まれ、夫婦の間のセックスが自然消滅したまさにそんなとき、ダニエルはジョナの週一のマッサージがいわゆる〝ハッピーエンディング〟付きの性感マッサージで、何時間もコンピューターに向かっていたときもWoWのゲームをしていたのではなかったと発見した。

ジョナ、スコット、ガースは、頭が混乱し、ショックを受け、しばしば不快感にぞっとしている妻たちとともに私の診療室を訪れる数多くの男たちの三人に過ぎない。この種の不貞者たちはほぼ全員が男性の異性愛者だ。たいていは結婚しているか、またはそれに準じた関係にあり、そのままでいたいと願っている。彼らは責任感の強い愛情深い父親であり、息子であり、恋人または夫であり、援助やアドバイスがほしいときに誰もが頼りにするタイプだ。その気になれば、別に金銭授受のない不倫だってできるだろう。そして、一般的な思い込みとは反対に、家には彼らと寝たがっている魅力的な妻が待っている。それでいて、彼らは自らの性生活を売春婦に、ストリッパーに、オンラインの風俗嬢に、エロチックなゲームやポルノにアウトソーシングしている。

なぜ彼らは性欲を外に持ち出すのだろう？　また、なぜ金銭を払う出会いを選ぶのだろう？　彼らの妻たちは、自分の知っている家にいるときの穏やかな男性と、ストリップバーからこっそり抜け出す男との間に折り合いをつけることなど、どうしてできるだろう？

過去にはおおむね、売春婦と寝ることは隣人の妻とねんごろになるよりはましだと考えられていた。心は傷つくが、結婚自体は脅かされない。なぜなら、夫はその女といっしょになるために妻を捨てたりはしないからだ。事実、多くの人が売春婦や風俗嬢との関係を浮気とは見なさなかったし、その種の女性たちは夫たちを不倫から守る存在だと言い切る人たちさえいた。

しかし今日では、多くの女性が売春婦とのセックスは通常の不倫よりタチが悪いと考える。なぜなら、それは自分が結婚した男について、はるかに広汎かつ胸のざわつく疑問を提起するからである。セックスのために金を払ったり、この上なく堕落した（または人を堕落させる）形のセックスを求めたりするとしたら、夫はいったいどんな人間なのか？

こういった男たちを、妻をないがしろにしているから、また、裏を返せば女性を売買し搾取し隷属させる産業に加担しているからといって批判するのは簡単だ。男の権利にのみ敏感で、女性をバカにした、性欲過剰の未熟者だと切り捨てたくもなる。そして、彼らの一部はまさしくそのとおりだ。だが、ガースやスコットやジョナのような男たちにセラピーを行っていると、彼らのような性格のいい男たちをいかがわしい世界での活動に繰り出させる不安や空想や情緒不安をとことん探求せずにはいられなくなる。彼らはそんなつかの間の交渉に何を求めているのだろう？　彼らが金を払っているとしたら、彼らが支払っている対象はほんとうのところ、何なんだろう？

明らかに、単純なセックスというのはある。それは楽しい。普段のセックスとは違う。エキサイティングだ。赤ん坊が泣き出して中断されることもない。だが、はたしてそれがすべてだろうか？こういった男たちは私の目には、不倫男たちの中でも、男権、不貞、経済、文化の交点について何かを教えてくれそうな興味深い一グループとして映るのである。

愛情と欲情は別

「最低の男だと思われるでしょうね」ガースとの最初の単独セラピーでのことだ。続いて彼はただヴァレリーとの間だけでなく、その前の二度の結婚生活でも起きたさまざまな「下劣な」不貞行為について話し始めた。

「毎回まったく同じです。初めころは熱く激しい夫婦生活がある。でも、一年もすると完全に興味を失ってしまう。勃起すらしなくなる。これは変に聞こえるかもしれませんが、妻の体に触れることすら間違っているという気がしてくるんです」

彼の最後の言葉は、私にはさほど奇妙には聞こえない。それは彼のはまり込んでいる膠着状態を理解する上での重要な手がかりなのだ。興味を失うというのも確かにある――激しい性欲がやさしいものに変わっていく男性はいくらでもいる。だが、彼が描写しているのはもっと本能的なものだ――あたかも禁じられた一線を超えることを意味するかのような、妻に対する性的嫌忌《けんき》反応。このタブー感覚はセラピストのジャック・モリンが「愛と性欲の分離（love-lust split）」

と呼ぶものから来ているのではないかと直感した。

「官能生活における最大の挑戦は、自身の欲情と相手との温かい絆との間に心地よい相互作用を育てることだ」とモリンは書いている。ガースが外で性を探求するのは、親密さと性欲を結合させる能力のなさが原因ではないか？　彼のような悩みをもつ男性は、ただ退屈して、さっさと新しいものを見つけようとしているわけではない。「信じてください。こんなことは不本意なんです」ガースは私に言った。「妻を裏切るような男にはなりたくない。それに、ヴァレリーを満足させられないことについては申し訳なくて、他のあらゆる面で埋め合わせしようとしています。ヴァレリーは、ぼくの勃起不全の原因は糖尿病にあると思っているけど、この問題は糖尿病になるずっと前からありました」さらに、家の外ではまったく問題なく硬くなるという。

ガースは自分のしていることをけっして誇りには思っていないが、自分に関する限り、愛と性欲は一つ屋根の下に共存できないと諦めきって、常に用心深く行動してきた。したがってヴァレリーに発見されて初めて、あらためて自分について考え始めていた。そして私と会うときにはすでに、彼の行動が妻の魅力とも、また妻に対する愛情の強さとも関係ないことに気づいていた。

私は彼がそれまでに達した結論を肯定した。「まず言っておきますが、あなたのことを〝最低の男〟なんて思いませんよ。でも、ここには明らかにあなたと奥さまの両方に多くの心痛を引き起こしてきたパターンがあります。ヴァレリーの話を聞いていて、あなたが愛し方を知っていることはわかりました。あなたの愛し方の何かが、愛する女性とセックスすることを困難にしているのです」たとえ彼が婚外での行いをやめるのを助けられたとしても、彼の内なる分離を引き起こしているものが何かを理解させられない限り、さして意味はないと思われた。

彼に子ども時代について語ってもらうよう促した。彼のように繰り返し性行為のシャットダウンを経験する人には、一般的に潜在的なトラウマの存在が疑われる。私たちの性に対する傾向や抑制は幼少時の体験に始まり、生涯を通して形作られる。時に性の障害物を明らかにするには少しばかりの心理的探索が必要になる。官能に関係した心理に偶発的な部分はほとんどないからだ。

ガースの場合は、父親が中心的な役割を演じた長くも悲しいストーリーだった。頻繁に怒りを爆発させるアルコール依存者で暴力的な父親は、第一子で長男のガースに目に見える傷と見えない傷の両方を残した。無力な母親や弟の代わりに、彼はしばしば自らすすんで父親の怒りの矛先を受けた。

恋愛関係や夫婦関係にある男性について数々の著作があるテレンス・リアルは「パワフルで無責任かつ／または虐待的な父親と、共依存している抑圧された母親と、板挟みになった心やさしい息子の特殊な罪深い三者関係」を描写している。こういった息子たちは不健康なほど母親に囚われた末、大人になってからは「自分自身のさまざまな感情を恐れるように」なる。彼らは、自分の気持ちは抑えてでも母親やその後に出会う女性たちを幸せにしなくてはならないと感じる思いやりのある男たちだ。リアルはこれを「侵入トラウマ」と呼んでいるが、これはただ心の中だけでなく肉体にも存在し続け、身体的親密さを妨害するパワーとなる。ガースはこのパターンにぴったり合致した。そしてこれは、彼が愛する女性に対し大きな恩があると感じながらも欲情できない事実をある程度説明していた。

彼の両親との関係と妻との関係の心理的共鳴があまりに強いために、残念な混乱が起きていた。したがって、妻とのセックスは〝罪悪〟――ほとんど近親相姦――だという感情があった。パートナーのことをあまりに身近に感じ始めると、セックスは犠牲にならざるを得ない。皮肉なようだが、その瞬間、不倫にまつわるタブーは家庭でのセックスほどは罪深く感じられないのだ。

愛には常に責任感と相手の幸福や健康に対する気遣いが伴う。だが、こういった自然の感情は、人によっては、とりわけ子ども時代に両親の面倒を見なくてはならなかった人には、非常に重くなる。愛する人のか弱さや壊れやすさに極度に敏感なため、官能的な親密さや喜びを得るのに必要な自身の解放を妨害する重荷を抱えてしまっている。背中から倒れて後ろにいる人に体を受け止めてもらうといった、子ども時代の遊びを思い出してほしい。セックスもまったく同じで、相手のことを、こちらの性欲のパワーを受け止められるくらいしっかりしていると信頼できて初めて人は自分を解放できる。

ガースのような人たちは、外に現れた行いが内面の分離を反映している。愛と性欲の分離には男女ともに多くのバリエーションがあるが、ガースの場合、それは子ども時代に受けた心の傷の延長だった。父親に殴られた息子の多くが、自分は絶対に父親のようにはならないと誓い、大変な努力でもって、あらゆる形の攻撃性を抑制しようとする。問題は、この否定した感情をコントロールしているうちに、愛する女性に欲情する能力まで抑え込んでしまうことにある。

私はガースに、性欲にはある程度の攻撃性――暴力ではなく、強引かつ真剣に何かを求めるエネルギー――が必要だと説明した。それは相手をほっし、自分のものにし、セックスの対象にさえすることを人に許す。セクシュアリティの著名な研究者ロバート・ストラーは、他者を物として扱うのではなく、独立した性的な存在として見るこの種の対象化は、セクシュアリティに絶対不可欠な要素だとしている。それは相手を性的に興奮させることを自分に許す健康的な距離を作り出すが、その距離は家族になった人間と性的関係を続けたいなら必要不可欠なのである。

自身の攻撃性を恐れ、それを分離しようとする男性の場合、性欲は愛から切り離されていく。彼らの場合、心理的親密さが増せば増すほど、性的には後ろ向きになっていく。

この分離が極端なケースでは、男性はパートナーと仲睦まじい関係にありながらセックスレスになり、一方でハードコアのポルノに夢中になったり、さまざまな形の買春に走ったりするようになる。こういった感情を巻き込まないセックスでは、彼らの性欲は愛する人を傷つける心配なく自由に発散される。

「愛と性欲の分離」をフロイトの「聖女娼婦コンプレックス」と結びつける人もいるだろう。その二つには確かに関連性がある。けれども、私がこの分離を概念的に説明するときには、どのように女性が見なされているかだけでなく、男性のアイデンティティの分裂をも含めている。女性を愛し、強烈に慕い、責任感を抱く部分は良い少年。それが欲情すると冷酷で乱暴で無責任な悪い少年になる。要するに、心理的に「Ｆｕｃｋ　ｙｏｕ（くたばれ）」と相手に言えたときだけ「Ｆｕｃｋ　ｍｅ（セックスしよう）」と言えるのだと私は説明する。無神経に聞こえるかもしれないが、この種の問題を抱えた男たちは、即座にそのとおりだと理解する。

こういった男たちの妻や恋人と話していると、しばしばステージや街角やＰＣ画面上の女たちの魅力がわかってくる。男がそういった女たちの肉体に魅かれるのは明らかだが、ほんとうにそれが一番の理由だろうか？　私との会話で男たちが強調するのはそういった女たちのルックスではなく態度だ。彼女たちの態度はか弱さとは対極にある。セックスでは自己主張が強く、要求がきつくすらあり、ひどい扱いを受けた彼らの母親や悩んでいる妻を思い出させない。彼女たちの自信といつでも要求に応じられる姿勢は、彼らを相手の面倒を見なくてはならないという責任から解放し、たまらなく欲情させる。精神分析医のマイケル・ベイダーは「彼女たちの好色ぶりは、彼らが彼女たちに対し粗野で残酷な衝動に身を任せるときの恐怖を和らげる」と書いている。つまり、自身の攻撃性に対する葛藤が一時的に棚上げされるのだ。すると、愛し尊敬している妻とではできない形で、安心して自分を解放できる。

愛と性欲の分離はさまざまな形を取る。中には、好むと好まざるとパートナーが親の役に当てはめられるケースもある。これは昔からよくある「父（母）のような人と結婚した」という形を取ることもあれば、反対に「母（父）とは正反対のタイプの親になりそうな人と結婚した」という形を取ることもある。それは単純に母親の役割であるかもしれない。ある女性は、第一子が誕生すると、夫は彼女の体重が減り始めるまで彼女の体に触れなかった。第二子が誕生したときもまったく同じだった。彼女はセックスどころかただ体に触れてもらうことに飢えていたが、夫はゾッとしている様子だった。三人目の子どもが生まれたころには、彼女は妊娠しやすさをエロチックだと感じる恋人をつくって空虚さを埋めていた。

どんな形をとろうと、仲睦まじいパートナーに対する過剰な馴れはセックスにとっては災いとなる。相手からエロチックなアイデンティティが失われてしまうのだ。二人の関係は愛情に満ちた、温かく思いやりのあるものであっても、性欲は失われる。

愛と性欲の分離は私が取り組む不倫問題の中でも最も厄介なものの一つだ。彼らはとにかく外での活動さえやめれば、リビドーを家庭に持ち帰るだろうと考えられがちだ。だが、外での炎を消したとたんに性的にシャットダウンし、家で再着火できなくなった男たちを私は大勢見てきた。彼らの場合、分離が大きすぎて出口を見つけるのが困難なのだ。

この種の不貞行為には罠が潜んでいることもしばしばだ。単なるお遊びの一つが真剣なものに変わることがある。男は恋に落ち、やっと探し求めていた宝を見つけたと確信する。長い年月で初めて、彼は一人の女性を愛し、同時に欲情している。それまでは間違った相手と暮らしていたのだと確信する。その結果、新しい恋人といっしょになるために妻子を捨てるものの、まもなく以前とまったく同じ状況に陥る。ガースの場合も三度目の結婚だった。

ヴァレリーは今の状況が自分にとって希望のもてるものでないことを知っていた。自分自身、かつては彼の愛人の立場で、同じことが起きるのを目撃したからだ。だが彼の妻となった今、ただ座って彼に離婚されるのを待っている気はさらさらなかった。まず実際的なアプローチを試みた。「もしあなたが愛人をつくるなら、私も同じことをするわ！　私には自分の人生の最後の三〇年間を、家で一人寂しくチョコレート・アイスクリームを食べて過ごす気はありませんからね。私も恋人を作って素晴らしい人生の三幕目を送るわ」と彼に宣言した。だが、ガースは真に受けようとしない。

「そんなの結婚とはいえないよ！」彼は反論する。実際、妻の体に触れようとしない男たちの多くが、自分以外の男が妻に触れるかもしれないという考えには耐えられない。彼らの心の中には、ママを失うことを恐れる小さな男の子が棲んでいる。

「私をなだめようとしてご機嫌を取り続ける相手と暮らす気はありません」ヴァレリーは苛立つ。「すごく屈辱的だし、そんな彼は情けない！　彼はただ薄汚い嘘つきのクズだわ。私はこの先、自分が尊敬できない相手とどうやって親密さを築けばいいの？」彼女は結局、離婚手続きを始めた。次は愛情と性欲がより調和している男性を見つけられることを期待して。

男性神話の追放

スコットは一人で私のもとにやってきた。彼の説明にまったく納得がいかないクリスティンに「まず、あなたのそのつまらない問題を解決してらっしゃい」と、ずばり言われたのだとか。私の仕事はその若者がなぜ美しく洗練された恋人に興味を失い、毎日何時間もポルノのスワイプと視聴に費やしているのかを理解させることにあった。

スコットはテキサス州ヒューストンで育った。高校大学通してずっとサッカーの人気選手だった彼には常に多くのガールフレンドがいた。だが、決まった恋人がいながらも、浮気は日常茶飯事だった。モデル転じて理学療法士になったクリスティンとは付き合って二年近くになる。

「まず、付き合い出したころはどうだったかを話してください。最初のうちは問題なく彼女とセックスできていたのね？」

「ええ。毎日してました。時には日に何度も」

「そうなの？」

「ええ、まあ、だって、そうすべきでしょう？　もし毎日セックスしなかったら、彼女に本気じゃないって思われるから」

「でも、毎日したかったのでしょう？」私は突っ込んだ。

「正直言うと、いつもやりたかったわけじゃないけど、とにかくやりました。楽しまなかったとは言いませんよ。でも、時々、硬さが持続しないんじゃないかって不安でした。彼女がイッたかどうかも、他の男とするときと同じくらい楽しんだかどうかもわからなかった。だから、このことクリスティンは知りませんが、バイアグラを処方してもらってました。自然に勃起したときでも、彼女にすごいって思わせたくて時々飲んでました」

「どんなセックスをしたいかをクリスティンに訊いたことはありますか？　それとも彼女はただ絶倫男を求めていると思い込んでいたのですか？」

彼は一度も訊いたことはないと認めた。

「それで、絶倫男が疲れてきたとき、どうなりましたか？　どんなふうにセックスレスになったのですか？」

徐々にセックスをしなくなり、しばらくするとベッドの中にいるより携帯電話でポルノを見て過ごす時間のほうが長くなっていたと彼は言った。それについては別になんとも思わなかったそうだ。つまるところ、ポルノは一二歳から見続けていたのだから。

スコットの性教育はロッカールームで始まった。「年上のチームメイトがいいサイトをいくつか教えてくれました」女の子はまわりにいっぱいいたが、彼はあまり自分の性的能力に自信がなかったので「緊張をやわらげるため」酒を飲むことを覚えた。大学ではフラタニティ〔学生友好会のようなもの〕に入会した。そこでは男子学生たちが夜な夜な、女の子をものにした手柄話を披露していた。「いつも自分は彼らの水準に達していないという気がしていました」彼は告白する。

スコットにとっては、男らしさはイコール性的能力で、恋愛や男や女というものに対し、自分にはとうてい応えることができないさまざまな期待を抱いている。一方、彼の恋人には彼女自身の期待がある。もっとやさしくしてほしい、もっとコミュニケーションをしてほしい、彼自身の気持ちについてもっとオープンになってほしいと。だが、彼の方はヤワな男にはなりたくない。そして、それが彼に男であるという意味について矛盾するイデオロギーを抱かせている。

くしくも、世の中には男らしさについての新しい定義が急速に出現していて、男性たちは伝統的には彼らのレパートリーにはなかった、まったく新しい情緒面でのスキルを身につけるよう奨励されている。同時に、昔ながらの定義もなかなかなくならない。結果、あまりに多くの男たちが今なお男の精力について時代遅れで自滅的な考えはまり込んでいて、それが羞恥と屈辱が生まれる種になっている。人生相談回答者のイルマ・カーツは、男たちのこの苦境を「弱虫になるかレイピストになるかの間のいっそう狭まりつつある操縦空間に自分自身と自分の勃起を押し込むことがますます困難になっている」と要約している。

スコットのような男性は、フラタニティの仲間《ブラザー》から男はいつもセックスしたがっているといった話ばかり聞かされるマッチョ文化の中で育った。彼はまた、そういったデータの載った記事も数多く読んでいた。だが、こういった記事のもととなっている調査はほとんどが若い大学生について行われたもので、成熟した男性のセクシュアリティについては、実際、ほとんど何も知らされていない。だから、あまりに多くの男たちが自分自身や他の男性について混乱した考えを抱えているのも無理はないのだ。大多数の男性が隣の男がどんなふうにセクシュアリティを扱っているかを知らないのに、自慢しなくてはならないというプレッシャーはある。いつの日か、ロッカールームで男子グループが、もしガールフレンドに迫られたら、どうやって頭が痛いふりをすればいいかといった話をし始めたなら、世の中は変わったということだろう。

だが、さしあたり今は、スコットのような男性が自身の性的能力にこだわりすぎているのも不思議ではない。研究者たちもおしなべて同様だ。性欲についての研究の多くが女性を対象にしている。誰もが男は性欲が旺盛な生き物だと頭から決めてかかっているのに、わざわざ研究する理由がどこにあるだろう？　したがって、もし勃起しないとしたら、それは機能的な問題でしかない。女性の性欲にはあらゆる種類の問題があるが、男性のそれはただあるかないか、硬いか柔らかいかだけの問題だと考えられている。このステレオタイプの何一つ、男性の自己評価にとっても、女性との関係にとってもプラスはない。

スコットは問題の原因を突き止めたいと焦っている。「では、浮気をすることについてはどうお考えですか？」彼は質問した。

「いずれ、その問題に到達しますよ」私は答えた。でもその前に、男らしさについての彼の考え方を掘り下げることが、より正確に彼の行動を解読させてくれるだろう。表面上、彼の行動は「狩りをする男」そのものだ。だが、表面どおりに受け取ってしまったら、そもそも彼の性の障害の一因となっている〝男らしさのイメージ〟をいっそう強めてしまうだけだ。

スコットは「男性のセクシュアリティは生物学的に突き動かされた単純なもの。いつでも準備OKで、新しいものを求めている」という誇大広告を信じ込んできた。精神分析医の故エセル・パーソンがこれを完璧にまとめてこう言っている。「このマッチョな見方は、女たちを気も狂わんばかりに欲情させるほど自制心が強く、経験豊富で、有能で、知識が豊かな、すこぶるクールな男性にくっついた大きくてパワフルで疲れを知らないペニスを表している」

近年、女性のセクシュアリティの多次元性——その主観性、相関的特質、前後の流れを重視する特性、いくつかの条件の微妙なバランスへの依存——については、優れた研究が数多くなされた。その意図せぬ副作用は、逆に男性に関する還元主義者的な見方をさらに単純化し、強めたことだった。男女両方のセクシュアリティについてもっと柔軟な理解をすれば、双方の不倫についてよりはっきりと把握することができるのだが。

性欲に関しては、実際、男女間に言われているほどの差はない。スコットの性に関する青写真のどこにも、彼のセクシュアリティが女性のそれより単純で、感情的でないと思わせるものはない。相関的かどうかについても差はない。スコットが恋人を喜ばせようと自分自身にかけているプレッシャーや、恋人の得るオーガスムの回数により行う自己評価や、恋人が元彼とのセックスのほうをより楽しんだのではないかという不安について聞いていると、その中に羞恥、性的能力に対する不安、拒絶されることに対する恐怖が感じ取れた。私は尋ねた。「そういった感情を相関的と呼ばなかったら、いったい何と呼べばいいんでしょう?」

スコットにはこのような、彼自身も気づいていない感情と彼のベッドルームでの問題とを結びつける助けをする必要があった。母親を亡くした悲しみと憂鬱な気分も間違いなく一役買っている。また、彼の中にある不安――特に、自信がないのにあるふりをしている自分自身の欺瞞から生じる感情――についても話し合った。さらに、彼はクリスティンにも起業仲間の誰にも、彼のビジネスがうまくいっていないことを話していないことも認めた。「彼らに負け犬だって思われたくないんです」

男性のセクシュアリティは精神生活によるところが大きい。それは単なる生物学的衝動ではない。男性の場合、セックス、ジェンダー、アイデンティティの三つは深く絡み合っている。低い自己評価、気分の落ち込み、不安、精神の不安定、羞恥、罪悪感、孤独などは、自身の性に対する感じ方にすぐ影響する。仕事でバカにされた、小柄すぎ、背が低すぎ、太りすぎ、またはあまりに貧乏だと感じたなら、欲情する能力は直接、悪影響を受けかねない。

私はスコットにこの新しい考えについてしばらくじっくり考えさせた。それは彼に、とりわけ母親を亡くした後と、会社がうまくいかなくなった数カ月の間に、なぜクリスティンへの興味が失われたかを理解させるのに役立った。「でも、どうしてまだ恋人以外の相手とならセックスしたいんでしょう?」

そこが男と女の違うところだ。男性は内面の雑音を、マスターベーションや金を払って得る快楽など、より感情が絡まない形のセックスに向かうことでなだめようとしがちだ。事実、彼らの性的習慣にあるこの分離のレベルが、厄介な感情への直接的な反応であることは想像に難くない。まさに男性のセクシュアリティがあまりにも相関的であるがために、多くの男たちがまったく正反対の性的空間を探し求めるのだろう。そこでは、しつこい恐怖や悩みや、さらには精力不足で大恥をかくのではないかという不安に直面しなくてすむからだ。しばしば彼らが匿名の出会いに求める自由とコントロールの度合いは、彼らの相関的な悩みの深さに比例している。

男はこうであるとか、こうあるべきだとかについてこんなにも矛盾するメッセージを受け取る今の世の中では、多くの男性が恋人と親密になるよりむしろポルノや買春や匿名のセックスを好むのもそれほど不自然ではないだろう。心理的に何かを抱えた男性が増えるにつれ、感情を巻き込まない種類の不倫の増加を私が目撃しているのも、偶然ではないだろう。ストリップクラブに行ったり、売春婦を雇ったり、マッチングアプリで気に入る相手を探したり、ポルノを見ることで、男たちは現代の男らしさの綱渡りからちょっと降りられるのだ。

金を払ってするセックスの魅力の一部は、少なくとも約束した六〇分の間は、売春婦がそういった複雑な感情を取り払ってくれることにある。そして画面上のポルノ女優が抵抗できないほど魅力的なのは、彼女を誘う必要もなければ、拒絶されることもないからだ。彼女は男として劣ると感じさせることもないし、そのあえぎ声は彼女も最高の時間を過ごしていると安心させてくれる。ポルノは男たちを性に対する本質的な脆弱さから守ってあげるという束の間の約束で、彼らをおびき寄せている。

売春婦、ストリップクラブ、性感マッサージ、ポルノの間には多くの違いがあるのだろうが、ある意味、それらはすべて同様の心理的配当を与えてくれる。どれも男たちを相手女性の注目の的に据え、相手を喜ばすプレッシャーからは解放し、完全に受け取る側に立たせてくれる。

男たちの話を聞いたあとに、私は次のように理解するに至った。結婚相手とのセックスにつきものの数々の感情的取引に比べると、匿名でのファックに数ドル支払うというシンプルな数式は、むしろお得な取引に思えてくる。ある男性が金を払うお遊びや一人でのポルノ鑑賞を選ぶとき、彼はシンプルさと、見たところ単純そうなアイデンティティを買っている。要するに、利己的になれる権利を購入しているのだ。それは家に向かう通勤電車に飛び乗る前の、心理的に自由なちょっとしたひとときを。「売春婦をイかせる《come》ことに金を払ってるんじゃない。去って《leave》もらうために払ってるんだ」と私に言った男性は一人や二人ではない。

たとえそうであっても、そういった行為のすべてがある種の感情の罠を避け、多数の感情的ニーズを満たしているのに、私たちはそれを「単なるセックス」と呼べるだろうか？　男が孤独だったり、愛されていないと感じていたり、落ち込んでいたり、ストレスがたまっていたり、役立たずだと感じているとき、または親密さにがんじがらめになっていたり、反対につながっていると感じられないとき、男が買っているのはただのセックスなのだろうか？　それとも、性の取引の中で与えられるやさしさや温かさ、友情、逃避、支配、承認といったものなのだろうか？

セクシュアリティはそれを通して男性がさまざまな禁じられた感情にアクセスできる承認され

た言語だ。やさしさ、弱さ、傷つきやすさ、心遣いは、昔から男性には奨励されてこなかった。彼らがそういったニーズを性的言語の中に紛れ込ませて満たそうとしてきた場所が彼らの肉体だった。「男がほしいのはセックスだけ」と誰もが言うけれども、それを文字どおり解釈してはいけないのかもしれない。セックスは彼らの感情の控えの間への入り口なのだ。

おもしろいことに、女性に対しては反対のことが言えるかもしれない。女たちの性的ニーズは文化的に認可されていないが、感情面でのニーズは十分に認められている。おそらく、女性の愛の追求の底辺には、感情というパッケージに包まれてのみ正当化できる多くの肉体的切望が横たわっている。これは「男はセックスを得るために愛を使い、女は愛を得るためにセックスする」という昔ながらの格言をくつがえす。

男も女も否定された性欲が彼らを間違ったベッドに連れて行ったとき、セラピストの診療室にやって来る。でも、もし私たちが彼らの行いを額面どおりに受け取り、「男は浮気者でセックス中毒またはそれ以下。女は孤独で愛に飢えている」という昔のレッテルを貼りつけたなら、彼らの真の動機や願望はさらに深い闇へと追いやられるだろう。

繊細な男にとってのセックス

「ただのハンドジョブだ」とジョナは自分に言い聞かせた。「だから、厳密には浮気とは言えない」と。これが、FBSM〔射精までいく性感マッサージ〕またはハッピーエンディング付きマッサージとして知られる風俗を愛好することに対する彼なりの正当化だった。スコット同様、彼もまた三〇代前半で、愛する女性と暮らしながらもオルガスムはPCのクリックやクレジットカードで調達している。だが、二人の共通点はそこまでだった。スコットのジェンダー的テンプレートがマッチョに基盤を置いているのに対し、ジョナは典型的〝ニュー・マン〟だ。シングルマザーに育てられた彼は、共感、エモーショナル・リテラシー（感情制御知識）、合意、公平さといった術を叩き込まれていた。それがまた、この二人の男性が共通の悩みを抱えてしまったことに対する興味を余計にかきたてた。

数カ月マッサージに通い続けると、ジョナはマッサージ台に横たわっているだけでは満足できなくなった。そこでお気に入りのマッサージ嬢のルネにフェラチオを頼んでみると、喜んで応じてくれた。ジョナは自己弁護を続けた。「金を払ったんだから、これは不貞行為じゃない。恋に落ちるリスクはいっさいない。他では得られない解放を得ただけだから、むしろ結婚生活を守ったんだ」問題の結婚生活は専門職の妻と在宅夫という、このところ増加しつつあるパターンの一つだ。ジョナとダニエルはともに三〇代、大学三年からずっといっしょだ。小さな子どもが二人、ノースカロライナ州のリサーチ・トライアングル在住。最近、ダニエルは偶然、夫の性の二重帳簿を発見した。

ジョナの脱線はよくある不安の数々により引き起こされていた。「ぼくはオタクで、自分のことを精力旺盛だとは思えなかったし、勃起も長くはもたなかった。ダニエルの前に付き合った女性も少なかった」彼は外向的で聡明で美しいダニエルに選ばれたことをすこぶる幸運だとは思いつつも、彼女のかっこいい元彼たちを脅威に感じていた。「以前、彼女が付き合ったのはスポーツマンタイプ。ぼくとは完全に正反対のタイプですから」

ダニエルは彼の繊細な部分に魅かれたのだと私に言った。時折、もっと自己主張する恋人に憧れることがあると認めながらも、その他のすべての面でパーフェクトな男性を選んだと感じている。愛情深く、誠実で、いつでも気持ちに寄り添ってくれる。正直、ジョナには女たらしだった自分の父親のように他の女を追いかけ回す度胸はない、と考えていた。

私は彼らの関係の心理的な裏面を探った。ダニエルは世間に対しては自信たっぷりで絶好調というイメージを打ち出しているものの、内心ではそんなにいつもそんなふりをしなくてもすむことを望んでいた。ジョナといると気を緩めることができ、気分の浮き沈みを隠さずにすみ、いつでも気持ちを立て直してくれるのでボロボロになった姿をさらけ出すことさえできた。彼の精神的な信頼性が、彼女に傷つきやすくなるという贅沢を許していた。それは少々の性的ミスマッチを犠牲にしても有り余るほど貴重だった。

一方、ジョナのほうはこのパワフルでセクシーな女性に男として認められたと感じ、オタクっぽいセルフイメージから解放されることを期待していた。ところが、驚いたことに、彼女の方は彼にそのままでいてほしがっていることがわかってきた。彼は女性のニーズを満たすという得意すぎるほど得意な役割――離婚前後の母を支えたときに、まさしく彼が行っていたこと――を果たすべくリクルートされたのだった。けれども、彼は彼女の欲求が自分のそれより優先されることを密かに恨んでいた。はっきりしておくが、彼の母親もダニエルも彼にそのような犠牲を要求したことは一度もない。だが、それが愛情深い男たちのすることなのだ。

ダニエルとジョナは何年も性生活がもっとホットになることを望みつつ、共謀して空白を設けていた。ダニエルはジョナを保護者役としてキープし、彼には浮気などできるわけないと信じることに熱心だった。彼を非性化することで、彼を安全にしていたのだ。そしてジョナの問題は妻を性的にアクティブにできないことではなく、自分自身をアクティブにできないことにあった。

彼らに自分たちの性の衰退について語るよう促すと、ジョナは「ただそれほどやる気が起きなかったのです」と言った。ダニエルは出張が多かったので、彼は隆盛しつつあるオンライン・ポルノの世界をたびたび訪問するようになった。家を出る必要すらなかったが、それでも旅に違いはなかった。「三〇秒の視聴のために二〇分サーチするんです」彼は言った。最終的に彼を画面から引き離して性感マッサージに向かわせたのは、まさに同じ冒険心だった。

どうしてジョナのような男がかつてはその体に触れずにはいられなかった愛する妻と過ごす代わりに、むしろポルノでマスターベーションをしたり、風俗で処理したりするのだろう？ ガースとスコットのときのように、私は彼の行為の感情面での損得を分析して、彼の不貞行為をより正確に理解しようと試みた。

ジョナは日常と並行して送っていた性生活に、やさしくて繊細で家庭的な夫という拘束からの逃避を発見していた。「いつも自分は性的には完全に成熟していないんじゃないかと感じていました。でも、そこでは初めて恥ずかしがらずに自分の希望を表現することができた。自分はもてて、パワフルで、平均以上で、男らしい男だと感じられたんです。ただの感じのいい男ではなく、女たらしにも、浮気者にも、嘘つきにもなれるってね。それにはすごいスリルがありました。やましい気はしましたよ。でも、いい意味で」

そして、それは妻にどんな影響を与えたのだろう？　ダニエルもまた夫との性生活には ずっと不満だった。皮肉なことに、夫が自身の性の覚醒を社会的には非難される性感マッサージで追求していた間、彼女は家で寝転がって社会的に認可されているE・L・ジェームズの『フィフティ・シェイズ・オブ・グレイ』〔マミーポルノのジャンルに属する人気官能小説〕を読んでいた。彼らにも言ったように、私はこの二つが道徳的に同等だと言うわけではないが、空想の世界においては共通するものがある。彼女はジョナがどこか別の場所でなろうとしているタイプの男——彼女がジョナに家ではなってほしくない種類の男——について読んでいたのだ。

今はどのカップルにとってもむずかしい時代だ。エロチシズムは常に〝政治的に正しい〟わけではない。現代西欧文化の素晴らしいギフトの数々——民主主義、合意形成、平等主義、公平、相互寛容——を寝室でも生真面目に実行しすぎると、とてつもなく退屈なセックスになってしまう。男女の役割バランスの再調整は、現代社会の最も価値ある進歩の一つだった。それは私たちの性に関する権利を計りしれないほど改善したが、くしくもダフネ・マーキンが「ニューヨーク・タイムズ・マガジン」に書いているように「性的権利証書のどれ一つ、エロチックなイマジネーションの非合法で制御できない世界ではもちこたえられない」のだ。性欲はいつでも良き市民のルールに従うわけではない。だからと言って、男女の役割が固定し、家父長が特権をもち、女性が従属していた暗黒時代に戻るべきだとはならない。あくまで今日の文化という枠組みの中で、私たちの性に関する選択肢――認められているものと、そうでないものの両方――を分析することが重要なのだ。

別種のハッピーエンディング

それでは、見たところバニラのように甘い夫に実はスパイスの効いた隠れ部屋があったとわかったとき、妻はどうすればいいのだろう？　夫にまったく見知らぬ別の性的人格があることを発見したせいで、現実にある夫の残りの部分との折り合いがつけられなくなるケースもある。また、それにより二人で共有する新しいスペースが生まれる場合もある。反対に、そういった不貞の形に対する嫌悪感を乗り越えられない妻もいる。そういった人たちは迷いなく出口を指差す。だが、私は夫の思いもしなかったエロチックな人格の発見に好奇心を掻き立てられた例もいくつか見てきた。ジョナとダニエルは幸運なことにこのカテゴリーに当てはまった。ダニエルは夫の不貞行為に傷つきはしたが、同時にそれは彼にそんな部分があったこと、つまり彼も男らしくなれることとの発見でもあった。「どちらかというと、低リビドーの男」という夫に対する見方は一変した。彼らの性生活は一気に開花した。そしてセックスの回数の増加とともに、さらに重要な変化が起きた。それは性に関する正直さだった。

性に関する正直さとは、ただ犯した不貞行為を細かく包み隠さず打ち明けることではない。それはパートナーとの間で、性についてオープンかつ成熟したコミュニケーションを取ることだ。

自らのセクシュアリティを通して、自身のコアとなる部分をさらけ出すことだ。それはときに、生涯隠し通してきた秘密を明るみに出し合うことをも意味する。感情面の透明性が現代の親密さにおいては最も重要だとあんなにも大宣伝されているにもかかわらず、パートナー間での性についての真のコミュニケーションがひどく乏しいことに、私は常々驚嘆している。不倫発覚後の私の仕事の一つは、いつ、どこで、どのように、なぜセックスについて話すかを直接導くことにある。

ジョナはこのアドバイスをしっかり受け取った。ダニエルが彼の言葉に耳を傾ける気になるなり、彼は性の探検をした男として、自分自身について発見したことを話し始めた。彼らはどちらも自らの赤線地区に互いを呼び込んだ。「たとえば、ぼくが二人の共通の知人とセックスする場面を空想するなんてことを打ち明けるのは、ぼくたちの夫婦関係にとって破壊的な行為だと思っていました。ところが、反対に新しい次元を開放したのです」とジョナ。「彼女に受け入れられたと感じると、余計に彼女に魅かれました」

一方、ダニエルの側はと言えば、夫のエロチックな内面の奥まったところをより深く理解することで、彼の不貞行為を違った目で見るようになった。心の痛みがなくなったわけではないが、性の反逆行為だと見なしていたものが、長年の隠れた願望を打ち明ける入り口になった。

彼らの性生活はより気持ちの入ったものになるにつれ、より実験的なものになっていった。いっしょに「倫理上問題のないポルノ」を見た。二人でストリップクラブに行ったときは、ラップダンサーがダニエルに絡みついた。するとダニエルはいつもレズビアンのセックスを空想していたと告白した。「それで、あるとき、いっしょに性感マッサージを試そうということになったんです」

とジョナ。「ぼくがあれほど好きだったものを彼女にも経験してほしかった。誰かの性的献身を一身に受け、ただリラックスして気持ちよさに浸る喜びを」

ダニエルがマッサージ嬢を選び、ジョナが手続きをした。ジョナによると「それだと、お膳立てするワクワク感や性感マッサージを待つときの昂揚は経験できるにもかかわらず、結婚生活や家族を失うリスクは冒さないですむ」のだとか。二人にとってそれは大いにそそられる体験だった。かつてはパートナーを傷つける禁断の行為だったものが「二人で楽しむ冒険」になったのだ。

真の自分と行為がより一体化していると感じている今、結果的にジョナが性欲のニーズをよそで満たすことはなくなるだろう。このカップルには、エイブラムズ・スプリングが挑発的に言った「それまでの構造が吹き飛ばされて、より健康的で、より自覚され、より成熟したバージョンに取って代わられるには不倫のような核爆発が必要だったのだと、あなたは最終的に発見するかもしれない」という言葉が当てはまる。

はっきりさせておくが、私はけっして不倫を行き詰まった結婚の良薬として処方してはいない。3Pプレイが傷ついた心につける軟膏だと提案してもいない。ジョナとダニエルが自分たちの関係を見直すためにとった斬新な方法は、私が予想もしていなかったものだ。彼らの選択はもちろん誰にでも通用するものではない。あくまでカップルがどのくらい弾力的かつ創造的になれるか次第なのだ。

ダニエルにもう二度とあんなことはやらないかと尋ねられたジョナは、ルネのサービスを独占的に受けていたときに得ていた特別感が恋しいと白状した。そして、時折、自分の中に発見したばかりの「悪いヤツ」が懐かしくなるとも。「自分の中のどんな部分であれ、秘密や危険やスリルから刺激を受けていた部分が恋しいよ。でも、きみとぼくが到達したこの素晴らしい境地は、危険にさらすには大切すぎるってわかったんだ」彼のこの正直さはダニエルを怯えさせるよりむしろ落ち着かせた。彼女は彼のことを以前より深く理解し、また二人の間の信頼は、互いの考えと性欲を恥ずかしがらずに正直に話し合える自由により、いっそう強くなった。二人が感じている相手に受け入れられているという感覚は、将来的には不倫に対する最大の防御になるだろう。

セックス依存症――不倫の医療化

こういった不倫の一つ一つに、個人と文化と身体的要素の絡み合った複雑な謎がある。しかし、このようなケースを同僚たちと話し合っていると、しばしば違う説明がもち上がってくる。それは「セックス依存症」だ。ガース、スコット、ジョナは、それぞれ、この〝今日の病〞の判定基準――〝過剰〞の概念と〝コントロールの欠如〞が中心――をほぼすべて満たしている。

セックス依存症はセラピストたちの間では最新のトピックだが、私は異論の多いこの論争をここで繰り広げる気はない。とはいえ、何かに駆り立てられるようにセックスを追い求める男たちに関する章を、この話題にまったく触れることなく終えることはできないだろう。

正式にはセックス依存症などという診断名はないにもかかわらず、多くの研究者や臨床医が薬物依存症の医学的定義にある判定基準を拝借し、この疾患の定義に飛びついた。それに呼応し、高額のリハビリ施設や治療センターなど、丸々一つの業界が出現した。臨床医の中には、かつて「男は所詮、男」として片付けられていたものがもはやノーマルでも受け入れられるものでもない証拠として、そのレッテルを歓迎している人たちもいる。一方で、科学的根拠の欠如を指摘して、セックス依存症の診断はどんなセックスが健康的または不健康かというセラピストの判断を医療化しただけだと見ている臨床医もいる。

私たちが何と呼ぼうが、性に関する病みつきの行動は多くの人にとって現実にある問題であり、当人とそのパートナーの両方が大変な苦しみを味わっている。数々の人生、評判、そして家族が、そのせいで破壊されてきた。渦中にある男たちにとっては、自身の行動に病名が付くことは、恥を忍んで切実に必要としている助けを求めることができるので、ポジティブなステップとなる場合もある。だが、たとえそれを一種の病気だと呼んだとしても、それにまつわる汚名が取り払われるわけではない。子どもたちに「別れることにしたわ。お父さんがセックス依存症だから」と言いあぐねている母親と同席したのは一度や二度ではない。もし夫がアルコール依存症ならば、彼女たちはそれほどの恥ずかしさに直面しなくてすんだだろう。また、ある妻は「セックス狂い」などという言葉より、医学的な「依存症」のほうが好ましいと言い張った。なぜなら、それは彼女の夫に正真正銘の病状があることを意味するからだ。だが、当の夫は「ろくでなし」という別のレッテルを好んだ。それだと少なくとも自分の行動に主体性がある——ただどうしようもなく駆られているのではなく。

確かにセックス依存症の診断は、昔からある文化論争における最新のスピン——特定の側に有利になる操作――となった。何をしてセックスの回数が多すぎ、または少なすぎと言えるのか――何が正常で何が異常か、何が自然または不自然か――という問題は、これまでも種としての人間を夢中にさせ、また対立させてきた。性に関してはすべての宗教や文化体系が許諾と禁欲、許可と禁止の調整を行ってきた。性の基準も性の病理もそれぞれの時代のモラルという形でしか存在しなかったが、それは経済、ジェンダーに対する考え方、権力構造と密接に結びついていた。一例を挙げると、女性の貞操が重んじられていた時代には、奔放な女性は女子色情症患者と診断されていたのだが、今日では女性が性について自己主張することは高く評価され、反対に彼女たちの新しい災いである「性欲低下障害」を治そうと何百万ドルもの金が注ぎ込まれている。同様に、セックス依存症の増加は、病気の社会構造における非常に興味深い研究テーマとなっている。セックス依存症は「過剰なセックスは逸脱した人生への坂道」だとする昔ながらの恐怖を呼び起こす（おもしろいことに、女性はめったにセックス依存症の診断を受けない。私たちは彼女たちを恋愛依存症であると見たがる――転落への坂道という点では変わりないのだが、こちらの診断のほうが女性は喜ぶ）。

ガースやスコットやジョナの取ったような行動を医療化するときには、私の同僚のダグラス・ブラウン＝ハーヴェイが「早まった診断」と呼ぶ落とし穴に気をつけなければならない。男たちのセクシュアリティがより正しく理解され、自身とより統合され、彼らのパートナーが（そして彼らのセラピストが）彼らの犯した不貞行為に対し建設的な対応をしようとすれば、彼らの個人的、家族派生的、社会的など多岐にわたる動機を考えに入れる必要がある。

12 究極の裏切り？——結婚生活に他の問題があった場合

「結婚の契りはあまりに重いため、抱えるには二人、時に三人が必要になる」
——アレクサンドル・デュマ・ペール

「少なくとも、おれはどこかに行って他の誰かをファックしたりはしなかった」デクスターは吐き出すように言った。確かに、彼はそんなことはしていない。だが、長年にわたり、彼は日常的に妻のモナをいじめ、バカにし、彼女の飛行機恐怖症をあざ笑ってきた。よく彼女を地上に残し、子どもたちを連れて飛行機で旅行に出かけたりもした。よき父親で一家の大黒柱ではあったが、家庭の経済に関しては常に彼女を蚊帳の外に置いていた。彼女の口座には常に十分の金があると言い張るが、その口ぶりから、彼女のことを能力不足だと思っているのは明らかだった。彼女が孤独で劣等感にさいなまれていたのも無理はない——この善意の独裁者のもとで二二年の歳月を過ごしたのちに、一〇歳年下のロバートに出会うまでは。そして過去半年間、モナはやさしくされる喜びを発見し、自分にも実際、おもしろいことが言えるのだと気づいた。

すると、少しずつ自信がみなぎってきた。デクスターは、もっと傷つくはずの妻がいつものこ

12

究極の裏切り？——結婚生活に他の問題があった場合

き下ろしからも意外に早く回復するのを見て、彼らしくもなく不安と疑惑の渦巻く心理状態に陥った。妻の車にGPS装置を取り付けると、結果は明らかだった。新しい憤りで武装した彼は、妻の不倫を自分の行いの正当化に利用し、あざけりの言葉を倍増して当然だと感じた。それには新たに「売女《ばいた》！」と「淫乱！」が加わった。

昨今、アメリカの時代精神は明快で「不倫は結婚生活に起きうる最悪の出来事」ということになっている。不倫がもたらす信頼の裏切りは、DVや、ギャンブルによる家計の破綻や、近親相姦の深刻ささえも上回りかねない。二〇一三年度のギャラップ世論調査では、アメリカ人の成人の九一パーセントが不倫は「道徳的に間違っている」と答えている。同調査では、不倫は重婚（八三パーセント）、クローン人間の作成（八三パーセント）、自殺（七七パーセント）、興味深いことに離婚（二四パーセント）など、リストアップされた他の道徳的に疑わしい行動のどれよりもはるかに高いポイントを獲得した。同調査を分析した「ザ・アトランティック」誌のエレノア・バークホーンは、「比較的よくある種類の厳密には順法の行為でありながら、こんなにほとんどの人が認めないものは他に思いつかない」と言っている。だが、モナのような状況は、不倫は究極の裏切りだとする決めつけに疑問を抱かせる。

カップルセラピーの前線での仕事は、デクスターのような男性を、ただ浮気をしなかったというだけの理由で道徳的に優れていると決めつけないよう警告してくれる。彼のような貞節は執念深さと相互依存の延長線上にあり、何年にもおよぶ妻に対するひどい扱いは、それ自身が正真正銘の裏切りだと言える。事実、思いやりのない振る舞いをする多くの人々が文化的因習は自分に味方してくれると確信して、不倫したパートナーを激しく非難し、自分は被害者であると申し立てる。不倫は相手の心を傷つける。だが、結婚生活における悪行のヒエラルキーで不倫に特別の地位を与えたなら、それに先立って起きた、またはその原因にすらなった言語道断の振る舞いの影を薄くしかねない。

裏切りはいろいろな形を取り、性的裏切りは単にその一つにすぎない。性的な誠実さは難なく維持しながらも、他のあまりに多くの面で日常的に結婚の誓いを破っている人たちに私はしょっちゅう出会っている。不倫の犠牲者は必ずしも結婚の犠牲者ではない。

どうしてモナは夫とただ別れなかったのだろう？ 彼女はそれも考えたし、実際、何度も口に出している。だが、デクスターはそれをも彼女をバカにする新しい種にしただけだった。「どこに行こうってんだ？ お前みたいな五〇過ぎのくたびれた役立たずを、もらってくれる男なんかいるわけないだろ」と。ロバートとの関係が、そんな檻に留まること以外にも選択肢があると考えられる強さを彼女の中に育んだ。モナが離婚手続きを開始すると、デクスターの強迫的な戦法ももはや彼女の一挙一動を左右できなくなった。彼女の友人が紹介した有能な弁護士が、彼の見かけ上の寛大さとは裏腹の隠し財産を暴き出すだろう。

不健康な夫婦関係を崩すのに愛人という第三者を使うのは卑怯な方法かもしれないが、勇気を奮い起こす源になりうる。時に私たちはより心地よい人生を手に入れる勇気をもつために、他の人物と過ごすという経験が必要になる。よくある夫婦間のサディズム――無視、無関心、脅し、侮辱、拒絶、軽視――による心理的拷問の沼の中で暮らしている人々にとっては、不倫は自己保存と自決の一表現なのかもしれない。破壊的な関係においては、貞節は美徳よりむしろ弱さの類になりかねない。身動きの取れない状態を貞節さと混同してはいけない。身体的虐待を受けている人たちにとっては、打つ手をやさしくなでる手と交換することは、果敢な抵抗の意思表示なのだ。政治レベル同様、個人レベルでも、裏切りは時に新しい社会秩序への必要な入り口になる。

私がここで強調したいのは責任転嫁ではなく、夫婦関係に充満しているパワーと無力感の織りなす力関係への注目である。「最初に裏切ったのはどちらか？」は多くの人が恐れる正当な質問だ。

ロドリゴはどうしても謝る勇気を奮い起こせなかった。出張をもっと個人的な目的のある旅に変えたことで、妻アレッサンドラを傷つけたことはわかっていた。だが、「悪かった」と言おうとするたびに、妻に完璧なまでに露骨に無視され続けてきた長い年月がよみがえり、自分の行いを正当化する気持ちが湧き上がってくるのだった。「ほんとうに謝らなければならないのはどっちだ？」彼は答えを要求する。

ジュリーは「夫は過去二〇年間、心理的な不貞を働いてきました」と私に書いてきた。別の女性についてではない。「夫はいつも仕事を優先し、コンサートで、ディナーで、旅行で、私との約束をすっぽかしてきました。少なくとも浮気をされたわけじゃないと妹には言われますが、彼の仕事はどんな愛人より要求がきついのです。最近、私は私のためにたっぷり時間を使ってくれる男性と出会いましたが、こんなケースでも、不貞を冒しているのは私のほうなのでしょうか？」

なぜ、同じように関心がよそに移ったケースが、議論の余地なく信頼の裏切りだとされる場合と、そうではない場合があるのだろう？　表面的にはこういった探求者たちはセックスを求めているように見えるが、彼らは同時に深さや、称賛や、見つめる目など、性交渉とは別の形での挿入も求めている。親密さと言ってもいいし、人と人とのつながりと言ってもいい。それは私たちに自分には価値があると感じさせてくれる何かだ。

こういったシナリオがまず呼び起こす典型的な質問は「どうして別れなかったのか?」であり、次に予測される質問は「話し合おうとしたことはあったのだろうか?」だろう。カップルが民主的にコミュニケートする時代にあって、私たちは話し合うという解決策を信じている。確かに自分の気持ちを聞いてもらえたと感じられる率直な話し合いに勝るものはない。だが、私たちの嘆きがまったく相手の耳に届かないときの孤独感は、一人でいるときのそれより深い。一人で食べるより、私たちを拒絶している相手と向かい合わせで食べるほうがつらいのと同じだ。

多くの失望した人々が話し合おうとさまざまな試みをしてきた。最初は穏やかに、気を遣って。しまいには怒り、挫折して。そしてついに懇願するのをやめ、打ちのめされた願望をよそに向けたとき、それまで無関心だった伴侶はやっと気づき始める。彼らに他の道はなかったのだろうか?もちろん、あっただろう。だが、不倫という警報装置ほど石灰化したカップルを揺さぶるものは他にない。

拒絶された側の造反

伴侶に不倫されると人は自分をちっぽけだと感じるが、何年もちっぽけだと感じさせられ続けた人もまた不倫に向かう可能性がある。子どもが小さくて手がかかるのに夫は暇さえあればスポーツバーで仲間と試合を観戦といった状況では、夫以外の男性から得られる称賛はカンフル剤のように感じられる。結婚生活が家庭運営会社になり、業務や手配のことしか話さなくなったとき、不倫という詩は日々の退屈な散文から精神を引き上げてくれる。毎日午後六時にパートナーが六本入り《シックスパック》ビールを手に隠れ家に向かったなら、あなたにはオンラインで別の種類のシックスパック（腹筋の割れ目）を探す時間がたっぷりある。パートナーとくだらないことでいちいち言い争うことに疲れているときに、同僚があなたのユーモアのセンスを認めてくれたなら、自分はただの性悪女ではないと気づかされる。こんなふうに、束の間の息抜きをよそに求めたくなるような憤りや小さな攻撃や無視の種類は多様で数は無限だ。結婚生活の闇は逃避を求めて叫び声をあげる。その闇に肉体的な親密さがなければ、よりいっそう逃避に拍車がかかる。

性欲を夫婦のベッド以外にこっそり持ち込むことが結婚の誓いを破ることになるのは当然だと思われるだろう。だが、そのベッドのヘッドボードに「立ち入り禁止」の表示があるような状況については、どう考えればいいのだろう？　ここで言っているのは夫婦生活の頻度が週に一度とか、月に一度といった一般的な現象ではない。関係が長引けば、性欲がある程度減少するのは自然で、夫婦間のリビドーの差は予測できるし、なんとか扱うこともできるだろう。私が言っているのは、何年も、時には何十年も、愛情深く親密な関係にある時期にすら、伴侶からの性的要求に断固としてこたえようとしない人たちである。誰だって夫婦間レイプや義務としてのセックスの時代に戻りたくはないが、片方が一方的にいっさい（または、ほとんど）セックスはしないと決意したなら、それはモノガミーではなく強制された禁欲主義だということを私たちは受け入れる必要がある。

エロスの喪失はどう扱うべきだろう？　それを性の災いだとするのは言いすぎかもしれないが、私は剥奪されたセックスのパワーは軽視できないと結論するに至っている。私たちの文化はカップルの幸福のためにセックスがどのくらい重要であるかを軽視する傾向がある。それはオプションだと考えられている。友愛的なカップル王国には数多くのメリットがあり、実際、性の不一致について悩むことなしに愛情深い関係を育む人たちは大勢いる。だが、セックスが嘆かわしいほどなく、しかもそれが両者の同意によるものではない場合には、それさえなければ満足のいく関係に大きな穴を作り、いずれ関係は耐えがたいものになる。そして、何年も体に触れられないでいると、他の人たちのやさしさに屈しやすくなる。

マーリンは、夫にあんなにも完全にセックスを拒絶されるよりは、まだ浮気されたほうがましだったと言う。「彼が他の人には欲情したと知る悲しい安心感さえ、私には与えられなかったのです。すべての責めを負わせる第三の人物はいませんでした」

私のもとには、絶望し、怒り、悲しみ、敗北感に打ちのめされ、自信喪失し、無視され、体に触れてもらえない、孤独で渇望した世界中の恋人たちから手紙が届く。彼らはステレオタイプ的な像とは異なり、全員が男性ではない。頭痛を装ってセックスを拒絶しているのは女性だけではないのだ。

イザベルが夫のポールと結婚生活一〇年間に行ったセックスの回数は片手にも満たない。「結婚して数週間もしないうちに、彼は興味を失いました。あらゆる原因を考えましたよ。不倫でもしているのか、ゲイなのか、それとも神父にレイプされたとかいう例の少年たちの一人だったのかとか」夫婦で話し合おうともしたし、セラピーも受けたし、思いつく限りの大胆な方法でその気にさせようともした。すべて無駄だった。ポールの沈黙は不可解だ。男性ホルモンの値もチェックし（正常だった）、バイアグラも試みた（肉体的には成功したが、あとで彼は気分が悪くなった）。イザベルがこんなことすべてに耐えられたのは、彼が人間的にはいい人で、彼女が結婚の誓いを真剣に受け止めていたからだ。だが最近、彼女は教会である男性に出会った。「まだ何も起きていませんが」彼女は私に言った。「崖っぷちに立っています」

ブラッドはパムの「その気になれない」というムードにお手上げだ。「毎晩、妻のｉＰａｄがセックスから身を守る盾のように二人の間に置かれています。彼女にランジェリーをプレゼントして、着てくれって頼みましたが、四週間たった今もまだラッピングも解かれないまま椅子の上です。彼女はただ体をくっつけていたいだけ。つまり『やさしくして。いっしょに眠りましょう』って言いたいんです。ぼくにはもう、こんな欲求不満な関係を続けることはできません。でも、彼女はどうすることもできないって言う！　毎日、ぼくがほしいのは彼女だけだって言ってるのに、なぜか自分はぼくには釣り合わないって感じてるらしくて」

「コンドームが破れてルイーズが四度目の妊娠をしたとき、ぼくは堕ろしてほしかった。でも、彼女はいやだと言った」クリストファーは説明する。「ぼくは責任感が強い男だから、ずっと彼女と子どもたちのそばにいて面倒を見ようと思っていましたよ。でも、彼女自身にいい母親がいなかったからか、自分はいい母親になろうと固く決意していて、それで妻でもあるってことを完全に忘れたのです。結果、計七年も授乳し続けている。オキシトシンが出すぎですよ！　ぼくは完全に蚊帳の外だ。やさしさもなし。キスも、セックスもなし。初めて不倫したのは二番目の娘が生後一年半のときでした。不倫のあるなしに関係なく、ぼくたちの性生活はもう何年も干上がっていました。不倫のせいで結婚が破綻したって彼女が言い張るのはとんでもなく理不尽です」

伴侶とともにおだやかに老いていく——サマンサがほしいのはそれだけだった。「不倫したことに対する罪悪感に苛まれながら、ロッキングチェアに夫とともに座っている姿なんて想像もしなかったわ」だが、貞節な妻として過ごした一〇年ののち、彼女の結婚生活は徐々に劣化していった。「私が変わったんです。まず彼が別のベッドで寝始めました——いびきをかくから、眠れないから、腰が痛いからといった理由で。私は同じベッドで寝たいって懇願しましたが、彼は別々に寝るカップルはいくらでもいると言い張りました。性生活は手抜きの五分くらいのもの。私にはとても満足いくものではありません。家のことはお金のこと、家事、子育てなどすべて私が一人でやってました。確かに彼は毎晩家にいましたよ。でも、いないも同然でした」

彼女はCraigslist〔クラシファイド・コミュニティサイトの一つ〕を通してケンと出会った。彼も既婚者で、やはり欲求不満を抱えていた。次にAshleyMadisonを通じてリチャードと知り合った。これも同じストーリー。「というわけで、私は今、地元と遠距離の両方に既婚者のセックスフレンドがいる女なんです」時折、彼女はそんな自分自身にショックを受けている。後ろめたさも感じている。でも、やめたくはない。「あんな死んだも同然の状態に戻ることはできません」

セックスレス夫婦についての批評家たちは、年に一〇回未満をセックスレスと呼んでいいと決定した。彼らがどういうわけでそんな数字をはじき出したかは謎だ。全体の一五〜二〇パーセントの夫婦が明らかにこのカテゴリーに属している。したがって、もしあなたが年に一一回セックスをしていれば、自分は恵まれていると考えていいが、もしあやうく逃れられた運命がどんなものかに興味があるなら、人気のReddit〔米国最大級のソーシャルニュースサイト／掲示板〕のコミュニティ"deadbedrooms"を覗くといい。そこには何万人ものメンバーがいる。ビッグデータの分析を専門とするスティーブンズ＝ダビドウィッツはニューヨークタイムズ紙に、グーグルでの"sexless marriage（セックスレスの結婚生活）"の検索数は結婚に関する他のどんな問題の検索数より多いと報告している。

明らかに多くの人々がエロスの死を嘆いている。回数こそ一応満たしているものの、その内容に満足していない人はもっといる。彼らの嘆きは毎日、私の受信箱に到着する。

「彼が興味あるのは性交のみ。私の体にはほとんど興味を示しません。前戯なんてまるでモデルT〔フォードの量産車〕のエンジンでもかけているみたい。ベッドに入って数秒もしないうちに膝を私の脚の間に入れて、濡れてるかどうかをチェックするんです。それについては何度話し合おうとしたでしょう……やさしく、たっぷりおだてながら、私の好みや、私が感じるやり方を伝えました。すると、私以前に文句を言った女はいないって言われました。そんな状態が何年も続いた今では、ついに私の自尊心が別れたら一人になるっていう恐怖に打ち勝つんじゃないかと心配しています」

ウィラはブライアンとセックスはし続けてはいたが、喜びも心の通じ合いも得られてはいなかった。「単なる義務でしていたけれど、他の家事のほうがまだ気分的にはましだったわ。そんなあるとき、ふと思ったんです。私はべつにセックスが嫌いなわけじゃないって。夫とのセックスが嫌いなだけだって。それを確かめるため、結婚の枠から踏み出してみたのです。ご想像どおり、私は間違っていなかったわ」

ジーンは言う。「おれはプレイが好きだし、ゆっくり時間をかけたセックスをしたい。でも彼女はただおれのペニスをつかんで自分の中に突っ込むんだ。おれにさっさといかせて、早く終わりにしたいんだよ」こういった惨めなパートナーはいったいどうすればいいのだろう?

私は何時間もかけて火の消えたカップルの欲情にふたたび着火しようと試行錯誤する。まずセックスレスの下地となる一般的な原因を探っていく。両親からの暴力だったり、子ども時代に受けた性的虐待だったり、人種差別だったり、貧困、病気、喪失や、失職状態だったりする。これらは複合的に人々から力を奪い、自分の住んでいる世界では信頼と喜びは危険すぎると感じさせる。次に彼らのエロスのテンプレート──彼らの感情の歴史がセックスの肉体第一主義にどう反映されているか──を探る。「どんなふうに愛されたかを話してください。それは、あなたがどんなセックスをしているかを多く語ってくれます」というのは道案内的な質問の一つだ。こういった問題を掘り起こすことが、セックスをブロックしているものを取り除く助けになる。

また、カップルの行き詰まった状態に介入し、手を貸して蓄積した不満の一つ一つに取り組ませる。どうすれば相手への批判を注文に、怒りを意見に変え、互いにオープンで弱さをさらけ出せる関係になれるかを教える。もつれた結び目がほどけたとき、カップルは喜びを育むためのイマジネーションを使えるようになる。私は彼らにセックスのことをそんなに真剣にとらえるのはやめて、代わりに遊び心をもって、寝室の中に限らず外でも期待と謎を膨らませるよう促す。加えて、私にはカップルが感覚や官能や、さらには親密さの神聖さとふたたびつながるのを助けるための戦略がある。それはただ話すことに留まらない。セックスインストラクター、トラウマのセラピスト、タントラ〔ヒーリングの一種〕の教師、性科学のコーチ、ダンスのインストラクター、ファッションのアドバイザー、鍼診療師、栄養士など、助けになりそうな人なら誰とでも協力する。セクシュアリティはこういったすべての分野と交差している。

カップルの中にはなんとか状況を一変させるのに成功する人たちもいる。だが、どんなに努力しても官能の炎を取り戻せない人たちもいる。こういったカップルは所詮すべてを手に入れることはできないのだと――セックスレスは家族を保つための代償だと――諦めるしかないのだろうか？　それとも、セックスは人生のあまりにも本質的な一部なので、その欠落はいずれ、それ以外には幸せな結婚を崩壊させてしまうのだろうか？

性的な親密性がなくなったとき、二人の関係はどのくらいいいものでいられるのだろうか？　私が言っているのはただ行為としてのセックスではない。きょうだいや親友たちとの関係と大人のロマンチックな関係を分ける官能的でエロチックなエネルギーの有無である。セックスレスの夫婦がいずれ不倫へと向かうのは避けられないのだろうか？

夫婦ともにその状態に不満がなければ、愛に溢れた安定した関係にもなりうるだろう。だが、片方が満たされない切望を抱えたまま人生のあるステージから次のステージへと移ったなら、彼らは着火を待つ乾いた枝になる。貞節と禁欲という二重の命令を受けたなら、みだらな衝動がついに自由を求めて爆発したとしても驚きではない。

正確にいつ始まったかは思い出せないものの、マットにとってセックスレスの年月は永遠にも感じられる。彼と妻メルセデスは結婚して一〇年。ともに三〇代前半で出会い、まもなく結婚した。最初のころは気持ちがいいからセックスしていた。次は子作りのためにセックスした。子どもは二人、サーシャは七歳、フィンは四歳になる。やがてセックスをしなくなった。赤ん坊がいたからだ。その後、全然しないよりはましだという理由で、たまにセックスする時期があった。そのうち、まったくしなくなった。私が彼らに会ったときには、フィンが母親とキングサイズベッドで寝て、マットは書斎のソファでうずくまるように寝ていた。メルセデスは求められたいとは思っていたが、その気持ちはさほど強くはなかった。事実、彼女はかつて一度もセックスに夢中だったことがない。しかも彼女には常にセックスよりも優先すべきことがあった。

このケースでは、夫はしたいのに妻が拒絶するという構図ができあがっているのは目にも明らかだった。初めのころは彼が激しく迫り、彼女が応じるというパターンだった。彼女は求められるのを歓迎していた。そのうち、彼女がしだいに興味を失って抵抗するようになると、彼の〝したい〟は、〝する必要がある〟へと変わっていった。それは彼女からすれば大変な興ざめで、ますます背を向けたくなった。彼が乞えば乞うほど、やる気はそがれた。そして彼女が拒めば拒むほど、彼は余計にしがみつくようになった。おなじみの「追われれば逃げる」力学が働き、両者とも、自分が最も忌み嫌う行動をますます相手にとらせていた。

　月曜、マットははっきり自分の渇望を口にする。水曜、かすかにほのめかす——彼女の負担にならないよう、または彼女の中にあるセックスについての劣等感を刺激しないよう。金曜、ほんの軽く彼女に触れる。彼女がのってこなかったら、別に迫らなかったというふりができるように。

　時折、メルセデスは考え込むことがあった。「私って、どこかおかしい？　あなたはただスイッチをパチッと入れるだけでいいのに、私は消え入りそうな火を必死で熾《おこ》さなくちゃならないの」マットが「ほら！　前回はあんなによかったじゃないか！　また夢中になれるよ」と励ますこともあった。だが残念なことに、こういった善意の試みは裏目に出た。「子ども扱いしないで！そういうのってセクシーじゃない！」次に彼は同情してみた。「きみがそんなふうに感じてるのが悲しいよ。きみにとって、もっと気楽なことだったらいいのに」すると彼女は彼の理解に感謝し、やさしくキスし、寝返りを打ってライトを消した。打ちひしがれ、彼は別室に行ってPCを前に自慰をした。

　当然、怒りが募っていく。なぜ、すべてあいつ次第なんだ？　こんなにぼくを苦しめていることに気づかないのか？　くよくよ悩み、胸の痛みに耐えながらも怒りを抑え込んできたが、一年また一年と過ぎていき、ある日とうとう彼は爆発した。「グダグダはもう聞き飽きた！　こんなの不公平だし、きみは自分勝手だ！」こんなことを言ったからにはもう二度とセックスはさせてもらえないだろうと思ったが、どちらにしろ、させてもらえないんだから同じこと。少なくとも胸に溜まっていたものを吐き出した。もしメルセデスが夫に禁欲を強いていることについて、過去には罪悪感を覚えたことがあったとしても、これからはそれも当然だったと考えるだろう。「よくもそんなことが言えるわね！」彼女は反撃した。「そんな態度で私がそそられると思う？」

年に二度、結婚記念日と彼の誕生日にだけ、セックスレスの複雑な振り付けは中断される。「でも、彼女はただ横たわって、ぼくのために我慢しているだけなんです」いわゆる「お情けのセックス」だ。それはマットが求めているものとは程遠い。

メルセデスもそんな情況を悩んでいないわけではなかった。彼女はメキシコ人なので、身内の女たちに相談すれば「あなたは彼の妻なんだから、彼の欲求を満足させるのはあなたの仕事よ」と諭されることはわかっていた。だから、代わりにアメリカ人の友達にアドバイスを求めると、返ってきた答えははるかに彼女の好みに近かった——「あなたがしたくないなら、するべきではないわ」「あなたがどうしようもないことで、あなたに罪悪感を抱かせる彼は利己的だわ」「でも、だからって彼が外で欲求を満たすのは許せない！」

彼の浮気を恐れたメルセデスは、何度かセラピーを試みた。実のところ、この夫婦はかなりの努力をしてきた。彼らには過去のトラウマ、慢性的な心理的痛み、人間不信、その他の原因は見当たらない。だがメルセデスにとってはセックスの価値は子作りにしかなかった。それ以外にはやる意味が見出せなかった。多くのこと、特にダンスを愛する肉感的な女性にもかかわらず、セックスはどうしても好きになれず、なぜしなくてはならないのかもわからなかった。「彼はベジタリアンです。私は彼が肉を食べたくないってことを受け入れてるわ。それとどう違うの？」と。

マットは何年も「ただ受け入れて我慢してきた」と言う。あまり期待しないようにし、自分で処理し、トライアスロンを始め、仕事に没頭してきた。だが、どんな方法をもってしても、淋しさという大きな溝を埋めることも、長年にわたる拒絶によりトリガーされた無力感を追い払うこともできなかった。そんなとき、マギーに出会った。トライアスロン仲間の成熟した活発な女性で、その手がリモコンしか撫でない男と結婚して一〇年近くがたっていた。マギーとの性欲の合致は、マットに希望とバイタリティの感覚を呼び戻した。

マットに初めから妻を裏切ろうとする気はなかったが、夫婦の性的倦怠にそれ以上耐えられないところまで来ていた。今、彼は情熱のほとばしりを、何時間もの前戯を、時間を忘れる感覚を享受している。それでもマギーとの関係はメルセデスとの結婚生活を脅かすものではないと、彼は私を安心させる。不倫はしているが、以前と変わらず妻には誠実だ。この性の天国で一年二カ月過ごしたあとも、恋人たちは互いの家庭を壊すことなく性的牢獄から抜け出す方法を見つけたことに満足している。こういったケースはけっしてめずらしくない。

不倫が結婚生活を維持させるとき

曲解だと思われるかもしれないが、マットとマギーの考え方は論理的だ。多くの人々が結婚から出るためではなく、結婚内に留まるために不倫をする。「子どもたちが家を出るまで、あと三年」と相談者のジーナは言う。「そう思えば、家でも微笑んでいられるの。でも、円満な離婚にはならないでしょうね。彼はあまりにプライドが高いし、独占欲が強いから。離婚を切り出す前に、子どもたちには家を出て行ってもらわないと」

カリフォルニアで行われた最近の会議で、ある女性は現実的には夫と別れられないと言っていた。夫婦には二人の親と二つの収入を必要とする障害者の子どもがいる。夫婦はいい友人だが、もはやそれ以上ではない。そこで彼女は週に二回「ダンスをしに」出かける。「夫は何も質問しません」彼女は言った。「それで私は正気を保っていられるのです」

前回、ポルノを見ながら自慰をしているマーティンを見つけたとき、ダフネは機関銃のように罵詈雑言を浴びせた。だからといって彼はやめなかった。ただ隠れてするのが上手くなった。別室で寝るようになって二年がたつ今、それはさほどむずかしくない。だが、そのうち、ダフネが町の外へ出かけるのを待って、コリアンタウンの女の子たちのもとに通うようになった。「ビジュアル・エイド」と彼は彼女たちのことを呼ぶ。ダフネが認めないであろうことはわかっているが、彼の理屈はこうだ。「彼女にとってどっちがいい? 家から出ないで、ぼくの二〇歳の秘書がデスクに覆いかぶさる場面を空想するほうがいい? ダンサーはただ自分の仕事をしているだけ。秘書のほうは現実に変わるかもしれない。ダフネからすれば、どっちも同じかもしれない。でも、ぼくのやっていることは結婚を守ってるんだよ。ダフネはぼくに何を期待してるんだろ? なしですませろとでも?」

マーティンが自身の婚外彷徨についてぶっきらぼうなほど実利的なのとは対照的に、レイチェル・グレイは詩的だ。性的な相性の良さはほとんどないものの、多くの友人や価値観や関心事を共有する夫との二三年の結婚生活を送ったあとに、いくつもの不倫をしてきた理由についてこんな詩を書いて送ってきた。

彼の光は消えているのに
私のそれは一日中燃えている
そんな迷いの時期を経て
あなたはすぐにわかってくれた
ぼくと踊って。迷いはない。
いるのが当たり前で、利用されていると感じていたから
キスもしない決まりきった愛し方で
しっかり抱きしめて、私の中の失われた部分を埋めて
あなたにもあなたの理由があって、それをほっしているのね
連絡し合おう。携帯で。
逃げ出すかもしれないけれど、手放しはしない。
心はイエスと言い、頭はノーと言っている。
やさしいハグが私を引き戻す
また別のダンスへと。それがそんなに罪なこと?

マットもそれほど罪なことだとは思っていない。もしメルセデスが知ったらと思うと心は乱れ

るものの、不貞行為も結婚もまだ終わりにする気はない。切にほしがっていたものを見つけた今、もはや選ぶという選択肢はないと感じている。彼の不貞行為は精神安定剤であり、結婚生活からプレッシャーを取り除く手段であって、それを破壊するものではない。第三者はカップルのバランスを保つ〝てこ〟の支柱の役目を果たしている。そのおかげで、彼は正気や家族を失うファウスト的契約をしなくてすんでいる。分析家のアーウィン・ハーシュが指摘するように「不倫は時に感情に隙間を作り出すが、それは不完全な愛やセックスや家族関係を長期間にわたって継続させ、または耐えられるものにする」

心理学者のジャネット・レイブシュタインとマーティン・リチャーズはこの「セグメント化された考え方」を「結婚の実体験への理解できる対応」だとしている。カップル王国についての現代の膨れ上がった期待のせいで、「大きな割合の既婚者がいろんな理由で結婚に失望しているのも無理はない」と彼らは論じている。結婚生活のある部分はうまくいっているのに他の部分はそうでないとき、一つの解決法はうまくいっていない部分を切り離すことだ。そして、その部分はセックスであることが多い。これは片方がもう片方のニーズのすべてを満たさなくてはならない重荷を軽くする。

こういった種類の解決法は、夫婦の片方に、もう片方にとってはとうてい受け入れられない、または嫌悪感をもよおすような性的嗜好やフェチがあるときや、年齢差が一〇歳以上ある場合にとりわけよく見られる。また、片方が障害者の場合や慢性的な病気を抱えているときにもよく見られる。別れたくはないがセックスなしですます気にはなれないとき、不満な側はこっそり外で欲求を満たす。

ソニーはこの道を知りつくしている。「はっきり言って妻のことは愛しているし、すごく美しいとも思う。でも、彼女にはかつて一度もセックスしたいっていう原始的欲求が湧いたことがないんです。おとなしい普通のセックスはしてるけど、どんな倒錯的プレイも試そうとしてくれない。女王様プレイを提案したくらいで笑われましたよ。仕方ないと思おうとしましたが、BDSM〔隷属支配SM〕は単にぼくが好きなことじゃなく、ぼくという人間の一部なんだと悟るに至りました」それで彼は内なる原始人を婚外に連れ出した——Sugardaddyのサイトへ、そして彼の最も本質的で抑えられない空想を満たしてくれる〝シュガー・ベイブ〟のもとへと。家族を大事にする子煩悩な父親でありながら、ベイブと地下牢にいるときの彼はSMマスターだ。彼にはもともとそんなふうにアイデンティティを分割する気はなかったが、今ではそれがベストな解決法だと諦めている。

こういった設定は、特に異性愛者のカップルにおいては、まず暗黙裡に行われている。人々は普通、伴侶とオープンに話し合うよりむしろ、自分自身と秘密の取引を結んでいる。こういった人々が、性の行き詰まりが必ずしも会話の行き詰まりの原因にはならないゲイやポリアモリーの人たちから学べることは多い。私が相談を受けた多くのゲイカップルが、とりわけセックスレスになっている場合には、モノガミーの縛りを緩めるなり、またはそれ自体を拒否する手段を取りがちだった。合意の上でのノンモノガミーでは、満たされない渇望をよそで満たす決断について二人が対等に話し合う。

対照的に不倫は片方が自分にとって一番いい取引をこっそりまとめる一方的な決断だ。彼らはそれが結婚生活を守りつつ性の行き詰まりを打破する、夫婦どちらにとってもベストな方法だと思っているかもしれないが、やはりそれは疑うことを知らない伴侶に対するパワーの行使に他ならない。無論、ある男性が言った「妻が毎日『ノー』と言うとき、ぼくに何が言える？　一方的な決断をしているのはどっちだろう？」という言葉には一理ある。したがって、セックスを拒んでいた側がパートナーの不貞行為にどんなに傷ついているかを語ったとき、私は「パートナーが行ったこと」から「二人でやらなかったこと」へと焦点を緩やかに移そうとする。くじかれた欲求をよそで満たす側に裏切りを見るのは簡単だ。セックスに興味がなかった側が、知らぬ間にその共犯者になっていることを認めるのはむずかしい。より率直な話し合いには、両サイドの話が含まれなくてはならない。

離婚、それとも

マットとマギーの関係は秘密であるうちは目的を満たしていたのだが、メルセデスにばれたとき、そのルールは一変した。セラピーではまず、発覚の後始末に追われた。夫婦のどちらも離婚を望んではいなかったので、忠実さと貞節の定義を性的排他性（貞節は絶対に守るべき）という狭い枠組みを越えて広げる、コミットメントと信頼についての会話に取りかかった。

このカップルは典型的な板挟み状態にある。二人には喜びも悲しみもともに乗り越えた豊かな歴史がある。二人で初めてワンベッドルームのアパートメントに引っ越した日のこと、そしてクローゼットにしていたスペースをベビールームに改造したときのことを、二人は懐かしく思い出す。そして一生懸命働いて、日当たりのいい中庭のある、賃貸の小さなテラスハウスに移れたことを誇らしく感じている。二人は睡眠も家事も子どもの世話も犠牲にして、ともに昇進できるよう互いのキャリアを支えてきた。三度の親の死、二度の出産、一度の流産、癌の恐怖の去来、その間も二人の関係は揺るがなかった。希望も夢もともにかなえた——森のキャビン、アフリカ旅行、子どもたちがじゃれる子犬。今も裏庭で分け合って飲むコーヒーは毎日の楽しみだ。彼らはそういったすべての面で愛し合っている。ただ二人はもうセックスをしない。

このような夫婦は結婚自体をすべて解体するか、このまま永久にセックスしないですますかの選択をしなくてはならないのだろうか？　私たちの「結婚がすべてを与えてくれる」という文化では、愚痴を言わずに耐えるか離婚するか、合法的な選択肢は二つしかないと考えられがちだ。それでは多くの人々が不倫という、口には出さないがますます人気の三番目の選択肢を選ぶのも驚きではない。パメラ・ハーグが言うように「私たちはもはやうまくいかなくなった結婚のルールの見直しを許す前に、それを破ってしまうだろう」

結婚は今、新しいオプションを必要としている。夫婦関係が破綻したときに不倫のせいにするのは簡単だが、おそらく多くのケースで性的排他性を頑なに強要し合ってきたことに不倫以上の破壊力があったのではないだろうか。こういった夫婦の中には、互いの性的ニーズの違いとそれが結婚生活自体にもつ意味に進んで取り組んでいれば別れなくてすんだケースもあっただろう。

この話し合いにはモノガミーというロマンチックな理念についての解釈も含まれる。

誤解しないでほしい。ノンモノガミーがすべての心の痛みに対する治療薬や裏切りに対する緩衝材であるとは言っていない。けれども、人々が傷つき、双方にとって耐えがたい決断をするしかないと感じているときに、私は少なくとも別の可能性を提供できればと願う。お針子の娘として育った私は、いつも自分の仕事は仮縫いに近いと感じてきた。私はすべてのカップルに同じスーツを試着させようとは思わない。

たいていの人は、浮気を認め合う関係を口にすると即座に赤信号を灯す。誠実な愛の王国で、それほどまでに感情的な反応を呼び起こす話題もめずらしい。「もし妻がぼくのもとに戻って来なかったらどうする?」「私たちの関係のいい面を認めて、すべてを手に入れるのは無理だってことをどうして彼は受け入れられないの?」「もし彼女が恋に落ちたら?」「結婚に妥協は必要よ!」と。誰かを愛しながらも別の人とセックスできるという考えにゾッとして身震いする人たちもいる。私たちは一つの境界線を超えたなら歯止めがきかなくなるのではと恐れる。確かにそうかもしれない。だが、あまりに多くの人々が発見しているように、閉じた結婚は悲劇への防波堤にはほとんどなっていない。

さらに、私は偽りの前提も受け入れたくないのだ。あまりに多くの夫婦が性欲にふたたび火をつけようと努力しているふりをする。彼らはそのアイデアは気に入っているが、それが意味する現実はほっしていない。家族、話し相手、二人で築いてきた生活はほしいが、正直、本気になって性生活と取り組もうとは思っていない。だが、いざとなったら、ノンモノガミーは離婚よりは慈悲深い結末なのかもしれないのでは？ ノンモノガミーの可能性を検討してみることさえいやがったせいで、あまりに多くの思いやりある夫婦関係や幸せで安定した家族が最終的に壊れている。

マットとメルセデスのようなカップルは別れる決断をするかもしれない。それは今かもしれないし、ずっとのちのことかもしれない。または、けっして別れないかもしれない。どの道を選ぶにしろ、それは二人がそれぞれのニーズについて熟考し、高潔さをもって、二人がその中に入ることができる大きな円を描いた結果であってほしい。それは関係するすべての人にとって、常習的な不貞行為よりは好ましい結論になるだろう。二度目の不倫が明るみに出ると、人はそれであたかも人格上の欠点が認証されたかのように、「一度浮気した人は必ずまたする」と結論したがる。だが、根底にある問題が解決していなかったというのが、より正確な説明である場合もある。

不倫を頭から非難すれば、背後にある真の問題からあまりに簡単に目がそらされてしまう。それはまた、夫婦間の違反行為に固定したヒエラルキーを作り出す。今日に至るまで、夫婦間での心理的拒絶やセックスの拒否は、淫らな不貞行為ほどは報道されてこなかった。不倫を最悪の裏切りとして扱うと、私たちは集団でも、カップルとしても、また文化的にも、結婚の複雑さを理解するのに必要な寛大さを拒絶することになる。

13

愛人のジレンマ――もう一人の女との会話

彼女は彼が選んだ パートタイム。
よくある話！ ほらね、
終われば彼は彼女を戻す、
受話器のように、元のフックに。
――アン・セクストン『You All Know the Story of the Other Woman』

鏡で髪をチェックして、ヴェラは窓の外をちらっと眺めた。テーブルは美しくセットされ、シャンパンは氷で冷やされ、庭から収穫したばかりの新鮮なトマトのサラダは美味しそうにつやつやしている。彼は一時間前には着いているはず。だけど、電話をしたい気持ちは抑え込む。エレガントなインテリアの小さなワンベッドルームの中を行ったり来たりし、窓辺に戻っては彼の車を探す。三〇年の月日が流れた今なお、ヴェラは車から下の道に足を踏み出す彼を初めて見たときと同じときめきが訪れることを知っている。ほてり、わくわくし、ちょっぴりナーバス。恋するどんな女たちと少しも変わらない。

13

愛人のジレンマ——もう一人の女との会話

けれども、ヴェラは他の女たちとは違う。彼女は世に言う「もう一人の女」。別名、家庭破壊者。泥棒猫、愛人、情婦。これらは彼女のような立場の女性に、リリス〔アダムの最初の妻で淫乱、多くの悪魔の母となる〕以来、文化が貼りつけ続けてきたレッテルだ。ヴェラがこういったレッテルをひどく嫌ったせいで、彼女の生涯の恋人アイヴァンは彼女との三〇年の関係を隠すのに非常に手の込んだ作戦を使ってきた。最終的にヴェラは二人の秘密を墓場まで持ち込んだ。たった一人、知っていたのは彼女の娘のベスだった。そのベスも五五歳になり、二人の主人公はすでに亡く、証拠もすべて失われた今、彼女は母のサイドの話を聞いてほしいと私に連絡してきた。

「母の長年の恋人だったアイヴァンは地位もお金もある既婚者でした。二人は町の労働者階級が住むエリアのアパートに一室を用意し、週に三回、逢瀬を重ねていました。小さな庭があったので、二人でガーデニングを楽しんでいましたね。母が七七歳で急に亡くなったとき、二人の愛の巣をたたみ、八五歳のアイヴァンが喪失を乗り越えるのを助ける仕事が私に残されました。彼の涙を拭いてあげられる人間は私の他にいなかったのです。他に知ってる人はいなかったのですから。数年後、彼の追悼式に出席しました。彼の家族の誰一人、私が誰かを知りませんでした」

ベスは母親のことを、生き生きして冒険好きな、すごい美人だったと言った。妊娠中に最初の夫に捨てられ、再婚するも、その夫からの虐待が始まると自ら彼のもとを去った。「母は強くて、自立していました。女性が住宅ローンを借りられなかった時代に家を購入したくらいですから。私たちをあのひどい結婚から脱け出させたのです」

ベスは母親とアイヴァンの関係を「大きな美しい愛」と描写した。「母はそれまでずっと男運が悪かったから、私はうれしかった。二人が出会ったとき、アイヴァンはすでに結婚して数十年がたっていました。長女を亡くしたばかりで、妻にまたもう一つの別れを押しつけることは彼にはできなかったのです」ヴェラは自分たちの関係を妻は知っていると確信していたが、妻がそれを認めることはけっしてなかった。責任感が強く気前のいいアイヴァンは、ヴェラの経済的安定を保証していた。

「多くの点で愛人としての生活は母に合っていました。なぜって、たっぷり自由がありましたから。愛の巣に行って、思いきりセクシーに振る舞い、彼にいい女だと思わせる。美味しいランチを用意し、ワインのボトルを空け、そして一人で家に帰るんです」それでもヴェラの一人娘で唯一の相談相手だったベスは、母とアイヴァンの関係を、正直、そんなに詳しくは知りたくなかったと思っている。「おかげであぁいった種類の不倫がどんなふうに進んで、どうやって維持されるかを、こと細かに知る羽目になりました。奥さんにつく嘘、二人で過ごす時間を作るための言い訳、夫婦の間ではうまくいっていないことになっている性生活、愛人と楽しむ性の冒険。彼に残り香が移るといけないからと、母はけっして香水をつけませんでした。家賃は現金で支払い、賃貸契約書には偽名を載せていましたね」ベスは続ける。

「私はとにかく知りすぎていました。たとえば、アイヴァンが奥さんといっしょに年に一度の健康診断に行って、ドクターに性生活について尋ねられ、アイヴァンがセックスはしていないと言うと、バイアグラを処方されたそうです。すると奥さんが振り向いて『まさか、今さらまた始めたいわけないよね』と言ったとか。その後、アイヴァンはドクターをこっそり陰に呼んで、ほんとうはたっぷりセックスをしているので、あの処方箋はありがたいと言ったそうです。そんな細かいことまで私は知る必要なかった。でも今、それらは私が守るべき秘密になっているんです」

ベスによると、ヴェラは老いるにしたがい「彼の人生の外側にいて、ただ内側を覗いている」ことがしだいにつらくなってきた。倫理的な葛藤もあった――アイヴァンとの関係についてではなく、妻に関する彼の描写の共犯になることについて。時折、ヴェラは自分の女盛りの時期を彼のために犠牲にしたと感じることがあった。毎年、クリスマスの親戚の集まりにも一人、休暇旅行にも一人、世間を相手に一人で対峙しなくてはならなかった。

私は思い切って一つ質問をした。「それで、その結果、あなたはどうなったの？　愛の力を信じるようになりましたか？　または欺瞞のパワーを信じるようになった？　それとも巧妙な嘘でも見抜けるようになったとか？」

彼女は皮肉たっぷりに微笑んだ。「三つともイエスです。一方で母の心の痛みを知りながらも、同時に母の『こちらの芝生のほうが青い』という感覚にも気づいていました。アイヴァンの奥さんは成功に伴うすべての虚飾を手に入れていたけれど、心が離れてしまって体に触れようともしない夫と暮らしていたんです。アイヴァンは自分の一番いい部分を母のところに持ち込み、母も一番いい部分を彼に返していた。だから、ええ、おかげで私は愛の力を信じています。最近まで気づかなかったのは、そんな歴史が私自身の二六年の結婚生活にどんなに浸入していたかです」

不倫が当の三角関係を越えて、はるか先まで影を投げかけることを私はあらためて思い出した。

「私は結婚生活のストレスがたまるとすぐに、夫に対し必ずしも公平じゃないし正当化もできないほどの疑いと不信感を抱くんです。アイヴァンが奥さんに繰り返しついた嘘や、計画が突然変わったと母がささやく声や、いっしょに過ごすために二人がよく使っていた作り話がよみがえってきて……。私は母の官能を受け継いでいるから、母が手にしたような愛がほしいけれど、結局、アイヴァンの妻のような立場になるんじゃないかって恐れています」

「アイヴァンに対してはどんな思いがあるの?」

「彼の葬儀で五〇〇人の参列客とともに座って、彼が家庭をとても大切にする男だったって称賛されるのを聞いているのには、とてもつらいものがありました。最悪の瞬間は、誰かが立ち上がって、彼が生前よく奥さんを指差して『彼女、すごくきれいだろ? すてきだろ?』と言っていた思い出を披露したときでした。母にもまったく同じことを言ってたんですよ。母は三〇年間、彼に愛を捧げ、多くを犠牲にしたんです。彼のほうは母に渡したお金以外には、何も犠牲にする必要がなかった。だから、誰かに母の話を聞いてほしかったのです。母はそれに値するから!」

日陰からの脱出

ベスの母は私に彼女の側の話を直接語ったわけではないが、他の多くの愛人がそれを語ってくれた。私が不倫についての本を書いているという情報が世に出ると、「私の恋人は既婚者です」「私はいわゆる〝愛人〟です」「私は三角関係の三番目の女です」などという書き出しで始まるメールが届き始めた。そこには彼女たちのストーリー、希望、恐れ、罪悪感がしたためられていた。

彼女たちはそのジレンマを私に打ち明けた。

「どのくらい待つべきでしょうか?」

「彼に私と妻のどちらかを選ぶよう迫るべきでしょうか?」

「嫉妬はどう扱えばいいのでしょう? 孤独感は? フラストレーションは?」

「この先もずっと私たちの愛のスケジュールは彼の結婚生活次第なのでしょうか?」

「いつかは彼の子どもを産めるでしょうか?」

「彼がほしいのはセックスだけじゃないかって思うことがあります。いつかはほんとうに私を選んでくれるのでしょうか?」

「私は女性の連帯を破っている気がします——他の女性を裏切っていることで」

「彼は妻に嘘をついてるんです。私にも嘘をついていないって言えるでしょうか?」

「私はきちんとした倫理観と主義のもとにある正しい人間です。なのに、私自身のルールをすべて破っている気がします。助けてください」

「家族の前でこの先ずっと独身のふりをし続けるなんてことが、どうしてできるでしょうか?」

「どうやって自分の尊厳を保てばいいんでしょう?」

「どうすれば別れられますか? どうして別れられないのでしょう?」

こういった質問は必ず「どうか私たちの話も本に含めてください」という注文とセットになっていた。このメールにも、あのメールにも、愛人たちは自分たちの側の話もこの本に含まれるべきであると、その正当性を主張している——結局、不倫は愛人抜きでは存在しないトピックなのだからと。

不倫は事実として三角関係であるにもかかわらず、不倫についての臨床的論文のほとんどが二つの部分から成っていて、愛人にはほとんど触れられていない。そしてセラピーの場でも愛人は無視されるか、軽んじられている。大半のセラピストがなるたけ早く夫婦のまわりに縄をかけて縛ろうとし、愛人は人間としてよりもむしろ病原体として扱われる。愛人の気持ちは夫婦の関係修復には無関係だ。なぜなら、カップルセラピストが不倫をした側の伴侶に単独で会うことはめったにないので、どうすれば愛人の気持ちを傷つけない形で不倫を終えられるかだとか、どんなに愛人が別れを嘆き悲しむかなどといった問題を話せる機会がないのだ。「彼女とは別れなさい」が通常のアドバイスだ。「今すぐ、すべての連絡手段を断ちなさい」と。

一般大衆はというと、人々は浮気した男たちより〝もう一人の女〟のほうを厳しく批判しがちだ。ビヨンセが不倫をテーマにした「レモネード」というアルバムを出したとき、ネット上では「きれいな髪のベッキー」を特定して罵倒しようとする激しい怒りの投稿が、浮気者の夫ジェイ・Zに対する批判をはるかに上回った。

私が愛人について語るときに「彼女」という代名詞を使うのは、私に連絡してくるこういった立場にいる人のほぼ全員が女性だからだ。ここで取り上げているのは短い浮気や、一夜かぎりの関係や、気軽なセックスフレンドではない。何年も、時には何十年もの長い間恋人関係にある既婚男性と独身女性の組み合わせだ。あなたが「魔性の女」のステレオタイプ――男性の娘とほとんど歳が違わない魅力的な若い女性――を頭に浮かべていたら困るので、ここで別の「もう一人の女」像を紹介しよう。年齢は五〇代、六〇代、七〇代。離婚歴のある人や未亡人が多い。世知にたけ、教養があり、現実的。どんな形であっても愛が手に入りさえすればいいという、ただ騙されやすい、孤独で捨て鉢になった女たちではない。事実、彼女たちが秘密とともに生きるだけでなく、自分自身が秘密の存在になることを選ぶ理由については実利的だ。それらは女性に典型的なさまざまな苦悩からきている。したがって、彼女たちに与えられた蔑称の男性版がないのも偶然ではない。「妻泥棒」や「もう一人の男」といった言い方はない。それに、つい最近まで、本宅と愛の巣の両方を維持できるだけの経済力がある女性はきわめて稀だった。

私は既婚女性と不倫している既婚男性には数多く会ってきた。だが、自分自身は独身のまま、既婚者の女性がいつの日か夫を捨てて自分と家庭をもってくれることを祈りつつ三〇年も愛を捧げ続けた男性にはかつて一度もお目にかかったことがない。独身男性が三角関係に入る場合は、たいてい彼自身が責任の重い関係に入りたくないからだ。そこで思い出すのがグレッグだ。彼は二年間、夫のいる女性と週に一度の逢瀬を楽しんできたが、ある日、彼女がスーツケースを手に彼の家の玄関に立っているのを発見して震え上がった。「彼女に離婚してほしいなんて思ったことは一度もありません。ええ、確かにそんなことを話したことはありましたよ。でも、それはただのピロートークだと思ってました」パートタイム的な関係が彼には都合がよかったのだ。

長年の愛人というビジネスに私は大いに興味をそそられる――そのような選択をした理由は？得られるものは何？　何を犠牲にし、自分の立場をどう自分に納得させるのか？　彼女たちのしていることに対する倫理的評価はさておき、不倫ストーリーの中心的役割を担っている以上、彼女たちもまた共感に値する。

不倫関係について当人たちの語るストーリーは注意深く聴く必要がある。なぜなら、夫婦関係と不倫関係のどちらに(あるとすればだが)未来があるのかは、いつもはっきりしているわけではないからだ。その不倫はあくまで単なる不倫なのか？　それとも、いつかは日の目を見るのを待っているラブストーリーなのか？　ここで複雑に絡み合っているものは何なのか？　子どもはいるのか？　どんな約束がされているのか？　投資された時間は？　先延ばしにされた夢は？カップルセラピーでは、夫婦を前にたとえば「彼女のことはお二人の間で何と呼んでいますか？名前で？　もしくは『泥棒猫』のような悪態で？　それともただ『あの女』とか？」といった質問をすることがある。だが、他の質問は不倫をしている伴侶との単独セラピーのために取りおかれる。

「愛人とも会いますか？」相談者のカップルからよく質問される。もし夫婦に仲直りする意志があるなら、私は「ノー」と答える。だが、多くの愛人が自分の苦しみを聞いてほしいと、自ら単独で私のもとにやって来る。「妻とはセックスレスで、心も離れていて、今は離婚に向かっている」といった偽りの約束によりつなぎとめられている人たちもいれば、独身だと偽る男により知らぬ間に不倫にはまってしまった人たちや、自分以外にも愛人がいることを発見した人たちもいた。また、不倫関係にある当の二人がやって来ることもあった。そして、彼らは質問する。「もし私たちが初めから結ばれる運命だったとしたら？」「どちらの結婚も間違いだったとしたら？」「生涯の恋人といっしょになれるチャンスに背を向けることなんてできるでしょうか？」「ぼくたちがいっしょになったら多くの人を傷つけるという考えといつかは折り合いをつけられるんでしょうか?」そんな質問にシンプルな答えはない。私にできるのは、彼らの痛ましいジレンマを受け入れる心をもち、彼らの今の結婚だけが共感を受けるに値する結婚ではないと伝えることだけだ。

妥協をする価値はあるものなの?

「かつてこんなにも深く、温かく、精神的にも肉体的にも嘘のない愛され方をしたことはありません。こんなにやさしく扱われたこともありません」

これはバンクーバー出身の建築家で離婚歴がある五九歳のアンドレアが不動産デベロッパーのマイケルとの七年におよぶロマンスを描写した言葉だ。「彼には結婚して三〇年になる妻がいます」と付け加えられ、続いて「私は教えを求めています」とあった。「何を読んでも、ありふれた単純すぎるアドバイスばかりです。私は利用されている、男は信用できない、別れるべきだと。友達も同じことを言います。あたかも私が一人では生きていけない、騙されやすい女たちの一人でもあるかのように。それは私の知性と自己認識に対する侮辱です」

こうして、彼女とのメールによる興味深い長い会話が始まった。アンドレアとマイケルの関係のほとんどもオンラインで行われていて、一晩に五〇ものメッセージをやり取りするそうだ。彼女は文字による内省を歓迎する。

アンドレアは恋人が結婚していることについては割り切っているが、それはおそらく彼女自身が心理的にも性的にも彼女に背を向けた男性との不幸な結婚生活を二五年も続けたからだろう。「彼が結婚していなかったらいいのにって思うかって？　もちろん思いますよ。彼もそう思っています。でも彼は奥さまを愛し、尊敬していますし、たとえ今はもう夫婦関係が終わっていても彼女を傷つけたくはないんです。三〇年の年月は気の抜けた関係さえも安心感を与えてくれますから。私にも経験があります。古い靴の心地よさ、人生に大きな変化を起こすことへの恐怖。私自身、同じような理屈づけをしていました」

「それでも、我慢するのはつらいでしょう？　あなた自身の気持ちはどうなの？」と私は返した。アンドレアは自身の不安に気づいている。妻に比べ、取るに足らない下の地位にあるという屈辱。他人からの非難。秘密の存在であるがゆえの孤独感。でも、マイケルにそういったことすべてを話せること、そして彼が毎日愛を宣言してくれることに慰められていると言う。「ただ彼が子どもたちの母親も敬愛しているからって、どうしてこんなにいい関係をあっさり捨てられるでしょう？」

彼女と同じ立場の多くの女性にとっては、結婚という言葉を持ち出すことさえ大変な苦痛で、それは三角関係の微妙なバランスを崩しかねない。だがやがて、その話題を避けて通らなくてはならないことに、どうしようもなくうんざりする時期が来る。最終的に彼女たちは最後通告をする。デッドラインや脅しだ。「あなたが決断しないなら、私が代わりにしてあげる」と。

アンドレアには彼に対しては威圧的に出ることも、巧みな操作も、怒りも、さして効果がないことがわかっていた。「実際のところ、彼に義務感やプレッシャーを感じさせてまで、彼を自分

13

愛人のジレンマ——もう一人の女との会話

のものにしたいとは思いません。あくまで彼の選択でないといやなんです。だから彼に離婚してとは言いません。きっと離婚はしないでしょね。初めからそう言ってましたから。さらに、私は彼に妻とセックスしているかどうかなんてことも尋ねません。少なくともたまにはしてると思います。彼との関係を続けるも終えるも私次第だけど、関係の形は私が受け入れなくてはならない。パワーがあってこそ、事情を承知した上で選択できるのです」そんなふうに考えるとき、彼女はさほど自分が無力だとは感じなくてすむ。

だが、はたしていつもそんなふうに達観していられるものだろうか？　心の奥底では「彼がほんとうに私を愛しているなら、私といっしょになるために、どんな障害も乗り越えてくれるはず」と考えてはいないだろうか？　一時間後、返事のメールがきた。

「もちろん、彼が離婚して私のところに来るという空想はします。よく私は我慢しすぎてるんじゃないかって思います。ええ、答えはイエスです。毎日のように私がこの関係から得ているものは何で、得ていないものは何かって、心の中で問答しています」その答えはたまたまどのくらい不安に感じているかにより上下するが、最後には決まって彼との関係は続ける価値があるという結論に達するのだそうだ。

彼女はまた「私はほんとうに彼といつもいっしょにいたいのだろうか？」とも自問する。べつに結婚する必要はないとも感じている。さらにこんな告白もある。「彼の関心を引きつけておけるだろうかとか、私の方が彼に飽きたらどうしようとか、もし彼が浮気したら、なんてことも考えます。彼も私もきっと、いずれ私たちの関係も多くの結婚と同じ悲しい運命をたどるんじゃないかって心配してるんですね。そう考えると、結局、私ばかりが我慢しているわけではないっていう気がします」

どうやって気を紛らせているのかと尋ねた。仕事と友達付き合いに忙しくすることで救われていると彼女は答えた。特にロマンチックな関心を示してくれる異性の友達と過ごす時間を楽しんでいると。マイケルが親しい男性仲間の何人かを紹介してくれたという事実のおかげで、彼女は愛人であることをさほど後ろめたく感じなくてすんでいるそうだ。

アンドレアのケースは、女性はシングルで相手男性は既婚者という三角関係の一つのパターンだ。両方が正式な婚姻関係にあるケース〔いわゆるダブル不倫〕だと、話は違ってくる。アンドレアに、他の男性とも関係をもつことを考えたことはないかと質問してみた。すると彼女は、自分にも夫か恋人がいたらずっと楽だろうと、しょっちゅう考えると言った。「それだと立場が公平になるでしょうから。私が今の状況に耐えて自尊心を保っていられるのは、一つには他の可能性を閉じていないからなんです。マッチングサイトにプロフィールも載せています」だが、究極的には彼女のハートはマイケルのものだ。「立場が公平だと感じるために私たちの素晴らしい関係を危険にさらすなんて、なんだかバカげてますけど」

私は次の質問をした。「秘密の存在ではなく、彼の人生で認知された愛人だったら、何かが変わると思いますか?」一度もその可能性は考えたことがないという答えが返ってきた。なぜなら、そんなことが可能だとは思えないからだそうだ。「最初のころ、初めて私への気持ちを認めたあとに、彼が奥さまに打ち明けることを考えているって言ったので、『やめて!　そんなことしたら、彼女はあなたにどちらかを選ばせるわ』と言って止めました。彼が奥さまに対して、たとえ重要なニーズは満たされていなくても強い忠誠心を抱いていることはわかっていました。加えて、奥さまが彼を私と共有するなんてことを受け入れるはずがないことも、彼にはわかっていました。だから、彼の恋心や欲情の対象が私だけだということに私さえ確信をもてれば、彼の時間と心遣いを奥さまと分け合うことは、つらいけれども耐えられると思ったのです」

こういった状況にあるすべての女性が、資源（相手男性）の心理的分配――妻子が得るものvs.彼女たちが得るものの折衝――をする羽目になる。セックスをするのは自分だけにして、伴侶とはしないよう要求しさえする愛人は多い。「奥さんとはいっしょに暮らし、いっしょに朝食をとり、銀行口座を共有し、公の場に出て行く。基本的にはセックスが彼が私とする主なことなんだから、それだけは私だけのものでないとイヤ」というふうに。また、ある場所や時間は自分だけのものだと線引きする愛人もいる。たとえば「毎年夏に一カ月間、奥さんはカナダの実家に帰るんです。その間は私たちだけの時間」

アンドレアのバランスシートはというと、「彼の妻が手にしているのは彼の忠実さ、子どもたち、経済的サポート、日常的な話し相手、休暇旅行、共通の友人。私が手にしているのは元夫との結婚生活で得られなかったすべてのもの――精神的、肉体的、知的な深いつながり、ロマンス、互いへの尊敬、信頼、喜び。私はこういったものに彼が奥さまに与えているすべてのものより価値を置いています。だから、私は彼の一番いい部分を手にしていると信じています。あちらはあちらで自分が一番いい部分を手にしていると思っているでしょうけど」そもそもマイケルの妻はこういった分配に口出しするチャンスを与えられていない、と言うと「でも、私だって分配にはいっさい口出しできません」アンドレアは即座に反論した。

すべての男が正当な理由を並べ立てる。夫婦仲が悪い。セックスレス。どっちみち、もうすぐ離婚する。子どもたちが独立するまであと一年、などなど。

むろん、妻の側には別の話がある。彼女も夫との間にさまざまな折り合いをつけてきたが、その中に愛人の存在は含まれていなかった。おそらく彼女自身の性欲は、夫の心が離れていくにしたがい、抑え込まれたのだろう。夫が誠実であればこそ、彼女は親密さがないことにも進んで耐えてきた。それなのに、ある日、夫の誠実ささえもが分割されていたとわかり、逆上する。愛人がいたという発見だけでも十分つらいのに、ましてそれが本宅と並行して営まれた長年にわたる関係で、それ自身の約束や習慣や日常もあったのだから、痛みの鋭さはなおさらだ。

アンドレアは時折、マイケルの妻に思いを馳せる。「彼女に対し憎しみを感じたことは一度もありません。彼女の境遇には同情しています。一度、食料品店で彼女とニアミスしそうになって、そのときは良心のとがめでパニックを起こしそうになりました。でも、普段は後ろめたさを感じません」彼女は知っていますか？　という質問に対しては、「彼に何か言ったことは一度もないそうです。でも、こんなに長い年月なんですもの、何も感じないなんてありえないでしょう？だから意識的に盲点を作っているんだと思います。もし彼女が知って苦しんでいるってわかったら、私は罪悪感に耐えられなくなって、きっと彼と別れるでしょう」そんなふうに、アンドレアは最もありふれた、そして便利な正当化の一つを表明した。

アンドレアは友人たちとの比較でも、ベターな半分を手にしているのは妻ではなく自分だという結論に至っている。友人たちの多くが「結婚しているという満足感の仮面」を被って生きていて、外目には満たされているように見えても、実は別々のベッドで寝ているからだそうだ。「彼女たちが私より幸せだとは思えません」とアンドレアは言う。「私たちみんな、幸せを探してよろめきながら生きているんです。誰もが妥協し、誰もが多かれ少なかれ今ある関係に留まるための理由づけに頼っているんですね」

愛人の支払う代償

明らかにアンドレアは夫にないがしろにされる妻よりは大切にされる愛人の立場を好んでいる。そう、それには間違いなく支払うべき代償がある。だが、またメリットもある。そこで思い出されるのは相談者のローズだ。彼女の母親は夫とのセックスレスに悩み、娘には自分に欲情しない男とはけっして暮らさないと誓わせた。既婚者の恋人はそんな条件にぴったりだった。ローズとタッドは過去三年間、週に一、二回の割合で逢瀬を重ねているが、その間、タッドの欲情は一度も衰えたことがない。愛人のポジションはローズの性にも合っていた。小説家のスーザン・チーヴァーの言葉を借りれば、「私には自由があり、しかも私は誰かのファンタジー」なのだから。公的に認められた関係でないことと保障の欠如は、彼女の心の中では支払って余りある代償だった——今までは。

ローズはタッドとの関係を何度か解消しようと試みたが、そのたびにタッドに言いくるめられてきた。そこで彼女は私に別れる手伝いを求めてきたのだが、その前にまず、愛人という立場でどんな得をしていたのかを彼女自身が理解しなくてはならない。〃拒絶された妻〃になるのを避けるために、彼女は〃求められる愛人〃になっていた。「お母さまの悲しい運命を避けるためなら、もっといい方法もあると思いますよ」私は彼女に言った。

いくつかのメリットにもかかわらず、私はこういった人目を忍ぶ関係が秘密にされた側の人間にやがて与える大きな心理的ダメージを繰り返し目撃してきた。確かに愛人は欲情され、しかも洗濯はしなくていい。だが、それは正当性のない生活であり、それがいずれ否応なく、その人の自己評価と自信をむしばんでいく。恋人が大変な苦労をして会おうとしてくれるので自分は特別だと感じられるが、人目を避けた状態が続くと、特別感の価値は下がっていく。愛し求められている感覚と無視されている感覚の狭間で心は揺れ動く。よくあるのは、低い自己評価、幼児期に見捨てられた経験、不安からくる愛着といった心理的な問題ゆえに、そういった関係から抜け出せないでいるケースだ。「並以下」という自己評価が、つまらない妻帯者をそれで十分とばかりに進んで受け入れさせている。

スウェーデンで私はこの二分法にぴったり当てはまるイングリッドに出会った。すでに何年も、別れてはよりを戻す関係を断ち切ろうと苦しんでいた。昨年、彼女はついに完全に別れられたと確信した。が、またもや彼に説き伏せられた。ここ半年、二人は毎日、彼が仕事に行く前と後に会っている。彼女は自分たちの愛を「宗教的ともいえる神聖な絆」だと描写しつつも、夕食のた

13

愛人のジレンマ――もう一人の女との会話

めに野菜を刻むといった世俗的な絆もほしくてたまらなくなっている。彼は最近、イングリッドと結婚するだの、いっしょに暮らすだのといった甘い言葉をささやくようになり、それがイングリッドの希望と同時に不安を掻き立てている。「私たちが恋人以上でも以下でもないことがはっきりしていたときには、当てのない夢を見ずにすんだし、他の人とデートするのも自由だったから、私にはまだ自分自身の人生がありました。でも今、彼の夢が頭から離れなくなった結果、彼の夢は私の夢になってしまったのです」

イングリッドは彼の思うつぼにはまった自分を恥じ、怒ってもいるが、もし彼と別れたら、このような愛もエロチックな喜びも二度と得られないのではないかと不安にもなっている。「私にはさっぱりわからない。なぜ奥さんと別れないんでしょう!」彼が自身の結婚生活を語るときの数々の好ましくない言葉を挙げ、イングリッドは言い放った。「私たちの国では誰もが円満離婚のエキスパートで、お金も親権も問題にならないんです。だから、なぜ彼が離婚しないのかわからない。でも、しない。きっと七五歳になってもまだしてないでしょうね。そして『妻のことは愛してない、愛してるのはきみだ』って言い続けてるわ、きっと」

「あなたが必要としているものは何?」私は尋ねた。

「私の苦しみと、それが私を頼りにしている人々に引き起こした苦しみに対する一種のリベンジです」彼女は正直に答えた。「ばかげているけど、世の中に向かって、彼が一〇年間も家族を裏切っているって叫びたい。でも一方で、私に対する彼の愛や意図や真摯さを疑ってきた私のまわりのすべての人々の目に映る私自身の尊厳を修復したくてたまらないんです。彼に選ばれたって感じたいし、それを世間に知ってもらいたい」

彼との関係の非合法性がイングリッドには耐えられない。「彼の葬儀に出席しているのに、彼の死を悼む権利も、人々からお悔やみを受ける権利もない。そんな場面を想像するんです。彼が亡くなったのに、私たちの強烈な愛を目撃した人が一人もいなかったらどうなりますか？　彼が逝くと同時に私たちのラブストーリーはただ消滅して無となり、私一人が残されるんです」

それは切なくも、あまりにも正確なイメージだ。私は母親の三〇年におよんだ秘密の恋人の葬儀に出席したベスを思い出す。ほんの数人とはいえ、マイケルの友人に自分の名前を知っている人がいることをありがたがっているアンドレアを思い出す。心臓の発作を起こして緊急治療室に運ばれた恋人を見舞うため、看護師に変装したロクサナを思い出す。そして、長年恋人だった既婚者の死を地方新聞の記事で知るしかなかったと書いてきたキャシーを思い出す。これらの女性の一人一人が正当な市民である権利を奪われた痛みとともに人生を生きてきた。彼女たちの行いを批判しながらも、私たちは彼女たちの苦しみもまた認めることができる。

イングリッドのケースでは、彼女が自分自身を解放するのを助けたいと思う。彼女の非合法な男女関係と子ども時代に無視された体験の間に、私はダイレクトな関連性を感じとる。小さいころの彼女は大変な父親っ子だったが、成長するにつれ、父親は精神的にも身体的にもよそよそしくなり、そのせいで彼女は自らを恥じるようになった。「大人になったあとに父をハグしたのはたった一度、死ぬ直前で意識がなかったときだけです。父からの愛情表現をずっと望んでいたのに、彼が与えてくれたのはお金だけだった」イングリッドは自分には愛される価値がないと信じるしかなかった。

「それはやがて変わったの?」

「ええ、父は亡くなる少し前に回顧録を完成させたのですが、そこにはっきり世界に向かって、彼にとって私がどんなに大切な存在であるかが書かれていました」イングリッドはここで声をつまらせた。涙が頬を伝っている。彼女もまた二つの間の関連性に気づいている。今、彼女は恋人に同じことをしてほしいのだ——世界に向かって彼女を愛していると言ってほしい。ただし、死ぬことなしに。

「いろんな意味で、彼は私が渇望していた愛を与えてくれることで過去の傷を癒してくれました」彼女はあらためて振り返る。「でも、同時に私の中にあった、ちゃんと認めてもらいたいという欲求にふたたび火をつけたのです。彼との関係は修復であると同時にリプレイでもあったのですね」イングリッドは動揺しながらも感謝している。おそらく今、彼女はやっとこの破滅的なパターンを打ち破れる。

不倫の終わり

イングリッドには妥協だらけの関係を自ら断ち切る成熟さがあった。だが、他の多くの愛人たちは、希望が(しばしば受胎能力も)薄れていくのを見つめながら、何十年もスタンバイ状態に据え置かれることになる。テレンス・リアルの「安定した曖昧さ」という言葉はこの種の不倫を的確に表している。これらは漠然としたステイタスの関係であるにもかかわらず確立したパターンがあり、抜け出すのはむずかしいのに、頼りにするのも同じくらいむずかしい。形のはっきりしない状態にとどまることにより、人は淋しさと責任の両方を逃れている。慰めとなる一貫性と不確かさのこの奇妙なミックスは、Tinderの時代にはますます一般的になっているが、昔から不倫関係の特徴でもあった。

リアは二人の小さな子どものシングルマザーで、二度の離婚歴がある。最近、テネシーからニューヨークに越してきて、妻のいる若い男性と恋に落ちた。彼はリアの下の子の作業療法士だ。リアは不倫をしていることについて、さほど自分を責めていない。「孤独で友達もいなかったの。そんなとき、彼が猛アタックしてきたんです」とはいえ、関係を終わらせることができない自分には苛立っている。この一年間、彼女は堂々巡りの中にいる。「彼はとってもやさしくて、子どもたちも彼のことが大好きです。私もまた一人ぼっちになるのはいや。でも、私はもっとましな関係に値する。ちゃんとした恋愛に、……こんなちっぽけなものじゃなく。でも、そんな相手に出会える保証がどこにあるでしょう？　たぶん出会えないわ。彼が運命の人かも。それでも、彼が奥さんを捨てるのを、ただじっと座って待っている気はありません」彼女は慢性的にこんな反芻をしながら、遊び半分でMatch.comのプロフィールを読みふけっている。

リアの難題に対する簡単な答えはない。彼女の現状には多くの不確定要素があるが、一つだけ確かなことがある。それは、彼がリアの切にほっしているものをけっして与えてはくれないということだ。彼との関係を終わらせれば、リアはよりリアルな不確定さの中に飛び込むことになるが、同時に選択と可能性が手に入る。彼女は無力であるという感覚から抜け出して、個人のパワーと自律を取り戻す必要がある。心は痛むだろうが、そこにはプライドとより良い将来への可能性がある。

時折、こういった関係にある既婚男性と話す機会があるが、そんなとき、私はつい身動きが取れないでいる愛人に思いを馳せ、彼を通して愛人を自由にすることができないものかと考えてしまう。ジムは五三歳、妻と三人の子どもがいる。二八歳のローレンとの不倫を七年近く続けている。大学生のローレンが彼の会社でインターンをしたときに、二人は出会った。現在、彼女は駆け出しのアーティストだ。いつの日か、家庭をもつことを夢見ていて、そこにはジムが含まれている。だが、彼と会った私には、彼には大きな変化を起こす動機がまったくないことがはっきりわかった。彼はすべてを手にしている――機能する結婚と快適な生活、傍らに恋人、そしてホットなセックスライフ。さらに重要なこととして、彼はすでに父親業を経験しているので、ふたたび繰り返すことに乗り気でない。彼は今まさに願ってもないバランスのいい状態にあり、それを保つ方法も学んできた。

ローレンが自分の不幸を口にするたびに、彼は贅沢でロマンチックな手段を使って彼女の気持ちを引き止めてきた。時が流れ、利用されているという気がし始めたローレンは、彼に離婚を迫るようになった。彼はなだめるために何らかの約束をするが、ローレンはそれが虚ろな約束であることを知っている。彼とは距離を置き、他の男たちと付き合い始める。彼女を失うことを恐れたジムは、ふたたび釣り針を投げる。釣り糸の巻き戻し方は正確に知っている――新しいワンベッドルームを借り与え、彼女の次の展示会の費用を出す。身勝手にも、彼は時間を買っているのだ。彼女の体内時計がけっして取り戻せない時間を。

「彼女を解放しなくてはなりません」私は彼に言った。彼はローレンを引きとめてはいないし、家族を捨てるといった約束も一度もしたことはないと言い張る。確かに、言葉上、それはほんとうだ――「離婚はしない」と言ったのだから。でも同時に「愛している」と言ったでしょう？「もちろん」彼は言った。「ぼくは彼女を愛しています！」それは信じよう。でも、それこそが、彼がこの関係を終わりにしなくてはならない理由なのだ。セックスしたあとの心地よい幸福感の中でそんな甘い言葉をささやかれたら、彼女の心には希望が湧き上がる。愛人の夢や切望は何もないところにはまず存在しない――それらは愛の宣言や、不幸な結婚生活についての不満の中で煽られる。ローレンが自分を解き放てるよう三角関係を緩められるかどうかはジム次第だ。私は彼がそうするのを助け、喪失感を乗り越える手伝いをしようと思う。ジムのような男性を利己的で厚かましいと切り捨てるのは簡単だが、彼らの愛がほんものであるケースはよくあり、そして彼らもまた自分たちの悲しみを見守ってくれる人を必要としているのだ。

別れの切り出し方は、面と向かってするにしろ、文字にするにしろ、責任ある、賢明で思いやりに満ちた、明瞭なものでなくてはならない。私は幾度かのやりとりを通して、ジムに何をどう言えばいいかを入念にコーチングした。まず互いの気持ちが同じであることをはっきりと述べ、二人で分かち合ったものの深さに感謝し、嘘の約束を謝罪し、未来にくっきりした境界線を引き、別れを告げる。これらが「さようなら」に欠くことができない要素だ。彼女を愛していないから別れるのではなく、むしろ愛していればこそ別れようとしているのだ。そして、いったん別れを告げたなら、それは決定的なものでなくてはならない。彼女がしがみつける、どんな希望のかけらも残してはいけない。別れをつらくないものにする方法はないが、ローレンが心の張り裂けそうな思いをしているのが自分だけではないと知ったなら、それは天と地ほどの違いを生み出す。

他の多くのセラピストは別のアプローチを勧めている。それはもっと唐突な別れ方だ。典型的なアドバイスは、コミュニケーションを完全に断ち切り、相手のコンタクトのディテールを消去し、Facebookの友達から相手をはずし、相手の名前をいっさい口にしない。だが、この方法の結末を見てきた私は、もっと人間らしい介入を模索するようになった。セラピストや妻から「さようなら」も言わずに長年のラブストーリーから歩み去るよう強要された男たちにより（今どきの言葉で言えば）「ゴーストにされた」多くの女性たちを私は慰めてきた。

「口を開けば、私のことがどんなに愛しくて、私がどんなに素敵かってことしか言わなかった彼が、ある日突然、沈黙……」ジルは振り返る。「彼か彼の家族が事故にでも遭ったんじゃないかってネットで調べました。面と向かって『終わりにしよう』って言われた方がまだダメージは軽かったわ」

キャシーはリードとの不倫のゆるやかな死に苦しんだ。「きっとだんだん後ろめたく感じ始めたのね。それで彼、手を引き始めたんです。メールの間合いが長くなり、私たちの密会に遅れるようになり、奥さんのことを以前よりは褒めるようになった」最終的には、彼の妻の妊娠を知って、キャシーのほうから別れを切り出した。「最後には彼が完全に消えてしまうことはわかってていましたから」

キャットは怒り心頭に発している。ジョエルがただ彼女から歩み去って、いけしゃあしゃあと元の生活に戻れると思っていることが許せない。「なんという卑怯者！　ちゃんと自分の口で私に別れを告げる誠実さもないなんて」彼女はジョエルの日常の行動を知りつくしていた。そこで彼がお気に入りのレストランで妻とディナーをしている場面に姿を現したり、彼の子どもの野球の試合や、彼が仕事場に向かう前に立ち寄るコーヒーショップに顔を出したりした。「私がただおとなしく消え失せるとでも思ったのかしら？」彼女は息巻く。

少なくともダービーは一〇年にもおよんだ既婚者の恋人から一通のテキストメールを受け取ったが、たいした慰めにはならなかった。「しばらく消えなくちゃならない」彼はそう書いてきて、実際、消えた。二年後、彼女の心の闇はまだ深い。「すごく落ち込んじゃって、自殺さえ考えました。友達は前を向かないとダメって言うけど、きちんと別れを告げられてないからむずかしい。ママは『奥さんを裏切るような男に何を期待してるの？』って言います。たぶんママは正しいわ。でも、少なくとも私は人間として扱われることを期待していました」

家庭と並行して営まれていた愛情生活の痛ましい発覚が、不倫関係にあったどちらの人間にとってもより正直な未来に向かうためには、「もう一人の女性」が人間として扱われる必要がある。彼女にはその経験の価値を認める声と場所が必要だ。もし結婚が生き延びるために不倫が終わらなければならないなら、別れは心遣いと敬意をもって行われなくてはならない。もし愛人の側に自尊心と高潔さを取り戻すために別れる必要があったなら、彼女に必要なのはサポートであって非難ではない。もし結婚のほうが終焉し、秘密にされていた愛が日陰から抜け出したなら、正式な関係へのバツの悪い移行には応援が必要になる。第三の人物（愛人）の視野を無視したなら、愛がどんなふうに人生の上に曲折する航路を切り開いていくかを、私たちは半分も理解することはできない。

14

嵐のあとで——不倫の後遺症

昨日のすべてが私の中にあるのに、どうして新しいことなど始められよう？
——レナード・コーエン『ビューティフル・ルーザーズ』

すべての苦しみが新たなビジョンを用意している。
——マルティン・ブーバー

嵐が過ぎ去り、危機が去ったとき、その先にあるものは何だろう？　不倫を振り返ることで、私たちは何を学べるだろう？　カップルの歴史において裏切りは決定的瞬間であり、結果は二つに一つしかない。つまり、別れるか、別れないか。でも、それだけでは、別れた場合と別れなかった場合での未来のクオリティについてはほとんど何もわからない。試練の中で身につけた洞察力が、その後も続いていく結婚生活で生じるさまざまな苦境を乗り越える力になったのだろうか？　夫婦関係がふたたび不倫前の状態に戻る前に、短いセカンドハネムーンの時期はあったのだろうか？　彼はまた不倫しただろうか？　彼女はやめることができたのだろうか？　セラピストの慈しみ深いまなざしから逃れたとたんに、離婚手続きをしたのではないだろうか？

14

嵐のあとで——不倫の後遺症

長期的な影響を追跡することこそが、不倫の総体的な理解への鍵となる。単に事実だけでなく、彼らが自分自身に、そして他の人々に語るストーリーに耳を傾けたい。時間の経過により話は変わるのだろうか？　人は修正主義に屈しやすいのだろうか？　私はこういった質問を胸に、破壊的な出来事から一年目、三年目、五年目、一〇年目の人たちに連絡を取った。統計的な証拠になるにはサンプル数が少なすぎるが、彼らの個人的な証言は私の考えと臨床診療の両方に情報を与えてくれた。

私が聞いた話にはあらゆる事例があった。まず結局、不倫後の修復が不婚が崩壊していたケースでは、離婚が天変地異のような大事件だったケースもあれば、思いや優美な終焉だったケースもあった。結婚がよろめきながらもなんとか続いているケースでは、時に角を突き合わせ、時に沈黙の中にたてこもっていた。反対に夫婦の絆が強くなったケースもあた。不倫という危機が新たな親密さや忠実さやセクシュアリティへの出発点になっていた。また、新しい結婚もいくつかあった——かつての不倫相手が新しい伴侶になっていた。事実、不倫は結婚生活を破壊することも、維持することも、変化させることも、新たな結婚への道を開くこともできる。すべての不倫が夫婦の関係を見直させ、そしてすべての夫婦が不倫後のあり方を決定することになる。

離婚にいたる不倫

不倫が離婚につながるケースは多い。裏切り自体が決定的な打撃となる場合もあれば、別れたいという長年の願いが単に不倫により正当化される場合もある。どちらにしろ、不倫が離婚調停で終わることの多いストーリーであるという事実に疑いの余地はない。

なんとか夫婦関係を修復しようと精一杯試みたケイトとリースを思い出す。だが、五年の月日がたったのちにも、ケイトの心の傷はあたかも昨日受けたかのようにひりひりと痛んだ。自分から別れたと、彼女は私に語った。常習犯の彼を「二度と信用することなどできないから」という理由だった。だが、ケイトがどこに行こうがリースの裏切りは亡霊となって彼女につきまと[illegible]その後の男性関係に悪影響をおよぼした。絶え間ない嫉妬が原因で何人かの恋人に逃[illegible]ために彼と、彼女は同じ痛みを経験した男性と再婚した。彼の元妻は彼と共通の友人と[illegible]いの痛みが心からを捨てていた。「彼とは伴侶に不倫された人たちのサイトで出会いまし[illegible]理解できるから、どうすれば相手を安心させられるかがわかるんです」

ジェイムとフローのケースでは、不倫をした当のジェイムもまた怒りという苦々しい感情とともに生きている。「フローの気持ちを取り戻すため、愛を伝えようとあらゆることを試みました。でも、彼女はとにかくぼくに思い知らせようと拒絶し続けました。仲直りするより、報復するほうに興味があったんだ。最後にはこっちが諦めました。ところが今、彼女はぼくのことを修復しようと頑張らなかった卑怯者だって責めるんです。彼女は二重の犠牲者になった——ぼくの不倫と、彼女が言うところの『ぼくの嘘』の。なんとか関係を修復しようとするぼくの試みのすべてを挫折させたくせに。彼女の信頼を裏切ったのはぼくだけど、どんなものが残っていたにしろ、そのすべてを破壊したのは彼女だっていう結論に達しています」

不倫の問題を扱うとき、私の役割は公に代わって結婚を擁護すること
することでもない。だが時折、避けようのない結末があまりにはっきりして、反対に離婚を唱道
な言い方を避ける方が親切だと思えるときがある。もう一〇年も前になるが、ルめに、遠回し
との初回のセラピーは今もけっして忘れられない。なぜなら、始まってまもなく、気がナイス
なたたちの結婚は終わっています」と言っていたからだ。ルークはショックを受けていた
イスに一貫してセックスを拒絶され、続いて二年も不倫されていたにもかかわらず、ルークは
んとか離婚だけは避けようと決意していた。

今でも、あのときの彼の顔が目に浮かぶ。弾の入った銃を手にした殺し屋のような顔だった。私は彼に「ひとまず、このセラピーの間は銃を引き出しにしまいましょう」と提案した。最近、彼に連絡を取ったのは、振り返ってみて、彼があの時の私の大胆な宣告をどう感じているかを知りたかったからだ。彼も当時のことをはっきり覚えていた。私があまりにすぐに離婚の話をもち出したので、私が彼のことを見捨てて、アナイスの肩をもっていると感じたそうだ。「アナイスにまんまと騙されたと感じました。夫婦仲の修復を試みようともしないセラピストに会うよう仕組まれたのだと。従姉に話したら、すごく心配して、あなたのセラピーをやめるべきだとさえ言

われました。あのとき、ぼくはコーヒーテーブルをあなたに投げつけて、アナイスを窓の外に放り出したかった。でも、あのときのあなたは、ぼくが理解するのに何カ月もかかったことを一瞬で見抜いていたんですね。ぼくたち夫婦はもう手遅れだってことと、ぼくにはもっといい人生が値するってことを」

私がどちらかの肩をもっていたとしたら、それは彼のほうだった。そのことを彼が最終的にはわかってくれたと知ってうれしかった。あのケースでは、前もってアナイスと単独に話したとき、彼らの性的に行き詰まった状態はけっして変わることはないと確信したのだった。彼が妻から拒絶されているせいで孤独で自尊心を傷つけられ、時には激怒していることも私にはわかってい が、出口が見つからなかった。彼自身、両親の不倫により子ども時代を台無しにされ、心は 残っていたから、小さな娘がいたあのとき、家族をバラバラにしないでいることが彼の不倫、何より重要だったのだ。彼はまさに三重の裏切りに遭った男だった――妻からの拒 ねばならなそして最悪だったのは妻に悔恨の念がないこと。誰かが彼のためにドアを開け かった。なぜなら、彼には一人でそうする勇気がなかったから。

当時を振り返って彼は言う。「残酷でした。でも、あなたは正しかっきっとぼくたちのケースでは思い切ってバンドエイドを引きはがすのが最良だってこ か、あなたにはわかってたんだ。ぼくはといえば、彼女に感じてほしい罪悪感を彼女が示そうとしないことに我を忘れるくらい怒ってた」

裏切られたパートナーが、ほしくてたまらない悔恨の言葉を相手からけっして引き出せない場合もある。「壁に頭をぶつけ続けるのはやめないといけないって言いましたよね」彼は思い出す。「それがターニングポイントになりました。彼女から聞きたい言葉は聞けないかもしれないと教えてくれたことが助けになりました。最初は頭にきましたが」このような状況では、人が前に進んでいけるかどうかは、相手に〝しかるべき量の〟罪悪感と後悔があるかどうかとは関係ない。これは決定的に重要で、ルークは今ではそれを理解している。「こんなに何年もたった今になってやっとわかるのですが、彼女がこちらの納得のいく言葉など絶対に言うはずなかったんですよね。なぜなら、無意味だからです。何を言ってもけっして〝十分〟ではないから」

ルークはまた、私が彼には明るい未来があると保証したことも覚えていた。「ぼくが若い子とばんばんセックスするようになるだろうって言いましたよね。またあの電撃が走る感じを得られるだろうって。なぜなら、こっちが相手をほしがっているのと同じくらい相手もこっちをほしがっていたら、相手から充電し返されるからって。あなたは正しかった。そのうち心の中でアナイスと恋人に偽りなく、ありがとうと言ってました。それに、信じられますか? ぼくはかつてひどい腰痛に悩まされていました。それが、アナイスが出て行ったとたんに治ったんです」

あの経験により、世の中に対する見方に何か変化は起きなかったかと訊くと、こんな答えが返ってきた。「アナイスと別れたとき、最初、人々はそれを失敗だと見なしていました。彼らは間違っていた。どんなことをしてでも別れないでいようとするのが誤ったゴールだったことが、今ならわかります。重要なのは幸せかどうかです。ぼくたちは終わった。だから今、ぼくはふたたび生きることができる」

アナイスはルークにとって夫婦としては最高のパートナーではなかったかもしれないが、「ともに子どもを育てるパートナーとしては最高でした」と言うのを彼は忘れなかった。今では二人はいい友人だ。ともに娘のサッカーを観戦し、試合後に彼がアナイスをランチに誘うこともよくある。

「信頼についてはどう?」彼に質問した。

「まだ心の深いところに痛みがあります。でも、ぼくは生き延びて、ふたたび人を愛しました。あんな目に遭うと永久におかしくなって、きっと誰もほんとうには信用できなくなるって言われます。それも一理あるけれど、ぼくの場合はむしろ信用の仕方が変わりました。以前は信じすぎた。甘かったと思います。今は最高にいい人でさえいつも正しい選択ができるわけではなく、それを行動に移してしまうことがあると知っています。ぼくたちみんな所詮は人間だから、誰だってアナイスのしたことをしかねない、……ぼくだって」

「彼女のことは許せたの?」と尋ねると、「はい」という返事が返ってきた。「そんなことが可能だとは思っていませんでしたが」彼は私の言った「ある日、許すということは相手に免罪符を与えることではないと理解する日がくるでしょう」という言葉を思い出していた。許し、それは自分自身に与えるプレゼントなのだ。思ったとおり、時間がたつにつれ、彼はそれを理解した。ルイス・B・スメデスが「許すということは囚人を牢獄から解放し、その囚人があなただったことを発見することだ」と書いているように。

尊厳と品位をもって結婚を終える

ルークがこれ以上ないほどはっきり言ったように、私たちの文化では離婚は失敗だと見なされる。不倫が原因だった場合はなおさらだ。長続きしたことが結婚にとっては最高の功績だと見なされるが、多くの「死が二人を別つまで」添い遂げた人々が不幸な人生を送ってきた。とりわけ平均寿命が伸び続けている今の時代は、葬儀場で終わる結婚だけがいい結婚ではない。夫婦の関係は自然の経過をたどって終わることもあり、そんな場合には、可能ならば尊厳と品位を保って終わらせる手伝いをする。そうして離婚したカップルのその後を尋ねることについては、私にためらいはなかった。というわけで、連絡したのはクライブとジェードだ。

彼らに初めて会ったのは二二年前。二人は私の開いた異人種カップルのためのワークショップに新婚夫婦として現れた。楽天的で、未来への希望に溢れていた。二〇年後、三人の子どもと一回の不倫ののち、彼らの結婚は崩壊寸前となり、私のもとに助けを求めてやって来た。クライブはカイラという女性との不倫を告白したばかりだった。彼は大いに罪悪感を抱きながらも、前に進んで、その新しい恋人と人生をやり直す決意をしていた。ジェードは死ぬ気で彼にしがみついていた。彼女がクライブの一言一句、しぐさの一つ、ちょっとしたスマイルに希望を見出そうとしていたのを思い出す。だが、すべては無駄だった。

私は目の前にあるメッセージを解読するのが自分の役目だと感じた。「ジェード、彼はもうあなたの元には戻って来ません。あなたの悲しみは彼に罪悪感を与えるだけ。そして、その罪悪感は即座にあなたに対する怒りに変わるのです。あなたを苦しめていることに対する後ろめたさを、あなたが彼に感じさせているからなのです。彼は去らないかもしれない。でも、ここにもいないのですよ」

クライブにはこう言った。「あなたは罪悪感なしに出ていける日を待っているのでしょうけど、そんな日はやって来ません。そろそろ彼女を自由にしてあげて」彼は麻痺したように身動きできない状態と、全速力で飛び出したいという気持ちの間で揺れ動いていた。今脱出しなかったら、また抜け出せなくなるのではないかという恐怖があった。でも私は、彼らにはきちんと「さようなら」を言うための時間をとる必要があると思った。それで彼らに別れの儀式を提案した。

ちょうど結合の始まりに結婚式を挙げるように、私たちには終わりを記すための儀式も必要だ。結婚は全人生の――歴史、思い出、習慣、経験、子ども、友人、お祝い、喪失、家庭、旅行、休暇、宝物、ジョーク、写真――の結合体だ。どうしてこれらすべてを投げ捨て、マルグリット・ユルスナールの詩的な言葉を借りれば「賛美も尊敬もされず、人々が愛しむのをやめた死人の横たわる見捨てられた墓場のように」扱えるだろう。

別れの儀式は次の段階への移行を楽にしてくれる。それは過去を讃えもする。かつて誓いを交わした二人が、今度はそれを引き裂く。だが、ただクライブが他の女性を愛したからと言って、夫婦の過去のすべてが間違いだったということにはならない。そんなふうに総括してしまうことは残酷で短絡的だ。分かち合った二〇年という月日の遺産は、不倫の遺産よりはるかに大きいの

14

嵐のあとで――不倫の後遺症

だから。

夫婦がぐずぐずした二年――彼の迷い、彼女の空虚な希望、別れることについての彼の罪悪感、彼女の執着――の後に疲れ果ててフィニッシングラインに到達したときには、つい二人の過去を過小評価しがちだ。私が提案した別れの儀式の目的は、クライブの不倫に、それさえなかったらいい結婚だったすべてのポジティブな面に影を投げかけさせないことだった。

ときに去っていくパートナーが夫婦関係のいい面に目を向けようとしないのは、そうすることで決断する勇気がくじけることを恐れるからなのだ。あたかも別れを正当化するためには、今あるものをこき下ろさなくてはならないと感じているかのように。だが、彼らは気づいていないが、そうすることで同時に彼らは自分自身の過去と、それを分かち合ったすべての人々の価値をおとしめている――そして、怒っている子どもたち、両親、友達、元伴侶をあとに残す。

別れる夫婦には「それまでの結婚生活をおとしめない終焉」というコンセプトが必要で、それは感情面での一貫性とストーリーの継続性を助ける。結婚は離婚届への署名で終わるわけではない。そして離婚は家族の終わりでもない。それは家族の再編成なのだ。近年、こういった種類の儀式は人々の関心を誘い、作家のキャサリン・ウッドワード・トーマスにより「意識的なカップル解体」と呼ばれた。

私は儀式に先立ち、カップルに互いへの手紙を書くよう勧める。別れたあとに懐かしく思い出しそうなこと、自分たちが愛しんできたもの、自分たちが責任を負ってきたもの、この先の相手への願いなど。これは彼らに自分たちが育んだ関係の豊かさを讃えさせ、それが失われることの痛みを嘆かせ、そしてそのレガシーを記録させる。たとえ冷え切った気持ちで書かれたものでも慰めになる。

クライブとジェードの次回のセラピーでは、それぞれのiPhoneに互いへの手紙が用意されていた。ワンクリックして、まずジェードが読み始めた。

タイトルは「いつか恋しくなるもの」。いくつかのカテゴリーに分かれた一〇ページの長さのリストが、彼らの歴史の幾重にもなったタペストリーを物哀しく思い出させた。「二人にだけわかる言葉の数々――Hola、chickly……」「新婚時代――ラブレター、ミックステープ、サルサ、またサルサ、ドッグラン、パーキングメーター、オペラ」「二人が愛した食べ物」「共通の友達」「二人にとって意味のある場所――マーサズ・ビンヤード、パリ、コーネリア・ストリート・カフェ、アパートメント5C」「二人の〝セクシースポット〟」「二人の〝ファースト・××〟」……

こういった日常の言葉は彼らだけが知っている特別の意味があり、他の誰にもわからない。彼女は恋しくなるであろう「つながり」もリストにしていた。「守られていて、安全で、私は美しくて愛されているというフィーリング」そして、彼女の最後のカテゴリーはシンプルに「あなた」だった。「あなたの匂い、あなたの情熱、あなたのアイデア、ハグ、大きくて強い手、薄くなっていく頭、あなたの夢、私の隣りにいるあなた」

彼女が読み終わったとき、私たちみんな泣いていた。そして、そのやさしさを踏みにじるどんな余分な言葉も必要なかった。だが、それを書いた彼女は自分自身の言葉を誰かに読んでもらって聞く必要があった。それで、私はクライブにそれを頼んだ。それから、彼は自分の書いたものを読んだ。

ジェードの手紙はラブレターだった。彼のそれは形式的な別れの手紙で、分かち合った人生への大袈裟な感謝の言葉、それを途中で終わらせることへの謝罪、二人の絆をいつまでも忘れないという約束。やさしくて思いやりに満ちてはいたものの、その口調はあくまで儀礼的だった。書き出しと終わりの文にそれはよく表れていた。「この二二年間のぼくの人生において、きみが素晴らしい人でいてくれたこと、そして真に目覚ましいエネルギーになってくれたことに感謝します」「こんな結末にもかかわらず、ぼくがきみとの結婚に美徳を見出し、これからも心の深いところに大切な思い出としてしまっておくことを覚えておいてほしい」

一年後、ジェードに連絡を取ると、彼女はカップル解体の儀式がどんなにはっきり現実に目を見開かせてくれたかを強調した。「最初はちょっとニューエイジっぽいなんて思ったんですけど、それをきちんとやれて、しかも何人かの友達にも参加してもらえたことを大変誇りに思っています。私たち、それまであんなに間違ったことをしていたにもかかわらず、何か正しいことをしたんですね。私、彼がどんなふうに出て行くのかなって、ずっと考えてたんです。ある日、ただ目覚めて『オッケー、バーイ』って言ってドアから出て行くのかな、とか。別れの式はそんな反芻に終止符を打ってくれました。彼が他の女性を愛していて、私たちはもうほんとうに終わったんだってことを受け入れるしかなかったけれど、私はその後押しをしてくれる何かを必死で求めていたんですね」

不倫には一時的なサイドストーリーもあれば、新しい人生の始まりもある。クライブのケースは後者で、ジェードがどんなに待ってもそれが変わることはなかっただろう。彼の手紙のトーンにより、彼女はそれをはっきり知った。「あれは『いつか恋しくなるもの』の手紙じゃなかった。『ぼくたちの関係は終わった』という手紙でした。やさしい言葉もいくつかあったけど、もう私を愛している男の手紙ではなかった。私はまだ苦しんでいたけど、まだすごく愛していたけど、彼が去ったことがあのときあそこで雷に打たれたみたいにわかったんです。すごく心が痛みました。きっとあなたが想像する以上に。でも、おかげで目が醒めました」

次にクライブに連絡を取った。彼は別れの儀式を「感情に訴えて効果的だった」と記憶していた。罪悪感は感謝に変わり、拒絶は思い出に置き換わった。彼はジェードと子どもたちに対する愛着とカイラとの新しい生活への欲求の両方を、徐々に同時進行で考えられるようになった。「あの瞬間までは現実感がなかった。あの象徴性が終わりの印になりました」

あのカタルシス的な終わり方が、クライブとジェードにはぴったりの儀式だった。けれども悲しいことに、多くのカップルが甘い記憶のリストより、悪口の羅列を吐き出す。私は彼らの話し合いを、できれば傷つけ合うよりむしろ勇気づけ合う方向へもっていこうとする。それには必ずしも許しが含まれるとは限らない。怒りのためのスペースは必要だが、望むらくはその怒りが彼らを身動きできなくさせるものではなく、自由にさせるものであってほしい。私たちは人生を歩み続ける必要があるのだから――ふたたび希望をもち、ふたたび愛し、ふたたび信頼して。

14

嵐のあとで——不倫の後遺症

不倫から始まった結婚

もちろん、不倫のレガシーは結婚指輪をはずした時点で終わりはしない。それが、かつては人目を忍んだ恋人たちにとっての、新しい人生の始まりになることもある。不倫だった関係がついに合法性を得て正式な関係になる。一時は不可能だと思われた結婚が可能になる。時には子どもたちが独立するまで、または伴侶が新しく仕事を見つけるまで、または義母が亡くなるまで、住宅ローンを完済するまで、ついに離婚が成立するまで、……何年も待ったのちに。良くも悪くも、秘密で始まった関係はどこまでもその原点に影響され続ける。新しい大叙事詩に乗り出したカップルに会うと、私は彼らの過去がどのくらい二人の未来に影響し、また形作るかを知りたくなる。

二人のラブストーリーがついに陰から抜け出して日の目を見たときには、間違いなく、大いにほっとしただろう。だが、それには数々の新しい不安が伴っている。時に不倫は秘密の関係のままでいたほうがいい場合もある。なぜなら、それが結婚に変わったとたんに夢物語は失われるからだ。思い出すのはニコルとロンだ。燃えるような恋をし、どんな犠牲を払ってでもいっしょになろうと固く決意していた。「それが、結婚式での『すると誓います』の言葉は、『しません』っていう意味だったんです」三年後、ニコルは私に訴えた。いわば舞台の袖で五年も待ち続けたかいあって、ロンはやっと彼女のものになった。ところが、今、彼は彼女に触れようともしない。その上、あろうことか、新たに不倫をしているらしいのだ。ニコルとの結婚は彼にとって三度目だった。彼にはどうも妻を自分の母親に変える才能があるらしく、当然、性生活がその犠牲になる。彼はどのママも愛したが、彼女たちのために勃起はできなかった。毎回、性欲は愛人のために取りおかれてきた。まさにニコルはその立場の女性だったのだが、彼女もまたセックスレスの妻というステイタスに成り下がってしまったのだ。

不倫から始まり聖壇までたどり着いた結婚には、経験者のエリックに言わせると「多くを犠牲にしたかいがあったと思わせてくれるものにしなくてはならない」プレッシャーがある。エリックとヴィッキーは結ばれるために、それぞれの家庭という砦を解体しなくてはならなかった。二人合わせて四人の子ども、三人の孫、二つの都市、二軒のビーチコテージ、グランドピアノ、オークのアンティーク家具、犬一匹、猫二匹、何十人もの友人を捨ててきた。彼らが夫婦として存在するためにこれほどの破壊を引き起こしたのだから、期待が膨れ上がったのも無理はない。最近、エリックに連絡を取ると、夢物語の只中にいたときには想像すらできなかったストレスに苦しんでいると告白した。元妻のガブリエルと離婚して三年になる。上の子は渋々ながらも彼を受け入れたが、下の子は母親の側についたそうだ。エリックは後悔しているのだろうか?

「いいえ」彼は答えた。「ヴィッキーを愛していますから。でも、捨ててきた生活に未練はあります。すごく後ろめたくて、悲しくて、孤独です。特に子どもたちに毎日会えないのがつらい。以前の生活についてヴィッキーにもっと気軽に話せればいいんですけどね。でも、それは危険だ。即座に私がガブリエルとよりを戻したがっているととられますから」

「元の生活に戻ることを空想することはありますか?」

14

嵐のあとで——不倫の後遺症

「時々」彼は認めた。

皮肉なことに、かつては不倫が結婚生活の秘密だったのに、不倫が合法的な関係になるや、今度は結婚への郷愁が秘密になる。しばしば新しいパートナーにとっては、過去の関係を恋しがることが必ずしもそこに戻りたいという願望と同じではないということを受け入れるのはむずかしい。悲しみは脅威を意味しない。内在的な嘘というパターンを破るためには、過去について——失ったものや後悔や罪悪感も——話せる空気を互いに与え合うことが非常に重要になる。すべての夫婦関係が複数の歴史を内蔵しているのだから。

不倫が人生の実際的なあれこれから守られた隔離された世界に存在しているのに比べ、新しい結婚はさまざまな実務や複雑さにのみ込まれる。子どもたちをどう紹介する？　元妻（夫）との付き合い方は？　移植がなじむのには時間が必要だ。

ブラジルではパオロとラファエルのカップルに会った。彼らは大学で出会い、恋に落ちたが、彼らの属するカトリックのコミュニティでは男性同士の愛は異常と見なされる。二人は別れ、まわりから期待される道を歩んだ——妻、子ども、尊敬される人生。二〇年後、アムステルダムの空港で二人はばったり再会した。彼らは預けた荷物を受け取り、愛を取り戻した。それが二年に及んだ不倫の始まりだった。だが、やがて露見すると、それぞれの家族と友人たちの間に衝撃が走った。ここには責めるべき悪者はいなかった。ただ新しい人生を構築するために二つの人生を引き裂かなければならないヒリヒリした痛みがあった。彼らは友達を失った。家族の何人かは口をきこうともしなかった。片方の離婚はもう片方よりは穏やかに進んだ。利己的だとの汚名を着せられようとも、彼らはあまりに長い間否定し続けていた真実のために、すべてをリスクにさらしたのだった。時間が彼らの選択を正当化した。

離婚しなかった場合

私のもとを訪れる夫婦の中には離婚を選択する人たちもいるが、多くは離婚を避けようとしてセラピーを受け、実際に離婚を回避する。だが、別れないでいることには多くの側面がある。相談者の一人はこう言った。「数年前、交通事故に遭ったときには、どんなに家族や友人たちに助けてもらったかしら。脚の骨折は目に見えるから、誰からも同情してもらえたんです。でも、夫婦が不倫の後も別れないでいたら、もう大丈夫だと思われるから、目に見えない痛みを抱えながら生きていくしかないんです」

まったく逆の話をした人もいた。「私たち、ほとんど沈みかけたわ。でも沈まなかった。私たちの関係は前より強くて健全です。こうなるのにあんなことを乗り越えなくてはならなかったのは残念だけど、以前のような私たちに戻る気はありません」

セラピーの仕事をするうちに、私は不倫後も別れない選択をした夫婦のその後が、基本的に三つのカテゴリーに分かれることを発見した（ヘレン・フィッシャーの類型論を参考）。まず「過去に縛られる人たち（苦しみ人《びと》）」、次は「自力で立ち直り、過去にこだわるのをやめる人たち（築き人）」、最後に「災難から立ち直り、以前より良い関係を作る人たち（探検人）」

夫婦によっては、不倫は単に一時の危機ではなく、両者を恨みと報復と自己憐憫の終わりのない循環に陥れるブラックホールとなる。たとえ五年や一〇年の歳月がたとうが、不倫は夫婦関係の震源地のままだ。こういったカップルは絶え間なく同じ話をぶり返し、同じ不平のまわりを堂々巡りし、同じ報復合戦を繰り返し、自分の苦しみを相手のせいにし合う。実際、もし不倫がなかったとしても、彼らが同じような争いをしていた可能性は大いにある。なぜ彼らが離婚しないでいるのかは、なぜ彼らが互いに対する敵意に打ち勝てないのかと同じくらい謎だ。彼らは結婚という牢獄の同じ監房で暮らしている。

不倫の事実はその後の夫婦のすべての不和につきまとう。こういったカップルは倫理観の優越さでスコアをつけるので、いったん不倫をしたなら、どんなに悔悛しようがけっして十分とはならないのだ。夫マークの何度かの不倫にもかかわらず、表向きは家族を保つという理由で離婚しなかったデビーは、絶え間なく彼に家から追い出されなかったことをラッキーだと感じさせようとした——あたかも彼だけが二人で築き上げたものを失いかねない立場にでもあるかのように。夫婦の間でマークが犯していい悪行の持ち分は何年も前に使い果たしたので、今ではどんなに小さな違反も許されない。過去のことは水に流してほしいといくら言っても、返って彼女の当てこすりを煽るだけだ。デビーに親密さが恋しくないかと質問すると、自己防衛の返事をしたつもりが最後には自滅的になる。「彼に抱かれたいわよ。でも、そうすると、すべてを許したっていうことになるでしょう」と。彼らは三年前の不倫事件以来、一度もセックスをしていない。

なぜ何であれ不満なときには必ず過去の不倫のことをもち出すのかと、マークはデビーに尋ねる。それだけでなく、なぜ娘のピアノの発表会とか、友人たちとのディナーとか、しばしば二人にとってパーフェクトであるはずの場面をもぶち壊すのかと。「パーフェクトな瞬間なんてないわ」デビーはせせら笑った。「あなたのせいで、そんなものはなくなったの」。このような極度にぴりぴりしているカップルに中立的でノーマルな状態になる余地はない。どんな自己反省も攻撃のチャンスに変えられてしまうからだ。

こういったカップルは恒久的に緊張状態の中で生きることになる。裏切られた側にとって、不倫した側は復讐と激しい怒りの対象でしかなく、どんな長所でもってしても埋め合わせることはできない。このような結婚も続いていくかもしれないが、当人たちは心理的には死んでいる。どちらにしろ、過去の不倫がカップルの人生の代表的な事件になったなら、壊れたものが何であれ、それは二度と元には戻らない。夫婦関係は永遠にギブスをはめられる。

築き人

二番目のカテゴリーは、互いへの忠誠と二人がそれまで築いてきたものを尊重し、別れないでいる夫婦だ。彼らは互いを大切に思い、家族と彼らが属するコミュニティを守りたいと考える。

14

嵐のあとで——不倫の後遺症

彼らは不倫を過去のものにすることはできるが、必ずしもそれを超越するわけではない。結婚生活は多かれ少なかれ、戦前の平和なバージョンに戻るだけだ——二人の関係に特別の変化も起きず、以前のまま。

不倫は夫婦関係の中で暴かれ、そして不倫は夫婦関係について多くを暴く。それはその構造に過酷な光を投げかける。ひび、バランスの悪さ、内部の腐食、地盤沈下など。だが、同時にしっかりした基礎や、揺るがない壁、暖かくて居心地のいい片隅にも光は当たる。築き人はこういった構造的な堅固さに最も注目する。彼らは大々的なリノベーションをしようとは思わない。ただ、勝手知ったる我が家や、安らかな眠りを与えてくれる枕を取り戻せればいいと思う。その過程で彼らは仲直りし、誓いの言葉を更新し、すべての水漏れ箇所に栓をする。不倫した側もちらちら燃える情熱の火には魅かれはするものの、すべてを失うかもしれないと思うとゾッとする。結局、嘘や欺瞞はスリルを感じるというよりむしろ苦痛で、不倫が終わったときにはただ安堵しかなかった。振り返ってみると、あれは異常な出来事だったのだから、忘れるに限る。

「私の中に夫を捨てることができない自分にすごくがっかりしている部分がありましたし、生涯の恋人を忘れられる自信もなかったんです」ジョアナはジェイロンとの熱烈な不倫を終えたあとに、振り返った。「でも、私の中の別の部分は、今の生活に留まって家族を破壊しないでいる自分にほっとしていました」彼らは離婚寸前までいったそうだ。彼女は夫に許してもらえるとは思っていなかった。でも、自分自身を許せるようになるためには、夫に許してもらう必要があった。二人に許しが訪れたとき、それは「突然、啓示を受けたかのようではなく、痛みが募り、荷物をまとめて、真夜中に静かに出て行くように……」とカーレド・ホッセイニの言葉を借りて説明した。

ライルの後悔はもっと深い。同僚の女性に短期間だが熱を上げたときのことを思い出して、「けっして家庭外での情事なんか求めてはいなかった。結婚生活のすべての素晴らしい点に感謝していた。妻を愛し、尊敬していた。何より子どもたちと別れたくなかった。今でも後ろめたさに苦しんでいます。でも、ぼくは悲しいんです。妻とのセックスは初めからずっと冷え切っていました。彼女がセックスに興味があったことは一度もないし、それがぼくにとってどんなに重要かもまったくわかっていない。その点は今でも絶望しています。たとえそうでも、ぼくは家族を失うリスクを冒すくらいなら、ポルノを見て、トラブルを避けます」

築き人たちにとっては、夫婦間の性生活の不満も、彼らが自己中心的な欲求と見なすロマンチックな〝充足感〟も、もっと意味のある長期的な報酬や家族とコミュニティに対する重責に背を向けさせるほど強いインセンティブにはならない。最後には、こういった夫婦はリスキーでロマンチックな恋と性欲のジェットコースターより、慣れ親しんだもののほうが好ましいと結論する。倫理的な基盤のない自己満足は虚しく感じられるのだ。彼らは長続きする深い愛と忠実さに名誉を与える。正しいことをすれば自分自身と行いとの一体感が回復する。それは婚外のどんな誘惑よりはるかに価値がある。築き人たちにとっては、責任を果たすことは自分自身より重要な何かなのだ。

14

嵐のあとで——不倫の後遺症

探検人

私がとりわけ興味を引かれるのは、不倫が一大転換への触媒になる三番目のカテゴリーのカップルだ。この探検人たちは不倫を、気が変になりそうなくらい心は痛むものの、ポジティブな何かの種を含んでいると見なすようになる。

自分たちの知っている世界の崩壊に直面したとき、彼らは何年も経験しなかったレベルの激しさで互いめがけて突進する。不安と性欲が強烈に混ざり合い、久しぶりに互いに対し激しく欲情するといったケースもけっしてめずらしくない。相手を失うかもしれないという恐怖が点火プラグとなって性欲を燃え上がらせるのだ。心の痛みは深いところでうずいているものの、彼らは生き生きしている。

探検人たちは、回復力のある夫婦関係の根底に何があるかについて、私に多くを教えてくれた。こういったカップルの例として一番に思い浮かぶのがマジソンとデニスだ。デニスの不倫の発覚により大変な騒動になったものの、彼らには時期尚早の幕引きを要求することなく幅広い感情を表現し受け入れる不思議な能力があることに私は気づいた。彼らは曖昧さや不確かさに対して寛大であるがゆえに、探検する余地を広げ、そこで彼らは以前より深くふたたび結ばれることができたのだった。

自分たちの苦しみを絶対的な倫理観でしか見ない「苦しみ人」とは対照的に、探検人の視点には柔軟性がある。彼らは進んで自分の痛みと相手の罪を分けて考え、やさしい処罰に向かってのなめらかな道を敷く。

数年後、デニスとマジソンに連絡を取ると、どちらかがぷいと離婚専門弁護士のもとに向かうことはないものの、今なお激しい気分の変動を経験していると報告してきた。彼らの悲しみは自分自身と互いの新しい面をあらわにした。彼らの一度目の結婚は終わり、それを取り戻すことは絶対にできないが、二度目の結婚をすることを選んだ。そのプロセスで、彼らは不倫経験により様々な感情を味わうことになった。

二人がデニスの不倫について話すとき、それをともに歩む長い歴史の中の決定的な出来事ではなく、一つの出来事としてとらえているのは明らかだった。彼らがその出来事をうまく代謝してエネルギーに変えていることの一つの証拠は、彼らの使う言葉に表れていた。マジソンは「私」や「あなた」の代わりに「私たち」を使い、「あなたが私にあんなことをしたとき」といった言い方はしなかった。代わりに二人は不倫を共通の体験としてとらえ、「私たちが危機的な状況にあったとき」という言い方をしていた。今、二人はいわば共著のシナリオライターだ。二人で作ったものは手柄を分け合う。家の外で始まったものが、今では家の中で起きている。マジソンとデニスにとって、不倫は二人で歩む人生のより広がった地形の中に組み込まれた一つのランドマークになった。何よりも、彼らははっきりした答えなどないことを知っていて、裏切りを人間につきものの弱点として基本的に受け入れて論じることができる。

マジソンとデニスの関係は非常に豊かで興味深いが、同時にあまり安全だとは感じられない。

彼らは持続に目新しさを、見慣れたものにミステリーを、予測可能性にリスクを加えた。「私たちが最終的にどこに向かうのかはまったくわかりません。でも、絶対に退屈な場所ではない」デニスは言った。もし彼らがかつては袋小路に向かっていたとしたら、今の彼らはどこに行き着くのかがわからない。だが、まさにその事実が怖いというよりはエキサイティングで、しかも二人は運命共同体だ。リペア（修復）はリ・ペア（ペアの組み直し）なのだ。

結婚が不倫から学べるもの

男女関係は時に死に、時に生き延び、そしてよみがえる。誰かを愛する私たちの誰もが不倫から学べる教訓はないだろうか？　不倫はさまざまな結末をもたらすが、その中で最良なものは、カップルがいい方向に変わるきっかけとなる不倫であることをここまでで明らかにできていれば幸いだ。私はこの本を「不治の病になったことを、人生を一変させるくらいポジティブな経験としてとらえる人は多くいるものの、私は癌になることを人に勧めないのと同じくらい不倫することも勧めない」というたとえで書き始めた。ならば、多くの人々が知りたいのが、不倫を経験しなくても不倫から学べることは何か、ということだろう。それは究極的には、「不倫から守るために、夫婦関係をどう補強すればいいか？」と「道ならぬ恋にあるエロチックなバイタリティを、どうすれば正式な関係にもち込めるか？」という二つの質問に集約される。

その答えはおそらく人々の直感に反している。結婚を守ろうとするのは自然だが、通常の〝不倫予防法〃のアプローチをとれば、息がつまりそうな抑制という窮屈な道をまっしぐらに進む危険性がある。異性の友達を許さず、他の人に心の秘密を打ち明けることを批判し、オフィスなどでの立ち話すら禁じ、オンラインのアクティビティを抑制し、ポルノを禁止し、相手を見張り、すべてをいっしょに行おうとし、過去の恋人や伴侶と縁を切らせる——こういった本土防衛的手段にはすべて裏目に出る可能性がある。キャサリン・フランクの「結婚を守る方法はそれ自体が自殺行為だ」という言葉には大いに説得力がある。夫婦が監視や自己管理のような予防手段で関係を守ろうとすれば、「違反がいっそうエロチシズムに向かう」という真逆の方向に自分たちを押しやりかねない。人は本能からくる切望を押さえようとすればするほど、やむにやまれず反逆するものだから。

アイルランド人の詩人で哲学者のジョン・オドノヒュウは私たちにこんな警告している。「どんなふうに恋に打たれるかにはいつも仰天させられる。どんな事情も恋を防ぐことはできないし、どんな慣習も、誠実でいようとするどんな決意も役には立たない。抑制のきいた性格で、毎日が規則正しく、すべての行動が順序どおりに運んでいく完全に防護されたライフスタイルにさえ、驚いたことに、予想すらしていなかった火花が着地する。最初はくすぶっていたものが、やがて消すことができなくなる。エロスのエネルギーは常に騒動を引き起こす。人の心の隠された地表ではエロスは常に眠りの浅い神であり続ける」

私たちのロマンチックな理念は、パーフェクトな結婚ならエロスの轟音を掻き消してくれるはずだという確信とあまりにもしっかり絡み合っている。私たちの手におえない思慕を成長とともに卒業すべき未熟な感情だとして退け、心地よさと安全さに危険なほど賭け金を増す。それは精神分析医のステファン・ミッチェルが指摘するように、私たちの最も情熱的な空想にも負けないくらい幻想にすぎない。私たちがどんなに不変性に憧れ、永続性を求めて努力しようが、けっして保証はない。

ならば、自分には絶対起きないという根拠のない思い込みで自分自身を現実から遮断するよりも、自分自身とパートナー双方の不確実さ、誘惑、魅了、空想といったものとともに生きていく術を学ぶべきなのだろう。互い以外の人を想像した場合に湧き上がる性欲についてすら正直に自由に話せるカップルは、逆説的なようだが、非常に親密になれる。

先述の「探検人」がこの典型だ。彼らの結婚は、構造的にオープンかどうかにかかわらず、コミュニケーションにおいては例外なくオープンだ。彼らは不倫が起きる前にはけっしてしなかった会話をしている。それは制約のない、自分の弱みを見せる、感情的にリスキーな会話で、よく知っていると同時にまったく未知の互いについて好奇心を掻き立てている。夫婦間で互いの自由を認め合うと、他所にそれを探しにいきたいという願望は減るかもしれない。

さらに、第三の人物の存在を知ったとき、私たちは伴侶の性が二分されていることを認めざるをえなくなる。私たちがどんなにそれを望んでも、彼らのセクシュアリティは私たちだけを中心に回ってはいない。彼らはそれを私たちとだけ分かち合う選択をするかもしれないが、そのルーツにははるか遠く、手が届かない。私たちは彼らの大きく展開する性欲の受け皿ではあっても、唯一の源ではない。相手を独立した行動人と認識することは不倫の衝撃の一部だが、それはまた、家庭内でエロチックな火花を再燃させる何かにもなる。これは恐ろしい提案かもしれないが、この上なく親密になれる方法でもあるのだ。

信頼についてはどうだろう？　信頼は結婚のプロットの中心にあり、不倫はその信頼に対する違反である。私たちの多くが誰かを信頼するにはその人のことを知る必要があると感じている。私たちは傷つかないでいられるよう合理的にリスク評価をして、信頼を安全と融合させる。パートナーが私たちを守ってくれ、私たちの気持ちより自分のニーズを優先させるほど利己的にはけっしてならないという保証をほしがる。私たちは進んで自身の弱さをさらけ出す前に、確信を――少なくともその幻想を――要求する。

けれども、信頼にはまた別の見方もある。それは、私たちを不確実性や傷つきやすさに向き合わせる力だとする見方だ。レイチェル・ボッツマンの言葉を借りれば「信頼とは未知のものとの自信に満ちた関係である」。もし、ほしくてたまらない確信がほんとうにはけっして手に入らないものであることを受け入れたなら、私たちは信頼の概念を作りかえることができる。そう、確かに長期にわたる行動により信頼は築かれ強化されるが、同時に信頼は盲信でもある――アダム・フィリップスに言わせれば「約束のふりをしたリスク」なのだ。不倫により新しいリアリティに放り込まれてなお危険を賭して共に前進しようとするカップルは、自分たちにとって信頼はもはや予想可能なもののみを前提としているのではなく、むしろ予測不能なものと積極的に取り組むことであると発見する。

さらに私たちは不倫から、ほとんどの人にとって禁じられたものは魅惑的であることを教えられる。安定したカップルにとっての継続的な挑戦は、違反の中で協力する方法を見つけることだ――互いに対する、または自分たちの絆に対する違反ではなく。こういった行為は必ずしもドラマチックであったり、無謀であったり、猥褻《わいせつ》であったりする必要はないが、ほんものでなくてはならない。私にもいくつかアイデアや例を提供することはできるが、あるカップルに効果的なものが、別のカップルには白けるものになるかもしれない。それは自分自身のルールを破り、心地よいゾーンの外側へ足を踏み出したときに、その人だけにわかることだ。何が二人の関係の中でエロチックなエネルギー――エラン・ヴィタール（生命の躍動）――を起動するかは、その人たちにしかわからない。

ヴィオラとロスにとっては、それはミーティングや子ども同士を遊ばせる集まりや学校の懇談会の最中にこっそり卑猥な会話をするための秘密のメールアカウントを作ることだった。アランとジョイにとっては、時々子どもたちをジョイの母親に預けて、帰りの時間を気にせず遊びに出ることだった。制限なく夜通し踊ることは家庭生活の規則正しさとは対極にある。ビアンカとマグスには外出する余裕はないが、自分たちがただ子どもたちの親ではないことは証明したかった。そこで週に一度、赤ん坊を寝かしつけたあと、キャンドルを灯し、おしゃれをして、家でデートする。彼らはそれを「バーでの待ち合わせ」と呼んでいる。

アリアは歌を再開した。結婚して一〇年になる夫のマハムードは、彼女が歌う場所に足を運ぶが、声はかけない。他のちょっとした観客と同じようにクラブの後ろの方に座って、他人の目で妻を見る。リタとベンは慎重に選んだ乱交パーティに出かける。そこでは彼らはフランス語しか話さない。ネイトとボビーは双子の子どもを幼稚園に連れて行ったあと、時折こっそり家に戻って邪魔されることなく大人の朝食を楽しんでいる。アンバーとリアムはいっしょにオンラインで魅力的な人物をサーチしている。家に招いてプレイをするためだ。

リッキとウェスは一線を越えるギリギリまでなら誰かと遊んでいいというライセンスを互いに与え合っている。リッキは、男たちに口説かれるのは「自尊心がくすぐられるわ」と言う。それはお互い様だ。女たちがウェスに欲情しているのを見ると、彼と同じ家に帰れることが、リッキにはますます幸運に思えてくる。他の人たちを拒絶することで、互いを選んだ選択の正しさが再確認される。彼らは目移りを楽しむが、そのエネルギーを夫婦生活に引き戻している。互いへの忠誠と自由がウィン・ウィンの関係にある。忠誠からは安心感とオープンさが生じ、互いに対し自由で生き生きしていると感じられることがまた彼らの忠誠を深めている。

長続きしているこのようなカップルは禁断のもつ魔力を無視しない選択をし、むしろそれを積極的に結婚生活にもち込むことで、そのパワーを覆している。明らかにこういった方策は二人の絆を強くし、絆が強くなれば、不倫が起きる可能性は低くなる。「不倫? おもしろいだろうけど、やるほどの価値はない」というのが、自制心から湧き上がる声となる。それでも、彼らの関係が確実に不倫を予防してくれるとは言えない。そして、まさにそれを知っているからこそ、彼らは自分たちのラブストーリーに新しいページを加え続けているのだ。

私たちの伴侶は私たちのものではない。彼らはただ私たちに契約更新の自由とともに貸し出されているだけだ。彼らを失うかもしれないと知っていることは、必ずしも関係への忠誠心を弱めはしない。むしろ逆で、それは長年のカップルに失われがちなアクティブな関わり方を持続させる。愛する人が永遠にとらえどころのない存在だという認識は、最もポジティブな意味で、私たちを安心しきった状態から揺さぶり起こす。

ひとたび目覚めれば、生き生きしているという感覚は抵抗できないほど強力なパワーとなる。抵抗しなくてはならないのは好奇心の衰退や、無気力な関係や、不快な諦めや、干からびたルーティンなのだ。家庭内の生気のなさはしばしばイマジネーションの危機を意味する。

絶頂期にある不倫関係にはイマジネーションの枯渇はめったに見られない。性欲も、互いへの関心も、ロマンスも、遊び心も欠けていない。共通の夢、愛着、情熱、果てしない好奇心――これらはすべて、不倫のプロットに発見できる自然な要素だ。これらはまた、長続きする仲のいい夫婦関係の要素でもある。最高にエロチックなカップルの多くが、夫婦生活のアイデアを不倫の脚本から盗んでいるのもあながち偶然ではない。

訳者あとがき

時代は変わった。過去五〇年間に起きた恋愛、結婚、家族の形態の変化は目をみはるばかりだ。今では、事実婚、同性婚、別居婚、子どもをもたないことを選択する夫婦、子どもをもつことを選ぶ同性カップル、定年離婚、離婚後も同居する元夫婦、精子提供により子どもを生む未婚のシングルマザー……これらすべてが、あっという間に普通になった。少なくとも欧米諸国や日本のような国では、その倫理性を疑う人はもはやほとんどいない。そんなふうに結婚に関する人々の許容度は無限に広がった。しかし、まるでそれと反比例するかのように、貞節に対する私たちの態度はどんどん厳しくなっている。どんな形の恋愛や結婚もありだが、不倫はなしというわけだ。

思い起こせば一九六〇〜七〇年代、「二号さん」「お妾さん」と呼ばれる愛人を養う形の不倫（堂々たる不倫で、違法である重婚に近い）は男の甲斐性とさえいわれ、世間にも妻にも受け入れられていた。大人たちの「あの人は妾の子」「あの家は有名な誰それの妾宅」といったひそひそ話をちょくちょく耳にしたものだ。昭和のあの時代、政治家や大物芸能人や金持ちにそういった女性がいるのはいわば当然で、お妾さんやその子どもは世間から差別を受けていたものの、当の不貞を犯している男性が糾弾されることはなかった。いつまでそんな時代が続いていたのだろう?

ともかく、今はそうはいかない。議員も芸能人も不倫がばれれば大騒ぎになり、たいてい辞任や活動休止に追い込まれる。しかも、不貞者は「一度浮気した者は必ずまたする」と、まるで手癖の悪い盗人のような扱われ方だ。なぜ私たちは結婚の形には際限なく大らかになったのに、不貞に対してはこんなにも不寛容になったのだろう？

その間に、不倫された側の伴侶の傷つき方もまた大きく変わった。現代人はどうして伴侶に不倫されると、まるで身内の死にでも遭ったかのごとく嘆き、自身の存在が脅かされるほど傷つくのか？　かつては経済的な苦労や不倫も含む数々の危機を乗り越え、ともに成長して添い遂げていた夫婦が、今ではたった一度の浮気も乗り越えられずに離婚する。ならば今、伴侶の貞節は私たちにとってどんな意味があるのだろう？

さらに、不倫が起きたときには、一般的に結婚自体に何らかの問題があったものと決めつけられる。だが、それは果たして真実なのだろうか？　夫婦仲や結婚生活の質とはまったく関係のない不倫もあるのではないか？　幸せな人も不倫するのだろうか？

人が結婚生活の軌道から外れていくとき、しばしば求めているのは違う相手ではなく、違う自分なのだとペレルは言っている。人にはいつも違うものや違う人生への渇望があるが、不倫は自分を作り直すことができるもう一つのリアリティであり、理想化された並行宇宙なのだと。でも、もう一つの人生を仮体験したあと、その人はどうなるのか？

性愛は結婚のストラクチャーの重要な部分であるだけでなく、人生の本質的な一部であり、その部分が欠けた結婚は不完全でしかなく、いずれはやはりそれが豊かな人生の根底を揺るがすことになるのだろうか？

不倫のもう一つの駒である愛人たちにも私たちは大いに興味をそそられる。何年、時に何十年も恋人が妻と離婚してくれるのを待ち続け、人生の最も貴重な時期を無駄にする愛人たちはいったいどんな人たちなのだろう？　どうしてそんなことに耐えられるのか？　その見返りやジレンマは？　何がそんな役回りを彼女たちに甘んじて受けさせているのだろう？

まだまだある。こと不倫に関する私たちの興味や疑問はつきることがない。そして、不倫について考えれば考えるほど、究極的に結婚や性愛について考えさせせる。ペレルは本書の中で、その一つ一つに彼女の臨床の場である診療室に私たちを招き入れる形で答えを授けてくれている。夫、妻、愛人――不倫関係の三者三様の立ち位置にいる悩める人たちの生の声を私たちも聞けるからこそ、そこから導き出される理論はリアルで説得力があり、何より抜群におもしろい。それはペレル自身の言葉を借りれば、「愛は厄介だが、不倫はさらに厄介だ。でも、それはまた他の何にもまして、人の心の裂け目への覗き窓でもある」からなのだろう。

今ではテクノロジーが付き合う相手を探してくれ、テクノロジーが関係を持続させるツールとなり、結婚後はテクノロジーが不倫を暴いてくれる。そんな時代にあってなおシニカルになりきれず、結婚の中に永遠のエデンの園を見出そうとする矛盾だらけの私たち。難しい機器やアプリは使いこなせても、人に魅かれる心や性欲の複雑さはどうすることもできないでいる。だからこそ、不倫に関わった経験のある人はもちろん、そうでない人も、誰かを愛した人ならきっとペレルの洞察に深く共感させられ、数多くの新鮮な発見をするにちがいない。

二〇一九年早春　　高月園子

エスター・ペレル
Esther Perel

ベルギー人の心理療法士。著書にニューヨークタイムズのベストセラー『Mating in Captivity : Unlocking Erotic Intelligence』(邦題『セックスレスは罪ですか?』武田ランダムハウスジャパン)がある。彼女の行った有名なTEDトークは動画再生回数が2000万回を超え、Podcast「Where Should We Begin?」のホストでもある。
詳しくはEstherPerel.comまたはインスタグラムの@EsthelPerelOfficeを参照。

高月園子
Sonoko Takatsuki

翻訳者・エッセイスト。東京女子大学文理学部卒業。英国在住歴25年。翻訳書はR・ソルニット『災害ユートピア』、M・ラトレル『アフガン、たった一人の生還』、I・アブエライシュ『それでも、私は憎まない』(以上、亜紀書房)、L・シェール『なぜ人間は泳ぐのか?』(太田出版)、R・スチュワート『戦禍のアフガニスタンを犬と歩く』(白水社)、P・ジンバルドー『男子劣化社会』(晶文社)ほか多数。エッセイには『ロンドンはやめられない』(新潮文庫)などがある。

不倫《ふりん》と結婚《けっこん》

2019年3月30日　初版

著者
エスター・ペレル

訳者
高月園子

発行者
株式会社晶文社
〒101－0051 東京都千代田区神田神保町1-11
電話 03-3518-4940(代表)・4942(編集)

印刷・製本
ベクトル印刷株式会社

ISBN978-4-7949-7081-7 Printed in Japan
URL http://www.shobunsha.co.jp